国人的文化背景

什么是东周

任志刚◎编著

光明日报出版社

图书在版编目（CIP）数据

为什么是东周 / 任志刚编著. -- 北京：光明日报出版社，2022.11

ISBN 978-7-5194-6722-7

Ⅰ.①为… Ⅱ.①任… Ⅲ.①思想史－研究－中国－东周时代 Ⅳ.①B220.5

中国版本图书馆 CIP 数据核字（2022）第132787号

为什么是东周

WEISHENME SHI DONGZHOU

编　　著：任志刚

责任编辑：宋　悦　　　　责任校对：陈晓丹

封面设计：尚刘阳　　　　责任印制：曹　净

出版发行：光明日报出版社

地　　址：北京市西城区永安路106号，100050

电　　话：010-63169890（咨询），010-63131930（邮购）

传　　真：010-63131930

网　　址：http://book.gmw.cn

E － mail：songyue@gmw.cn

法律顾问：北京市兰台律师事务所龚柳方律师

印　　刷：三河市宏图印务有限公司

装　　订：三河市宏图印务有限公司

本书如有破损、缺页、装订错误，请与本社联系调换，电话：010-63131930

开　　本：690×980

字　　数：370千字　　　　印　　张：26.75

版　　次：2022年11月第1版　　　　印　　次：2022年11月第1次印刷

书　　号：ISBN 978-7-5194-6722-7

定　　价：79.80元

前言

中国人的文化背景

说起东周，似乎很远，也很生疏。如果提到“一鼓作气”“大义灭亲”“秦晋之好”“一鸣惊人”“合纵连横”“一夜白头”“远交近攻”“多行不义必自毙”等这些耳熟能详的成语典故，你是不是就会感到熟悉亲切、近在眼前？如果读者诸君看了这本书，可能会豁然顿悟：原来，我们身边好多东周元素啊！数千年来，每个中国人甚至不需要识字，就能理解或应用他们创造的典故及归纳出的人生智慧。无论你是庙堂高士，还是山野村夫，或多或少、或明或暗，总能在你周围甚至自己身上找到东周的印记。是的，东周，正是这个波澜壮阔、大气磅礴、英雄辈出的朝代奠定了每一个中国人的文化背景，为中华文明贡献了无与伦比的精神内核。

五百年浩瀚东周，无数古圣先贤、英雄豪杰和普罗大众倾情演绎，留下了精彩纷呈的细节、瞬间，历史老人萃取精华、高度浓缩后呈现给我们，让我们穿越时空、身临其境，方便我们切身观察、体悟那个时代不可思议的脉动。正如那位写出了《宽容》《人类的故事》等著作的荷裔美籍学者房龙说的，“感受历史比了解历史更重要”。这一观点无疑为我们梳理东周历史提供了一个十分重要而有趣的角度，深得我心，也是我们学习历史、探求真相的方法所在。

然而，面对茫茫书海，许多人都会产生这样的困惑，我们读书的速度还赶不上别人写书的速度，究竟应该读哪些书、怎样读书才能一窥堂奥、纵览上下五千年？这里自然面临一个选择的问题。许多人都有这样的体会，不管是读书还是做事，最初的选择十分重要，往往是一念成佛、一念成魔，最终的结果也是云泥之别！暂时抛开其他因素，单看这一世界文明史上的奇观——后世五百年都很难产生一个思想巨擘，在东周时期却如井喷般涌现，繁盛时期居然多达百位。后世以“百家争鸣”来形容这个中国思想文化的巅峰时代，的的确确是因为那五百年的风云激荡催生了令人目不暇接的天才。所以，一些学问大家经常告诫晚生后学，“读书不下秦汉”，这句提点简直可以成为今天人们读书的捷径。早在两千多年前，东周天空下的先人们就已经用五百年的战争、用无数人的生命淬炼出了绝顶智慧，同时也催生出了纵横捭阖之术等，这些都是中华民族能够领先世界上千年、即使遭遇劫难也能凤凰涅槃的根本所在。这些独一无二的精神财富值得顶礼膜拜，这份睥睨全球的荣耀需要传承。那么，就让我们滤掉浮躁，静下心来，捧起书本，慢慢感受东周列国之间的风云际会吧。

尽早熟悉东周这段历史，用心体会先贤的言行，找到千万年不变的“道”与“理”，学会“以不变应万变”的高维智慧，将极大提升我们的思想境界，帮助我们更快地认识世界。东周这一时期长达五百年，堪称人物者成百上千，各种定型的文化符号层见叠出，初涉宝山难免令人心眩神摇、眼花缭乱。但是，你完全可以相信，只要开卷，必然有益，一旦读进去，有了代入感，就会产生高屋建瓴、势如破竹、一览众山小的感慨。让我们穿越到激情澎湃的百家争鸣的年代，开启深山探宝般的东周之旅吧。

房龙还说过，“中国的万里长城也许是人类在月球上唯一能用肉眼观察到的建筑”。虽然科学已经证明这只不过是一个美好的猜想，但这种置身浩渺宇宙、立足万物之巅俯瞰众生，却又看得如此真切、如此清晰的浩渺，不正是我们重新走进东周历史的目的吗？

目录

CONTENS

春秋篇

第四章 秦晋之好三置君

第五章 重耳流落十九年

第六章 一朝声价上青云

第七章 襄公承志断秦兵

第八章 一鸣惊人显楚庄

第九章 中原复兴有悼公

第十章　晋国失霸南北和

吴越春秋篇

第十一章　快意恩仇伍子胥

第十二章　惊天逆转唯勾践

战国篇

第十三章　战国七雄齐登场

第十四章　各显其能见真章

第十五章　合纵连横动天下

第十六章　秦国战车不可挡

第十七章　你方唱罢我登场

第十八章　远交近攻皆鹰扬

第十九章　浓墨重彩著春秋

第二十章　千古一帝秦始皇

春秋篇

第一章 周王东迁失权柄

一、华夏子孙，华夏儿女

时间：上古时代（公元前5000年以前）

人物：炎帝、黄帝

中国人习惯于在谈古论今或者宏大叙事的时候，自称“华夏儿女”。

中国古史传说时期最早的宗祖神灵有两位：炎帝神农氏致力于改善民生，堪称农耕社会鼻祖；黄帝有熊氏驯服熊罴貔貅虎，征战天下。他们共同为中华民族的繁衍生息、繁荣昌盛做出了开创性的巨大贡献。公元前2100—前770年，黄帝的后裔先后在土地肥沃的黄河中下游建立了夏朝、商朝、周朝，把一些散落的民族融合为同一个华夏族，我们也顺理成章地称呼自己为“华夏儿女”。

繁忙的政务之余，黄帝关心黎民百姓生命健康，遍访名士高人，以他名字编纂的《黄帝内经》成为护佑华夏子孙生命健康的医学宝典。

在不同的文献著作中，对于古代传说中的远古帝王“三皇五帝”记载有异。一般而言，“三皇”指黄帝之前的部落领袖燧人、伏羲、神农；“五帝”则指黄帝及其后代颛顼、帝喾、唐尧、虞舜。由于能力超拔、德被天下，特别是能够无私地禅让帝位，“三皇五帝”这些优秀的部落领袖均被视作后世的道德楷模。

接下来，禹因治理洪水有功而受舜禅让，继承帝位。禹即位后，创建夏朝，成为夏朝的第一位天子，因此后人也称他为夏禹。也因为治理洪水、划定中国版图为九州等历史功绩，后人又称他为大禹，即“伟大的禹”的意思。

· 河南新郑炎黄二帝雕塑。炎黄二帝是指汉族神话中的两个部落首领炎帝和黄帝。在诸多汉族或中国史书及记录中的神话故事中，这两个部落首领是在上古时期中原黄河流域形成汉族文明（或华夏文化）的起源或中国皇朝的起源。

· 陕西黄帝陵

大禹临终前，本想禅让帝位于长期跟随自己治水、发明了凿井技术、还有可能是《山海经》初始作者的执政官伯益。但是，其儿子启用武力征服了伯益，打破禅让制，创建了我国第一个“父传子，家天下”的世袭王朝——夏。启也成为传统上被公认的中国第一个帝王。从此，无论夏、商、周这些朝代如何更迭、统治者怎样标榜自己的炎黄贵胄的身份，传说中美好的“禅让制”都已一去不返，世袭王朝被一代一代延续下来。

二、周公吐哺，天下归心

时间：西周元年（前841）

人物：周文王、周武王、周公旦

历史终于演进到中国历史上祚命最长的周朝。说起这个令人眼花缭乱的朝代，相信不少人深受《封神演义》等神话传说的影响。因此，周文王、周武王和姜子牙讨伐商纣王的历史也颇具传奇色彩。

这是距今约三千年前的故事，改朝换代，血流成河，惊天动地。而奠定周朝八百年基业的关键人物，一是周文王，二是周公。

周文王姬昌，原为商纣王的诸侯，封西伯，故又称西伯、姬伯。相传他在被商纣王囚于羑里期间，推演出了周易，为后世万年开启了一套和神秘宇宙对话的密码。姬昌奉行德治，生活勤俭，勤政爱才，成为诸侯中的道德楷模，受到天下百姓爱戴。文王去世后，其儿子周武王姬发就联合其他部族，讨伐荒淫无道的商纣王，并在著名的牧野之战中大败殷商，建立周朝，定都镐京（今陕西西安西南）。

为了表明自己取代殷商的正当性、合法性，周朝开动宣传机器，竭尽所能把前朝的商纣王描述成一个沉湎酒色、重刑厚敛、拒谏饰非的暴君，以至于这位据说也颇有一些才能的帝王声名狼藉、遗臭万年。事实上，商纣王在位时期，商朝国势已经趋于没落，尽管他东征西讨想挽回败局，但已难以挽回他自焚丧命、亡国之君的宿命。

周朝肇基者除了周文王、周武王父子两代君主和姜子牙这位被神化的韬略家、军事家、政治家，武王的弟弟周公姬旦也是最值得被历史记录的一位。

关于这位周公，可说的实在是车载斗量，连今天有的人做了梦也要按照《周公解梦》里他老人家的指示去解读一番。事实上，历朝历代的统治者的确都发自内心地争相把他树成忠君爱主的道德楷模和奠定天下公序良俗的治世能臣。为了招贤纳士、广揽人才，周公洗一次头得几次握着尚未梳理的头发，吃一顿饭也得数次吐出口中食物，生怕怠慢贤士，这种礼贤下士的作风为我们留下了“吐哺握发”这一成语。在辅佐胞兄姬发挫败商纣、建立周朝的艰难历程中，姬旦功不可没；制礼作乐，使万世子民言谈举止有规矩可依，他也煞费苦心。即使遭受冤屈，他仍忠心耿耿，为周王朝的发展呕心沥血，鞠躬尽瘁，死而后已，理所当然地被万世敬仰、名垂青史。“周公”成为后世为政者的典范，成了忠厚长者、可托付大事者的代名词。雄才大略的三国豪杰曹操也由衷地赞叹“周公吐哺，天下归心”。孔子儒家学派把他作为最高人格典范，把周初的仁政誉为最高政治理想，孔子本人终生念兹在兹倡导的始终是周公的礼乐制度。

武王之后，成王、康王父子二人广施仁政，厉行节约，农业生产得到迅猛发展，共同开创了中国历史上第一个盛世——“成康之治”。在他们统治时期，周朝疆域急剧扩大。为了更好地实施统治，一种新型的管理模式（分封制）被采用实施。周天子以宗族血缘关系为纽带，将土地及土地上的人口赐给王公贵族。分封诸侯对自己的封地实行完全自治，定期向天子朝贡、镇守疆土，如果天子遇到危险还要率军勤王。

分封制直接导致诸侯崛起，王室逐渐衰微，一些异性诸侯不仅停止朝觐，甚至起兵叛逆，公然和周王室叫板。为了重振周室，再现“成康之治”，周厉王姬胡决定大力改革，发展经济，强大军事。由于不断分封，大部分税收都流进了诸侯和贵族的腰包，周王室能征税的范围越来越小。周厉王任用荣夷公分管经济，违背周人共同享有山林川泽以利民生的典章制度，把以前未纳入征税范围的山林川泽纳入进来，但此举影响了王公贵族的利益。山林川泽纳税收入充实了国库，周厉王便任用虢公长父组建军队，加以训练，重振王师，然后开始四面出击，去征讨那些犯上作乱的贵族大臣。

最终，周厉王的改革使得他和贵族们的矛盾越来越尖锐，新贵族们怂恿工商业者和沦为平民的没落贵族在镐京发动了一场武装政变——“国人暴动”。周厉王逃之夭夭，从镐京逃到了彘地（今山西霍县东北），丢下个空空如也的周王室无人理政。两位股肱之臣周公和召公被国人推选出来，代行天下之事，同时考察新天子人选。周公和召公联手辅政，这一独特现象史称“共和行政”。

这一年也是中国历史纪年的重要节点。公元前 841 年，共和元年、岁次庚申，中国历史第一次开始纪年，中国历史从此有了清晰的时间轴。春秋时期晋国史官和战国时期魏国史官认真筛选材料，精心组织编纂，为后世留下一部编年体史书——《竹书纪年》，这也是中国古代唯一留存的未经秦火的编年通史。

三、毛公鼎，宣王中兴

时间：西周 300 年

人物：周宣王

公元前 841 年，国人暴动，周厉王逃命彘地，周公、召公共和行政。公元前 828 年（共和十四年）周厉王死于彘，召公、周公联合诸侯拥立太子姬静继位，史称周宣王。

执政初期，周宣王以父王为戒，谦虚谨慎，勤勉国事，任用召公等贤臣辅佐朝政，放宽对山林川泽的控制，废除奴隶制的籍田制，允许将公田分给奴隶耕种而收取实物。并命令著名的工匠毛公铸造青铜器“毛公鼎”，专门记载他的王令，为他做证。一时之间，周朝国力得以恢复，史称“宣王中兴”。

· 毛公鼎，西周晚期青铜器，因作器者毛公而得名，清道光二十三年(1843)出土于陕西岐山（今宝鸡市岐山县），现藏于台北故宫博物院。毛公鼎高 53.8 厘米，腹深 27.2 厘米，口径 47 厘米，重 34.7 千克。口饰重环纹一道，敞口，双立耳，三蹄足。

毛公鼎铭文长度接近五百字（有 497 字、499 字、500 字三说），在所见青铜器铭文中为最长。铭文的内容可分成七段，大致意思是：周宣王即位之初，亟思振兴朝政，乃请叔父毛公为其治理国家内外的大小政务，并饬勤公无私，最后颁赠命服厚赐，毛公因而铸鼎传示子孙永宝。

遗憾的是，周宣王执政长达四十六年，后期对外用兵接连受挫，开始变得神经质。一次惨败而归刚回到镐京，就听到几个毛头小子在路边唱歌，多次唱道“檿弧箕箙”（桑木做成的弓箭和箕草编制的箭袋）。这些都是打仗的东西，看来有人想要造反啊！这首歌谣的意思是说女人乱政，为祸国家，务必谨慎！听到如此大逆不道的谶语，周宣王勃然大怒，下令将国内所有的弓箭销毁，禁止民间生产和销售弓箭，见到那些形迹可疑的女人通通抓起来杀掉。

晚年的周宣王更加独断专行，经常滥杀大臣，宣王中兴遂成一现昙花。公元前783年，执政四十六年的周宣王去世。

四、千金买笑，“烽火戏诸侯”

时间：西周350年

人物：周幽王

周宣王死后，他的儿子姬宫涅（shēng）即位，即后世以“烽火戏诸侯”留下千古骂名的周幽王。国学大师钱穆在《国史大纲》中对此颇有疑义。2012年，清华大学整理“清华简”时发现竹简上的记述与这个故事也有所偏差，认为《史记》中所载只是“小说家言”。西周灭亡不是因为“烽火戏诸侯”，甚至该故事并不存在，但周幽王“暴戾寡恩，动静无常”、一代昏君的形象是板上钉钉的。

这个周幽王的确不争气，一心贪玩，正事反而成了他的烦心事。执政第二年，西周发祥地、姬家老家岐山一带发生地震，导致泾水、渭水、洛水三条大河枯竭。对于周王室来说，这无异于祖坟被掘、龙脉被毁。大夫伯阳甫甚至告诫道，国家的建立必须依靠山川，山崩川竭是亡国的象征。但周幽王对此却置若罔闻，心里只惦记着美女、美酒，连听取汇报都颇不耐烦，竟然连连摇头摆手说：“山崩地震，此乃常事，何必告朕。”

太子废立本是天大的事情，可周幽王刚刚坐稳八年（前774），就废黜王后申后和太子周平王（姬宜臼），改立宠妃褒姒为王后、褒姒之子姬伯服为太子，并加害太子周平王，申后的父亲申侯大为震怒。

· 烽火戏诸侯。周幽王为博褒姒（bāo sì）一笑，在烽火台多次燃起烟火，击鼓，以戏弄诸侯取乐，周幽王的昏庸最终导致其国破身亡。后来周幽王的儿子周平王即位，开始了东周时期。

这个褒姒在周幽王眼里是个冰山美人，平日里难得一笑。为博美人一笑，周幽王可谓煞费苦心，使尽了各种招数。这时有人出了个馊主意，说谎称外敌进犯，点燃烽火、擂响大鼓以召集援兵。这就是“烽火戏诸侯”的由来。各路诸侯收到信号后匆匆赶来，发现并没有外敌入侵，只得悻悻而去。褒姒看到诸侯惊慌失措、哭笑不得的样子，终于忍俊不禁，哈哈大笑。周幽王心里美得像花一样，立刻赏给出主意的人千金，为我们创造了一个著名的成语“千金买笑”。周幽王受到鼓励，多次点燃烽火、擂响大鼓。诸侯们被数次戏弄，感觉受辱，再有召唤都不肯发兵勤王了。

无论这把传说中的烽火是否真的在历史的时空里烧过，周王室此时的确天崩地裂，历史的河流急剧转了个大弯。三年之后的公元前771年，原太子的姥爷、原王后的父亲申侯联合缯国、西夷犬戎攻打镐京。周幽王逃至骊山脚下，被追上杀死，褒姒也被掳走，西周历史宣告结束。在申侯等人的拥立下，前任太子周平王继位，东周大幕徐徐开启。

五、平王东迁

时间：东周元年（前770）

人物：周平王、卫武公、秦襄公

尽管周王室有了新王，但政治格局已经发生巨变。犬戎尝到了甜头，不断调集兵力蚕食周朝疆土。很快，周王室近一半地盘被犬戎占领，并逐渐逼近镐京。烽火连绵不绝，周平王与大臣们忙于应付，不得安宁。他看到都城已成断壁残垣，又无力抵抗外敌，迁都的想法不可遏制地冒了出来："现如今犬戎已经逼近镐京，发展下去恐怕为祸不远，本王想迁都于洛邑，大家看怎么样？"

大臣们都明白周平王的意思，七嘴八舌，纷纷发表意见，表示迁都乃是大家的共同意愿。还有人解释说，当年先祖既然定都镐京，还要建造洛邑，而且建设规模与镐京一样，就是为了方便天下诸侯朝贡。

只有卫武公表达了不同意见："老臣已经九十多岁了，蒙君王不弃，担任六卿的职务。若是知而不言，那就是不忠；若是说出话来与大家意见相左，那就是不和于友。现在我只能得罪众位同僚了，因为我不能够见罪于君王。我们的都城镐京，左边有崤山、函谷关天险可依，右边有陇国、蜀国可作为缓冲地带，从地理上说，这叫被山带河、沃野千里，天下再也没有比这个地方更好的了。洛邑虽然居天下之中，但地势平缓，无险可据，可谓四战之地。所以先王虽然同时建设了两座都城，却镇守镐京，就是要占据能掌控天下的地理优势，而东都洛邑只是偶尔出巡游猎用的。如果放弃镐京而迁都于洛邑，隐忍避仇，放弃战略高地来获得喘息，怕是我退一尺、敌进一尺，会遭受敌人进一步侵扰，可能从此以后王室就要慢慢衰落了。"

但是，周平王实在不愿再过那种朝不保夕、担惊受怕的日子了，那些身处高位的大臣也都一心想着跟去东都过太平日子。最终，君臣一致同意迁都。

秦伯嬴开听说周平王要向东迁都，再次领兵前来护驾，让周平王十分感动，不仅给他封地，还升他为公，史称秦襄公。周平王对秦襄公说："现在岐、丰这些地方，有一多半被犬戎侵占了。爱卿若是能驱逐犬戎，这些地方全都赐予爱卿，也算是数次勤王的酬劳。爱卿可以永守西疆，岂不美哉！"

周朝起家的地方、如此重要的战略要地变成了秦国的基本盘，而且还是唾手可得，秦襄公嬴开抑制不住内心的狂喜，随即整顿兵马，制订了消灭犬戎的战略规划。不到三年，就杀得犬戎七零八落。戎主只好逃往更远的西边。就这样，岐、丰这一片纵横千里的广大土地，都成为秦国的领土。由此，秦国成为真正的大国。一次感情用事的仓促赏赐，歪打正着奠定了秦国发展壮大乃至日后成为大秦帝国的法理和物质基础，历史就是这样不经意间改变了方向。

周平王元年（前770），周朝终于逃离了是非之地，东迁到洛邑。看到这里商业发达、宫阙壮丽，与原来的都城镐京没什么差异，大小诸侯纷纷上表祝贺，还送来各种精美的贡品，周平王别提有多开心了。东迁之后的周朝，史称东周。这一年，便是春秋时期的开端。

本章小结

王朝的衰退并非突然间出现的，是日积月累形成的。如果再叠加对外战争失败、自废武功、选错接班人等，就会出现巨大的危险。而自然灾害对人类社会的直接影响，通常比我们想象的还要大。何去何从，主要看领导集团的应对方略。周幽王精神错乱固然加速了西周的灭亡，但周平王的东迁也意味着周王朝领导集团放弃战略高地。这种自我放逐预示了一个新时代的开始。

第二章　诸侯失礼乱纷纷

一、多行不义必自毙，黄泉相见

时间：东周 27 年

人物：郑庄公

东迁之后，周平王姬宜臼暂时沉浸在八方来贺的巨大满足感中。但生性敏感的他忽然发现，南方的荆国十分傲慢无礼，连进贡点不值钱的东西都懒得表示一下。周平王义愤难平，嚷嚷说为了维护王室尊严，他要御驾亲征。为躲避强敌犬戎而不惜大费周章迁都洛邑，面对蕞尔小国却疯狂地叫嚣要出兵教训，周平王外强中干、欺软怕硬的本性暴露无遗。当然，他也就是叫嚷几句、表达一下态度而已。各路诸侯都有自己的小算盘，谁也不愿意真的为一个徒有虚名的周王室劳师远征、耗费钱粮，便拿出各种冠冕堂皇的理由搪塞一番，说迁都不久，人心不稳，一旦发兵，恐怕犬戎乘虚而入；荆国弹丸之地，势单力微，不如宽恕他们，给他们一个悔过自新的机会，也显得周王室宽宏大量、仁义备至。周平王挽回了面子，又免去了征战之苦，自然乐得借坡下驴，安享自己的太平日子。

可是如此草率地处理一件严肃的事情，却开了一个很坏的先例。其他诸侯看在眼中，记在心里，在以后处理和周王室关系的时候纷纷效仿，形成恶性循环，周王室的地位日益下降，越来越不受诸侯的尊重。当年专职为天子养马的附庸小国受封为诸侯，当年忠心耿耿的秦国在势力膨胀后也开始越位，秦文公假托梦中受命于天，效仿天子筑台祭天，行僭越之礼。鲁惠公受到刺激，向周王朝提出请求打破诸侯只能在宗庙祭祀祖先的规矩，效仿周天子在郊野祭祀天地祖宗，还狡辩说：“我的祖先周公旦制礼作乐，对王室有大功劳。我们祖先制定的礼法，子孙为什么不能用？而且，秦国可以祭天，鲁国为什么不可以？”随后，鲁惠公不管不顾，光天化日之下在郊外祭奠天地祖宗。周平王心里自然不想答应，但也无可奈何，只能听之任之。自此之

· 郑伯克段。鲁隐公元年（前722），郑庄公同其胞弟共叔段之间为了争夺国君权位，进行了一场你死我活的斗争。在这一过程中，郑庄公设计并故意纵容其弟共叔段，其弟骄纵，庄公便以此为由讨伐共叔段，于是夺得国君之位。这就是“郑伯克段”的故事。

后，周王室的控制力和影响力越来越弱，而各诸侯国更加不受管束，各自野蛮生长，自以为羽翼丰满之后便肆无忌惮地互相攻伐、吞并，生灵涂炭、流离失所，天下越来越动荡混乱。

在越来越多敢于挑战周天子刷存在感的诸侯中，最突出的当数离王室距离较近的郑国。

公元前 771 年，犬戎攻陷镐京，周厉王姬胡少子、担任周王室司徒的郑国第一任君主郑桓公郑友与周幽王姬宫湦一同遇害。之后，郑国人拥立他的儿子郑掘突为国君，史称郑武公。公元前 770 年，郑武公护送周平王东迁洛邑有功，被王室任命继承其父郑桓公姬友的职务，担任周王室的卿士。雄才大略的郑武公姬掘突继续坚持父亲制定的东扩战略，不断发动战争，逐步吞并周边诸侯小国。郑武公值得称道的一个举措，是实施了解放“商人”的政策。周灭商后，“商人”被定为世袭奴隶。但郑武公发现“商人”多是有技术、会经商的能人，意识到他们是搞好建设不可忽视的力量，就依靠他们开发滩涂荒地、扩建城池。

公元前 744 年，郑武公病逝，太子郑寤生 14 岁继承君位，是为郑庄公。郑庄公东征西讨，不断开疆拓土；重农兴商，发展商品经济，经济实力日益增长；特别是他以郑国饥荒为名，派出军队，公然抢割温邑的麦子，向周天子示威，更在“繻（xū）葛之战”中成功击溃周桓王姬林的讨伐。周桓王肩膀被射中，让周天子威信扫地，从而使郑国较早称“小霸”于诸侯。

方此之时，诸侯中齐国最为强大。齐国是当年姜子牙辅佐周武王灭商有功而封地建国的，到了齐僖公姜禄甫这一代更想有所作为。所以，齐僖公主动与郑国交好，欲为盟友。齐僖公和郑庄公见面之后歃血为盟，约为兄弟，相约今后有事儿相互帮衬。为了拉近彼此距离，齐僖公主动提出自己有一个聪明又漂亮的女儿文姜，想让她嫁给郑国世子郑忽，希望两家能成为亲家。郑庄公连连称谢，答应回国后商量一下。可是，郑忽并不同意父亲的安排，他说："妻其实同齐，也就是两人对等，配偶也是相配的意思。现如今，郑是小国，齐是大国，大小不平等，所以还是不去高攀为好。"郑庄公劝儿子说："是齐国主动联姻的，如果能与齐国成为亲家，有事儿总可以仰仗，我儿你为何推辞呢？"郑忽回答得冠冕堂皇，颇有英雄气概："大丈夫当自立，岂能仰仗于婚姻？"郑庄公听了非常高兴，觉得自己儿子有志气，于是就没有勉强。此后，齐僖公三番五次催促，无奈郑忽每次都以各种理由婉拒。

事实上，郑忽之所以一再推辞这门婚事，是有他的顾虑的。这位文姜是春秋四大美女之一，与她的姐姐宣姜都是当时闻名的绝色美人。宣姜因为被迫嫁给卫宣公姬晋这个老头，屡屡红杏出墙，恶名昭彰。而文姜也风流成性，出嫁前便与其兄齐襄公吕诸儿私通。后来，嫁给鲁桓公姬允后，文姜仍借着回母国的机会与哥哥重温旧梦。文姜的风流韵事风闻天下，人们一面讽刺她的荡妇淫乱行径，一面又情不自禁地赞叹她的绝世艳丽。《诗经》中有许多篇章记录了她的故事，也对她有毁有誉。

郑庄公精权谋、善外交，是一个有战略眼光、有过人政治才能的诸侯。他从周王室的衰败中打破了对周朝的迷信，感到了礼仪制度的虚弱无力，懂得了要想发展必须壮大自己的实力。同时，他也强烈地意识到了政治地理环境的决定性作用，深知郑国地处几个大国之间，南有蛮楚、北有强晋、西有东周，几乎无险可守，常常被争霸的诸侯挤在夹缝中而寝食难安，必须不断开拓疆土，寻找安身立命之所。

郑庄公一世英明、叱咤风云，可惜在选择世子这个事关长治久安的重大问题上没有处理好，对周王室的打击降低了他对卿士身份利用的有效性。在随后铺天盖地而来的诸侯混战中，他虽然小有成就，也曾在东周之初的舞台上“小霸”一时，但在他 57 岁去世之后，郑国内乱不已，最终成为诸侯争霸的火药桶。

二、称王称霸

时间：东周 63 年

人物：楚武王

尽管郑庄公郑寤生雄才大略，励精图治，郑国却因为发展空间的限制等因素，最终没有形成大气候，自己也只争得一个“小霸”的名声。

环顾宇内，周王室与中原诸侯遇到的真正挑战，是来自南蛮之地楚国的迅速崛起。楚国国君虽然只是子爵，但祖上据说是三皇五帝之中的火神赤帝，被称作“祝融”，也是黄帝后代。

据《史记》记载，在商衰周兴之际，楚国的先祖、祝融的后代中有一个叫鬻（yù）熊的人，博学有道，审时度势，率族及时投靠周文王，受到周王室的重视，给予“子”的封号，臣属于周。《史记·楚世家》记载："周文王之时，季连之苗裔曰鬻熊。鬻熊子事文王。"鬻熊成为楚国最早的缔造者。楚人后来感念其功，将他与祝融一样作当作祖先祭祀。周成王时，感念鬻熊的功劳，封其曾孙熊绎为子爵，楚国正式建立。当时的南方炎热潮湿，不算是什么好地方。但架不住楚人实在是命好，随着气候的变迁，中原之南逐渐变得适于人类居住。所以熊氏经过几代人的努力，渐渐强盛起来。

历史兜兜转转，到了公元前740年，楚国出了个狠角色——号称春秋三小霸之一的楚武王熊通。公元前741年，其兄楚厉王熊眴去世，熊通直接杀掉了熊眴之子、自己的大侄子，自立为君。他奉行铁腕政策，敢作敢为，给楚国留下一片清朗而安宁的江汉平原和一套初具规模的国家制度，楚国由此强盛。

为了在诸侯中出类拔萃，楚武王决定对外发动战争。第一战，楚国选中了邻近的小国随国。说干就干，随即楚国就兵临随国城下。被中原诸侯视为南蛮的楚国其实也属于中原文化圈子，政治、经济、军事、文化基本上是同一个级别的，同样会打仗。强大的楚国十分轻松就战胜了随国。胜利之后，楚武王逼迫随国等小国联名向周王室请求提升他的封号。

随侯不敢不听，于是就以汉东诸侯的名义，为楚国大唱赞歌，请周王室给楚国一个王的名号，用来"弹压蛮夷"。这个"王"理论上是低于周王的，算是周王室的南方总代理。但是周桓王只回复了一个"不"字。

楚武王听说周王不答应，十分生气地说："我家祖上曾经辅佐过文王、武王，然而分封诸侯的时候，才给了一个子爵，还在远离中原的荆山。现如今，我们开拓土地，人民众多，蛮夷都表示臣服，周王室却不给提升级别，这是典型的有功不赏。郑国敢拿弓箭射伤周王，而周王不能讨伐，这属于没有惩罚。无赏无罚，何以为王！”楚武王认为，这王号本来就是我们祖上的自称，我只是恢复一下王号，用得着你周王批准吗？于是，楚武王一不做二不休，干脆自称为王，开诸侯僭号称王之先河。

汉东的小诸侯慑于楚国的淫威，赶忙遣使称贺。周桓王知道之后只能暗自生气，但实在没有力量去讨伐，只能“无可奈何花落去”，在朝堂上高声喧嚷几句了事。如此一来，各路诸侯更不把周王室放在眼里。

称王是为了称霸。楚国并不满足在南方称王，而是惦记着向中原地区进攻。

诸侯纷争，天下大乱。谁才是真正的救世主？不少人把希望寄托在各个诸侯之中实力最强大的齐国身上。不过，齐国自己也是一地鸡毛，愧对天下期待。

三、兄妹乱伦，瓜期不代

时间：东周 72 年

人物：齐襄公

历史的主角往往以男性居多，偶有女性出现也大多事关风流。而发生在后宫里的香艳逸事更容易被历史记载。齐襄公吕诸儿之所以青史留名，很大程度上与他的不伦之恋密不可分。

前文说过，文姜是一位著名的美人，是齐襄公的异母妹妹。这对兄妹经常不分场合地你侬我侬、甜蜜赛过恋人，竟然把齐襄公正牌夫人、周王的妹妹王姬给气死了。

自从嫁给鲁桓公姬允之后，文姜就没有再和齐襄公见面。直到齐襄公四年（前694）正月，鲁桓公与齐襄公在泺地会见，文姜终于回到阔别已久的母国。令人意想不到的是，文姜又与哥哥厮混，鲁桓公姬允愤而责怪文姜。可文姜不但不加收敛，反而去情哥哥那里告自己夫君的状。同年四月初十，齐襄公设宴招待鲁桓公，故意把他灌醉，然后派公子彭生趁助其登车之际，就势将鲁桓公给勒死了。

为了消除恶劣影响，齐襄公又四面出击，转移视线。其中最出格的事，是联合另外三国出兵，帮助卫国的昏君卫惠公卫朔复国。

卫惠公即位后没多久，就被卫国人赶跑了。卫国新君黔牟是周王室任命的，名正言顺。但架不住齐襄公多管闲事儿，横插一手，要替卫惠公出头撑腰。卫国人微力弱，只好向周王室求救。

周庄王姬佗紧急召集各位大臣，询问谁愿意领兵去救卫国。周公、虢公都说："王室自讨伐郑国不胜，就号令不了诸侯了。现如今的齐侯，一点儿都不念及他原配夫人是王姬这层亲戚关系，莫名其妙聚合四国，而且打着帮助君主复位的旗号，可以说是名顺兵强，我们是打不过的。"

这时，一名小人物子突表示反对，说："二公之言差矣！这四国只能说是兵强马壮，怎么能说是名正言顺呢？"周公说："诸侯失国，四国助其复国，有什么不顺？"子突指出："卫国的新君黔牟，是周王任命的，自然要废掉原来的卫惠公。二位公侯却认为那些诸侯的拥立是正当的，这让我无法理解！”虢公解释说：“打仗是天大的事，要量力而行。我们王室的衰弱已经不是一天两天了。讨伐郑国的时候，先王被郑将射伤，到现在已经两代人了，都没能兴师问罪。现如今，这四国的兵力，十倍于郑，我们王室一家出兵，如同以卵击石，自灭威风，根本是无益于事啊。”子突说：“我认为天下的事，公理战胜强权是正常的，而强权战胜公理则是反常的。王室的任命就是最大的公理。一时之强弱在强权，千古之胜负在公理。”

主管国事的周公、虢公显然不认可子突的观点，只给子突区区二百乘人马。四国将领一看，对手只有这么几个人，立刻变得如狼似虎，不等子突安营，就冲过来大杀一场。子突兵败，自刎而亡。

齐襄公干了一堆不靠谱的事情后，总觉得周王室会怪罪下来，于是急忙派连称、管至父两位将军去戍边，以防万一。临出发时，两位将军请示齐襄公大概要守多长时间。彼时，齐襄公正在吃瓜，没过脑子顺口说了一句：“等明年瓜熟的时候，我就派人替换你们。”

一年转瞬即逝，齐襄公竟然把这事忘到九霄云外了。连称本来就对齐襄公不满，正要发作，管至父好心劝道，怕是君主事情多给忘了，咱们还是先提醒一下吧。于是就派人给齐襄公送瓜，同时提请换人。没有料到，这温柔一招反倒惹怒了齐襄公。齐襄公愤愤地说了一句不可理喻的话：“换不换防，那得看我的意思，你们有什么资格催请？居然还拿一车破瓜来暗示我，再过一年再说。”

两位将军本来就对齐襄公不满，就煽动底下军卒闹事。于是，一帮军卒趁着齐襄公出门打猎之机结果了他的性命。随后，他们另立齐襄公的堂弟公孙无知为齐侯。

本章小结

中央王权的衰落，导致诸侯纷纷生乱。郑国的将领敢于射伤周王之际，就是王朝权威彻底垮塌之时。南方的楚国强大后，产生与周王室分庭抗礼的念想，构成了春秋时期中国社会最主要的矛盾。原本可以承担起领导责任的齐国，却因为君主的个人品质导致乱上添乱。这就是春秋乱象。不过，虽然很多人把周礼抛诸脑后，但还是有一些人在努力维护这个顽固的旧制度。

第三章　管仲桓公担责任

一、管鲍之交，相辅相成

时间：东周 84 年

人物：管仲、鲍叔牙

公元前 685 年春，依靠政变上位的公孙无知位子还没坐稳，就在外出游玩的时候被人刺杀。发起这场刺杀活动的是以国、高两氏为主的齐国贵族。紧接着，齐襄公之弟公子小白即位，史称齐桓公，春秋五霸之首正式亮相。

腥风血雨之中，齐桓公继位并非一帆风顺。而要说这一段，必然离不了管仲和鲍叔牙。

管仲与鲍叔牙是同乡，从小关系就很好。管仲出生在一个没落的贵族家庭，家境贫寒。鲍叔牙出生在一个商人家庭，衣食无忧。

管仲没钱赡养母亲，就和鲍叔牙一起做生意。管仲不出本钱却多拿多占，鲍叔牙身边的跟班很不理解。鲍叔牙却总是十分宽厚地解释说：“管仲不是贪婪之人，只不过家里穷，多拿多得是我同意的。”

后来，做生意赔本，两人一起去当兵。不过，每回打仗的时候，管仲都是冲锋在后、撤退在先，许多人讥笑他是胆小鬼一个。鲍叔牙却认为，管仲之所以这么做，是因为他有老母亲需要留身奉养，他绝对不是胆怯的人。

平日里讨论事情的时候，管仲总是与人意见相左。一来二去，许多人都看不上管仲。鲍叔牙一如既往地维护管仲：“人世间是存在机遇之说的，我们与管仲其实不在一个层面上。管仲现在处于未遇之时，一旦有机遇，他肯定是属于世不二出的。”管仲听说后，十分感动：“生我者父母，知我者鲍叔哉！”天长日久，二人结为生死之交。

齐襄公有两个儿子，都已经长大成人，管仲与鲍叔牙商议说：“我们的齐侯有两个儿子，一个是公子纠，另一个是公子小白，将来的继承人肯定是他们中的一个。我和你分别辅佐一个，等他们中一位登基后，我们互相举荐，一同辅政。”

管仲和鲍叔牙相知相交，亲密无间，友情深厚，相辅相成，已成为代代流传的佳话，完美地诠释了什么是“管鲍之交”“鲍子遗风”。

二人根据约定，管仲和召忽当了公子纠的老师，鲍叔牙当了公子小白的老师。

鲍叔牙是个正人君子，让小白去劝齐襄公，说外面纷传齐侯兄妹乱伦，十分难听。齐襄公大怒，抬起脚就猛踢小白。小白吓得魂飞魄散，拉着鲍叔牙一路狂奔跑到姥姥家——莒国去了。

管仲也立即带着公子纠跑到其姥姥家——鲁国去了。

事情果然如管仲所料。齐国的大臣们根本就不接纳公孙无知以及连称、管至父两位将军。他们一起动手，合力杀死这三个篡权者，随后决定派人到鲁国迎接大公子纠回国继位。

得到消息后，鲁庄公姬同即刻发兵护送公子纠回国。不过管仲仍然觉得不踏实，就对鲁庄公说："小白的姥姥家在莒国，比鲁国要近得多，要是小白先入为主，我们就麻烦了。请再借给我一些兵车，我去把他们截住。"鲁庄公听从管仲的意见，让他带领三十乘人马去堵截小白。

果然，小白他们师徒俩也在赶着回国，因为"国不可一日无君"。管仲拦住小白，劝他放弃侯位，理由是公子纠是大哥。趁着小白不注意，管仲转身暗放冷箭，射中小白的前胸，只见小白口吐鲜血倒在车上。管仲满意地回去报告鲁庄公说，顺利完成任务。鲁庄公觉得再也无人竞争，放松下来，车队就行进得优哉游哉。

谁知这一箭，只射中小白胸前佩戴的带钩，并未射中要害。而机智的小白早就知道管仲是名神箭手，怕他再射，急中生智，把自己的舌尖咬破，喷出一口鲜血，假装倒在车上。这一招连鲍叔牙都瞒过了，自然也骗过了管仲。鲍叔牙一看小白没什么大碍，高兴地轻车快跑，一溜烟回到齐国。

回到齐国，鲍叔牙先拜见诸位大夫，着重强调了一点："鲁国的君侯不辞辛劳跑来为我们齐国扶立公子纠，肯定会向我们索要巨额回报。当年郑庄公郑寤生死后，宋庄公宋冯为郑国立了一个君主，然后就没完没了地索取。闹到最后，几个国家为此打了好几年的仗。我们齐国现在正处于多难之际，能承受得了鲁国的索取吗？"诸大夫问：

“那我们该怎么回绝他们？”鲍叔牙说：“告诉他们，我们齐国已经有君主了，姬同自然得走人。”大夫隰朋、东郭牙均表赞同。于是，齐国的大臣们迎立小白入城即位。

二、管仲拜相

时间：东周 85 年

人物：鲍叔牙、管仲、齐桓公

公子小白顺利当上齐侯，史称齐桓公。鲁庄公姬同白忙活一场，自然十分生气，说公子纠乃是长子，哪能轮到齐桓公即位？而齐桓公和鲍叔牙这边正想报一箭之仇，齐、鲁两国只好兵戎相见。强权政治岂是讲道理能解决问题的？

于是，齐国派鲍叔牙领兵五百乘去打鲁国三百乘军队。鲍叔牙在半路上设下埋伏，等着鲁国军队钻进圈套。管仲好心劝告鲁庄公小心为上，可是鲁庄公因为齐桓公被射假死的事情开始怀疑管仲，不肯听从他的意见，执意前进，结果被齐军伏击，大败而归。

齐军乘胜前进，夺取鲁国的一块领土。而后鲍叔牙带领大军继续前进，逼近鲁国都城，同时派遣隰朋给鲁庄公送了一封信，说一家不能有两个主人，一国不能有两个君侯。现如今我们齐国已经有了君侯，已经拜过宗庙正式登基了。如此一来，公子纠争夺君位，就是滔天大罪。我们齐侯因为兄弟的关系，不忍加戮，只能请鲁国帮我们执行国法。管仲、召忽这两个人，是我们君侯的仇人，请活捉他们交给我们，带回太庙行刑。

隰朋去送信之前，鲍叔牙嘱咐他说："管仲乃是天下奇才，我随后就将推举他，我们君侯肯定会重用他的。所以你这次的任务是，一定要保证他的安全。"隰朋问："如果鲁国非要杀他，该怎么办？"鲍叔牙回答道："你只要强调，管仲曾经射伤我们齐侯，我们要重重处罚，他们就会信的。"隰朋点点头，半信半疑到鲁国当信使去了。细细品味，鲍叔牙的要求，一是杀死公子纠，二是"活捉"管仲和召忽，而其中的重点自然是把管仲顺利带回齐国。

面对大军压境，鲁国君臣只好签下城下之盟，照单全收齐国的条件，杀掉公子纠，还把管仲和召忽抓了起来。召忽拒绝回国受审，自杀殉主。管仲却给自己找理由说："我不能死，我得活着回到齐国，为公子纠洗冤。"然后主动钻进了囚车。

不过鲁国也有明白人。谋臣施伯私下里对鲁庄公说："臣观察这管仲的神态，觉得他应该有内援，回去肯定不会杀他。这个人乃是天下奇才，定会被齐侯重用，如此一来，齐国必称霸天下。我们鲁国从此就得听人命令了。君侯您不如向齐国请求宽恕管仲，他因此肯定对我们感恩戴德，算是我们提前投资啊。"鲁庄公却充满疑虑地说："问题在于管仲是齐侯的仇人啊，我为他求告，如果搞错了的话，我们两国关系依然没法缓和啊。"施伯说："那就干脆杀了他，将尸体送还齐国。"鲁庄公觉得这个主意可行，下令照办。隰朋听说要杀管仲，急忙赶到鲁国宫廷劝说鲁庄公："管仲竟敢用箭偷偷射我君侯，幸亏射中的是带钩。寡君恨之入骨，天天想亲手剐了他，才能出这口恶气。您要是给我们一具尸体，那还不如不杀他。”鲁庄公为了保险起见，听从隰朋的建议，没有杀掉管仲。

管仲显然早已知道隰朋是来救自己的，怕鲁庄公反悔，就教军士们唱着歌赶路。当差的军士们且歌且走，居然忘记了疲倦，策马飞奔，一天赶两天的路，迅速逃离了鲁国。回到齐国，管仲与鲍叔牙相见，都松了口气。鲍叔牙对管仲说：“我马上向齐侯举荐你，这样你就可以一展抱负了。”

救援行动完美收官。现在只剩下最后一个问题了，就是召忽以死殉主，而管仲毫发无伤去做官，似乎有点说不过去。所以，管仲难为情地说：“我和召忽一起辅助公子纠，既没能让公子纠登上侯位，又不能以死相酬，臣节已经有亏。现在倒过来去给仇人干事儿，不太妥当吧？召忽若泉下有知，肯定会嘲笑我的！”

鲍叔牙并不认同这种气节，冠冕堂皇地编了一套说辞：“古人云，‘成大事者，不恤小耻；立大功者，不拘小谅’。兄台你有治理天下之才，以前只是没有机遇。如今我们的主公是个有志青年，见识不凡，要是能得到你的辅佐，把齐国经营起来，霸业未来可期。如此一来，功盖天下，名显诸侯，这伟大的事业等着你去做，为什么要去守那匹夫之节，干那没有意义的事情呢？”

鲍叔牙立刻赶到临淄去见齐桓公，见面之后，先吊后贺。一个好消息、一个坏消息，问齐桓公想听哪个。齐桓公说：“先说坏消息吧。”鲍叔牙说：“公子纠乃是您的兄长。君侯您为国灭亲，实在是不得已而为之，所以我得向您致以哀悼之意。”鲍叔牙这话说得相当到位。

虽然这其实是个好消息，但弟弟杀哥哥，总不能兴高采烈吧！于是齐桓公说了一句："虽然……那好消息是什么呢？"一声"虽然"，道尽其中奥秘，两人心照不宣。齐桓公真正感兴趣的当然是好消息。

鲍叔牙说道："管仲乃是天下奇才，和那个召忽不是一个级别的，我已经把他活着带回齐国了。如此一来，君主就得到了一个贤相，这就是我向君主祝贺的原因。"齐桓公一听，马上板起面孔说："这有什么好高兴的？他射我的那支箭，我还留着呢！寡人每次看到，心里都戚戚然，恨不得吃他的肉，怎么可以重用他呢？"鲍叔牙说："人臣者各为其主。管仲用箭射您的时候，心里装的是公子纠而不是您。君主若是重用他，他就会为君主射天下人，您没必要耿耿于怀那一箭吧！"齐桓公当然明白孰轻孰重，说："那就听老师您的，不杀他了。"

齐桓公当上了国君，自然要论功行赏。国、高两大世家算是有援立之功，增加封邑。最大的功臣当然是鲍叔牙，所以齐桓公任命老师为上卿，管理国家政务。鲍叔牙却推辞说："君主给我赏赐，使我不至于冻着饿着，臣万分感激！但让我来管理国家，这担子可不是我能承担的。"

齐桓公说："我知道老师的才能，您就别谦虚了。"鲍叔牙却说："这绝对不是谦虚！治国理政可是有层次之分、境界之差的。那些水平高的人，能做到内安百姓、外抚四夷；能有功于王朝，能让诸侯感恩戴德；能让本国如泰山般稳定，能让君主享受无上荣光；能让大家一起功垂金石、名播千秋。古人把这种杰出的人物称作帝臣王佐，这哪是我能胜任的？"

这番话说得含蓄而又高明，就像火苗立刻点燃了齐桓公的心——

一颗称王称霸的心。尤其是“能让君主享受无上荣光”这一句，真是撩人啊！齐桓公不由自主地往前移了几步，急切地问：“我们齐国有这样的人物？”齐桓公心中浮现出无数美妙的场景，仿佛那个伟大的高光时刻就在眼前，唾手可得。

鲍叔牙回答说：“当然有，这个人就是管仲啊！臣至少有五个方面不如管仲：能让老百姓感觉到宽柔实惠，我不如也；治国理政，井井有条，而不会失控，我不如也；提倡忠信，让老百姓团结起来，我不如也；制定礼仪，让四方遵守，我不如也；率军打仗，能让士兵们勇敢战斗，我不如也。”

这一幕堪称“管鲍之交”的高潮。不过齐桓公还没有进入状态，他还没有弄明白这位老师推崇的高人能给自己带来什么。所以，齐桓公冷冷地来了一句：“要不老师把管仲请来，寡人请教一下他的学问？”

齐桓公的意思是，要不咱们当场看看这位管仲的水平究竟如何。于是，鲍叔牙郑重其事地说：“俗话说‘贱不能临贵，贫不能役富，疏不能制亲’。君上要真想重用管仲，就必须任命他为齐相，以父兄之礼对待。一国之相，地位不亚于君，君主都不可以轻视。所以我建议，认认真真地卜选一个好日子，举行隆重仪式来迎接管仲。如此，天下人听说我们齐君如此尊贤礼士而不计私仇，想想看会是什么效果？”

这段话说得简洁明了。齐桓公是个极端聪明的人，一点就通，立刻说：“寡人听您的。”

鲍叔牙既有自知之明，又有知人之明，再加上高风亮节，把自己的位置让给了管仲。于是齐桓公让太卜选了个好日子，到郊外举行隆重仪式迎接管仲进城，齐桓公与管仲坐着同一辆车回朝。看到这种最高级别的礼遇，齐国百姓当场轰动，纷纷赞叹，口口相传，让天下人都知道齐国新君主不计前嫌、求贤若渴，同时宣告了一个新霸主时代的到来。

三、礼义廉耻，国之四维

时间：东周 86 年

人物：管仲、齐桓公

管仲与齐桓公客套了一番后，双方进入正题。齐桓公请教道："我们齐国乃是千乘大国，先祖僖公的时候也曾经号令诸侯。只不过先父襄公时政令无常，导致了巨大的灾难。寡人现在主政，发现人心未定、国势不张。我们该从哪里着手？"

管仲胸有成竹，不假思索地回答说："礼义廉耻，乃是国家四个支柱。如果这四个关键的主张不能确立，国家就会垮塌。必须先使民众有所遵循，一起出力。正确实施和引导，以立纲纪，以振国势。"齐桓公问："如何能让民众一起出力？"管仲回答说："首先必须爱民，然后加以正确引导。"齐桓公又问："爱民之道有哪些呢？"管仲回答说："要组织起来，要以共同的事业相聚集，要以共同的利益相关联，这样民众就可以团结起来。不追究旧罪，帮一些旧宗族立后，以增加人口。减少刑罚，降低税敛，让百姓富有。建立教育体系，让贤士担任教化之职，以使百姓知道规则。法令一旦颁布就不能轻易变动，这样百姓有所遵循。这些都是爱民之道。”

齐桓公听了十分受用，一个问题接一个问题：“那么又该怎么管理民众呢？”管仲回答说：“士、农、工、商，构成民众的大部。要让他们乐意传承，不断改善技能，不要随意改变他们的生活方式，这样百姓就可以安定。”

齐桓公问：“现在盔甲兵器不够，怎么办？”管仲回答说：“我们可以制定赎刑：不同的罪行缴纳不同等级的盔甲兵器箭矢材料来平息诉讼，疑罪从宽。以此收集民间材料，质量好的用以铸剑戟，质量差的用来铸农具。”

齐桓公问：“钱不够用怎么办？”管仲回答说：“开矿铸钱，煮海为盐，然后开展国际贸易。贸易的原则是，便宜时大量收购，然后根据时节买进卖出；多建旅馆，让商人们感觉宾至如归；鼓励集市交易，以税收支撑军费。如此钱就会多起来了。”

齐桓公问：“兵员不多，战斗意志不强，该怎么改变呢？”管仲回答说：“兵贵于精，不贵于多；真正的强大在于精神和意志。我们要实行寓兵于民，这就需要进行大胆的改革。”

管仲接着说：“要注重持续教化，不鼓励随意迁徙。祭祀同福，死丧同恤；齐心协力，能守能战。”管仲进一步指出，对外政策要尊周而亲邻，找到缺陷多的就主动进攻，以扩大领土；发现不守规矩的就诛杀之，立威于诸侯。管仲最后说，如此一来，“方伯（霸主）之名，君虽欲辞之，不可得也”。

从上面的对答中，能看到管仲对治国理政的深思熟虑，并且有一整套改革与施政纲领。首先是确立礼义廉耻作为国之四维，让老百姓一起出力，把老百姓团结起来。由此可见，他不仅懂政治、经济、军事，更懂人情世故，懂利用民心。伟大的管仲一出山就不同凡响，卓然立世。

齐桓公与管仲连续晤谈三日三夜，可谓是如饥似渴、如获珍宝、醍醐灌顶、茅塞顿开。齐桓公大喜，正式拜管仲为相。管仲提议说，要同时重用“齐国五杰”（即公孙隰朋、宁戚、王子成父、宾须无、东郭牙），才能实现这宏图霸业。桓公表示愿意句句听从，又赐管仲一大笔钱，让管仲既富且贵，能镇住贵族豪门，以便实施改革大业。

齐桓公身边有了好老师，他时时请教，事事问询，受益良多。时间一长，连一些私人问题也不耻下问。有一天，齐桓公问管仲：“寡人毛病很多，热衷于吃喝玩乐，尤其是喜欢打猎。您说这些毛病对咱们的霸业，是不是有害啊？”管仲说：“这个还真没有什么影响。”

齐桓公问道：“那什么会损害霸业呢？”管仲回答说：“一是您不知道谁是贤能之士；二是知道谁是贤人，却不重用他；三是重用他了，但不信任他；四是信任他了，依然用小人掺和。这些都是有害于宏图霸业的。”齐桓公点头表示明白，从此之后就专任管仲，称其为仲父，礼遇比高、国两个传统世家贵族还要高。

管仲的逻辑是层层铺垫的。首先是强调荣誉感，这个非常重要，君主第一需要的应该是荣誉。其次是具体的政策策略，然后是人事安排，最后还得让君主放心。如此应对，自己才能安享尊荣，两边互不干扰、皆大欢喜。

齐桓公和管仲的君臣佐使，是明白人与有实力的人的合作，是最佳的组合形态。通过他们的对答，可以体会管仲对人情世故的把控，可以清晰地感受到他不光是一名伟大的思想家，也是世俗领域中的成功者。管仲的智慧超越了时空，使他获得了成功的机会，完美地实践了自己的理念。

聪明的齐桓公听懂了管仲的金玉良言，知道自己很幸运遇到一位贤臣，十分尊敬地称管仲为仲父。然后，齐桓公郑重其事地宣布："从今而后，所有国家大政，先告仲父，再告寡人；所有施行，都由仲父裁决。"

四、曹刿论战，一鼓作气

时间：东周 86 年

人物：施伯、曹刿、鲍叔牙

齐国走上正轨，鲁国上下很不开心。特别是鲁庄公姬同，得知管仲不但没死还被重用，感觉自己被耍，很是生气，决定打一仗出出这口恶气。

齐桓公正想找谁练练手，一听有人不服，顿时来了精神，决定先下手为强。不过，国相管仲不赞成立马用兵。他认为，改革刚刚开始，时机还不成熟，还需要一段时间休养生息、积蓄力量。可是齐桓公心高气傲，不听劝阻，直接派老师鲍叔牙领兵前往鲁国。

看到齐国大军压境，鲁庄公忙问谋臣施伯咋办。施伯认为，目前鲁国朝廷中无人能用。正在鲁国君臣无计可施、着急上火之际，一直隐居的周文王儿子曹叔振铎的后人曹刿迫不及待地求见鲁庄公，主动提出为抵抗齐军出谋划策。接下来这段“曹刿论战”的故事屡次入选语文课本，上过学的人都不陌生。

得知曹刿主动出山，一个同乡说：“打仗的事当权者自会谋划，你又何必参与呢？”曹刿说：“当权者目光短浅，不能深谋远虑。”于是，曹刿执着地入朝去见鲁庄公。曹刿问：“您凭借什么作战？”鲁庄公说：“衣食这一类养生的东西，不敢独自享有，一定会把它分给别人。”曹刿回答说：“这些小恩小惠不能遍及百姓，百姓是不会听从您的。”鲁庄公说：“祭祀神灵的牛、羊、玉帛之类的用品，我从来不敢虚报数目，一定按照承诺的去做。”曹刿说：“这只是小小的信用而已，不可能让神灵信服，神是不会保佑的。”鲁庄公说：“大大小小的案件，虽然不能件件都了解得清楚，但一定要处理得合情合理。”曹刿回答说：“这才算是尽了本职一类的事，凭借这个条件可以去打一仗。如果作战，请允许我跟随您一同去。打仗这事儿都是随机应变的，不可能是事先规划设计好的。临阵的时候，我就待在您身边，随时随地为您出谋划策。”

从这一番奏对可以看出来，曹刿的确是个明白人，知道兵事是随机应变的。人类千百年来无数的战争，绝大多数都是在赌博，并没有谁在战争开始时就胜券在握。当然，还真有少数几个雄主做到了战无不胜。但我们必须承认，这种能力似乎很难学习和复制。

鲁庄公和曹刿共坐一辆战车，在长勺和齐军作战。一到两军阵前，鲁庄公准备叫手下鸣鼓对敌。曹刿连忙制止说："齐军士气正高，我们先做防守。"后传令军中："有敢大声喧哗者，斩。"齐兵来冲鲁阵，阵如铁桶，冲击不动，只得退了回去。歇了一阵儿之后，齐军再次鸣鼓冲过来，鲁军依然是没有一点声音，只防守不进攻，齐师只好又退了回去。

鲍叔牙产生了误判，得意地说："鲁国人怯战了。我军只需要再进攻一次，鲁国人必然逃走。"于是，下令再次击鼓进军。曹刿听到第三次鼓响，马上告诉鲁庄公说："打败齐国就在此时，请您立刻下令击鼓进军！"齐兵见鲁兵两次都是只守不攻，以为这一回依然如此，毫无防备。谁知鼓声一起，鲁国军队突然杀来，刀砍箭射，势如迅雷，打得齐兵七零八落，大败而逃。齐军溃败，鲁庄公下令驾车马追逐齐军。曹刿却说："还不行。先让我看一下。"说完就到地上查看齐军车轮碾过的痕迹，又登上战车，扶着车前横木远望齐军的队形，这才说："可以追击了。"鲁庄公听从建议，下令追击齐军，一口气追了三十余里才退兵，缴获了大量的辎重兵甲。

胜利之后，鲁庄公问曹刿："请说说看，为什么我们用一鼓胜了齐军的三鼓，有什么讲究吗？"曹刿回答道："打仗主要靠士气支撑，有勇气方能胜利，气衰则败。击鼓的作用就是鼓舞士气。第一次击鼓能够振作士气，第二次击鼓士兵们的士气就开始低落了，第三次击鼓士兵们的士气就耗尽了。他们的士气已经耗尽而我军的士气正盛，所以才能战胜他们。我方不击鼓进军，我们的气势就一直保存着，而对方经过三鼓气势已竭，这时候我军第一次击鼓进军气势方盈，如此一来我们就是以盈御竭，所以获得了胜利。"鲁庄公深表赞同，又急着问："齐军已败，为什么不立即下令追赶？"曹刿回答说："齐人多诈，我怕他们预先设好伏兵，用诈败的方式引诱我们。我下车看到他们兵车的辙迹散乱，知道他们军心已乱；又登高观望了一下，发现他们旌旗不整，显然是急于逃命，所以才敢下令追击。"鲁庄公叹息道："先生可谓是知兵之人啊！"于是就拜曹刿为大夫。

兵败之后，齐桓公十分生气。鲍叔牙也觉得很丢面子，就出主意说，要不咱们联合其他诸侯再干鲁国一仗？齐桓公报仇心切，表示同意，派人请宋国出兵协助，两国一起攻打鲁国。

然而，十分不幸的是，宋国与齐国联手居然又输了一次。这回失败的原因不在齐国，而在宋国将军身上。原来，宋国的将军叫南宫长万，是个大力士，自以为天下无敌，是个骄横跋扈的家伙。鲁国君臣知道宋军外强中干，没什么实力，决定用偷袭的方式先拿下宋国。于是，鲁国的将军使出一个怪招，把虎皮蒙在马身上偷袭宋军，结果大败宋军，还活捉了南宫长万。鲍叔牙获悉宋师失利，只得全军而返。

其实，鲁国和齐国国境相连，渊源有自，关系密切，也是很近的亲戚，但经常为点鸡毛蒜皮的事情大动干戈。后来，鲁庄公为齐桓公主婚，两国表面上又和好如初。如此一来，宋国和鲁国随之也缓和了关系，鲁国就把战俘南宫长万送回了宋国。不料这一回，又引发了一场君臣翻脸、天翻地覆的悲剧。

五、戏言丧命，弑君如割鸡耳

时间：东周88年

人物：宋闵公、南宫长万

宋闵公宋捷见南宫长万被释放回来，就开玩笑说："我原来很高看你的，现在再看，也就是个败军之将罢了。"有一个大夫私下劝谏宋闵公，说君臣之间要以礼相待，不可玩笑。宋闵公满不在乎，说自己和南宫长万关系铁，可以经常开玩笑。

有一年秋天，宋闵公带着南宫长万一起打猎，不懂人情世故的武夫南宫长万竟然跟宋闵公争夺猎物。宋闵公大为生气，大声辱骂南宫长万说："以前我尊敬你，如今你成为鲁国的俘虏，所以我便不再敬重你。"南宫长万因此心生怨恨。

有一天，宋闵公与南宫长万一起比赛，宋闵公连赢五把，南宫长万喝多了，总想扳回来。宋闵公说："你乃常败将军，再赌还得输。"南宫长万一再受到羞辱，心里自然十分憋屈。

游戏结束，宋闵公说要选派使者去参加周王室的一个庆典，南宫长万想去风光风光，积极申请前去。这宋闵公是个无节操的主儿，羞辱别人没完没了，又说了一句狠话："难道宋国无人了？派你个鲁国的囚犯去王室现眼啊！"旁边的宫女们听后都笑出声来。南宫长万恼羞成怒，再加上喝多了酒，忘了君臣之分，张嘴就大声骂道："你这无道昏君！知不知道你说的那个囚犯也是会杀人的？"

宋闵公可能也喝多了，一边骂“你这个死囚，竟敢这么跟我说话”，一边夺过身边卫士的武器刺杀南宫长万。情急之下，宋闵公居然忘了，这南宫长万可是一员武将、著名的大力士，跟他动刀枪无异于找死。结果，南宫长万多年的怨恨一起爆发，一拳打死了宋闵公。

宋闵公做了十年公侯，因为一句戏言被手下一拳头打死，的确是“不作死就不会死”。可怜之人必有可恨之处，落一个“宋闵公”的谥号，倒是恰如其分。所以，后人叹息“春秋世乱，视弑君不啻割鸡”，实在令人扼腕。

不过，这莽汉武夫南宫长万也没有得到善终。公元前682年，杀害宋闵公之后，南宫长万拥立公子游为君。同年，宋国贵族杀死公子游，立公子御说为君，是为宋桓公。南宫长万只得亲自驾车，拉着母亲狼狈逃窜，仅用一天时间就跑到了陈国。宋国人以重金贿赂陈国，请求归还南宫长万。陈国人见钱眼开，设计让美女陪南宫长万喝酒，灌醉之后用犀牛皮把他包裹起来遣回宋国。刚到宋国，南宫长万就立刻被剁成了肉酱。

六、宵小伎俩；上有所好，下必甚焉

时间：东周88年

人物：齐桓公、竖刁、易牙

齐国在长勺被鲁国隐士曹刿打败之后，齐桓公深悔用兵，懂得了治国理政的艰难，索性把工作都推给管仲，自己每天只管喝酒作乐、享受生活。

上有所好，下必甚焉。齐桓公爱好广泛、喜欢玩乐，自然有人前来凑趣讨好卖乖。其中一个叫竖刁的人，说十分喜欢齐桓公，非要伺候他不可。可是齐桓公是君侯，一个大男人不能整天跟着出入宫禁，这个竖刁咬着牙、闭上眼就自宫了。还有一个叫易牙的人，有特长，善于做饭。有一回，齐桓公开玩笑说什么奇珍异兽都吃过，就是没有吃过人肉。说者无意，听者有心，易牙竟然把亲生儿子蒸了给齐桓公吃。齐桓公深受感动，以为这俩是忠君爱主的模范，所以非常宠信他们。

但是，抬轿是为了坐轿，曲意逢迎是为了揽权弄权。竖刁、易牙等人尝到了甜头，权力欲望更加膨胀，渐渐都觉得深受齐桓公信赖的管仲碍手碍脚，对他非常忌恨，总想借机整整这个位高权重的国相。有一次，有人报告军国大事，齐桓公就问："你们为什么不直接去报告给仲父呢？"逮着这个机会，竖刁、易牙立即凑上去表忠心说："我们听说'君出令，臣奉令'，可现如今，您却把这一切都交给仲父处理，长此以往，齐国人心目中哪儿还有您这个君主啊！"

齐桓公毕竟是春秋第一霸主，虽然喜欢享受，脑子却不糊涂，一听这两个小人挑事儿，就笑着骂道："你们懂什么，寡人和仲父的关系，就像人身上有胳膊和腿儿一样。有胳膊和腿儿才是健全的身体，有仲父才能让我当个有滋有味儿的君主。明白了吗？"

由此可见，齐桓公的确是个明白人。他知道，只有依靠管仲这种能臣，自己才可能取得不世功业；而竖刁、易牙这些身边伺候自己的人再忠诚，也不能让他们治国理政。

可惜的是，一代圣主也避免不了老迈昏聩的宿命。管仲死后，齐桓公不听管仲遗言，重用小人。这几个小人得志便猖狂，把齐国上上下下折腾得鸡飞狗跳。齐桓公四十三年（前 643），齐桓公重病，五公子（公子无诡、公子昭、公子潘、公子元、公子商人）各率党羽争位。这年冬天，齐桓公病危，竖刁作乱，不给饭菜。齐桓公得知后用衣袖蒙脸，活活饿死。五公子互相攻打，齐国一片混乱，易牙、竖刁立公子无诡继位，公子昭逃走。竖刁带人守住正殿，与诸公子对峙，宫中成了剑拔弩张的战场。齐桓公已死六十七天，寝殿之内蛆虫遍地、尸臭熏天，尸虫都从窗子里爬了出来，才被收尸盛殓。

公子昭逃到宋国，向宋襄公求救。尽管当时宋国十分弱小，但因齐桓公临终前曾委托他照顾太子，宋襄公全力帮助太子昭回齐国即位。无诡元年（前 642），宋兵压境，此时掌管兵权的易牙带兵迎敌，高傒等老臣守城。老臣高傒乘易牙统兵出城，请竖刁进宫议事，竖刁不疑有诈，被埋伏的兵甲杀死。齐国贵族迎太子昭回宫，无诡被杀，易牙逃亡鲁国。

七、桃花夫人，引狼入室

时间：东周 89 年

人物：楚文王、蔡侯、息侯

楚国称王已经二世，楚文王熊赀感觉有和周王室平起平坐的意思了。

在此过程中，楚国已经兼并了南方很多诸侯小国。多数小诸侯“人在屋檐下，不得不低头”，只有蔡国仗着和齐国是姻亲关系，不把楚国放在眼里。楚文王一直惦记着教训一下蔡国，正巧有人送来了个好机会。

楚文王六年（前684），息侯夫人息妫出嫁时路过蔡国，蔡夫人和息夫人是姐妹，蔡哀侯献舞依礼出面招待。蔡哀侯一看小姨子实在太美，便趁着酒酣耳热出言调戏。结果，小姨子归国后向息侯告状，让息侯怀恨在心。息侯早有投靠楚国的想法，以为这次找到了一个借口，就给楚文王出了个主意，说：“你假装率军来打我，我请蔡侯相救，到时候咱俩里外夹攻灭了蔡侯。”楚文王一听，同意依计而行，应息侯之请去惩罚无礼的蔡侯。结果一仗下来，楚国活捉了蔡哀侯，并把他带回郢都。

不过，楚文王并没有杀死蔡哀侯，反而请他喝酒。两个君侯喝多之后，扯着闲篇又扯到了女人，蔡哀侯趁机说：“天下的女人，再也没有比息妫更美的了，简直如仙女一般。”楚文王就问：“仙女长啥样啊？”蔡哀侯回答说：“目如秋水，面似桃花，身材是不高不低、不胖不瘦，一举一动都让人迷醉，我从来没见过有第二个人像她那样美！”

楚文王听说有这等美女，垂涎欲滴，便设宴招待并袭击息侯，灭了息国。然后让息侯担任守卫城门的士兵，将息妫纳为自己的妃子。

息侯自作聪明，引狼入室，自取其辱。息妫生子熊艰和熊恽（楚成王）后，从未主动说话。楚文王问其缘故，息妫以自己是一女侍二夫而感到惭愧，所以无颜说话。楚文王是因蔡哀侯之故才灭了息国的，于是再度进攻蔡国，蔡哀侯在楚国被扣留九年后去世。

八、九合诸侯，尊王攘夷

时间：东周 89 年

人物：管仲、齐桓公、宁戚

管仲施政三年之后，齐国大治。齐桓公信心爆满，就问管仲，怎么才能当上霸主？

管仲说，今日诸侯中强过齐国的不是没有，南方的楚国、西部的晋国和秦国都比较强大，但这些强国都是自逞英雄，不懂得只有尊奉周王才能名正言顺地征服诸侯。周王室虽然衰落了，但依然是天下之共主。现在我们齐国要做的就是“尊王攘夷”，尊奉周王，驱除边患，以周王名义号令诸侯。这就是管仲的政治智慧，齐国君臣抓住了主要矛盾，占据了道德制高点。

齐桓公愿意尊王室，还派出一支精良的部队保护王室，周天子听说后喜出望外，感激涕零。就这样，齐桓公冠冕堂皇地用周王室的名义召集诸侯开会。第一次大会的议题是，确定宋国国君的名号。之前，宋国连着死了两个国君，所以管仲劝齐桓公先管这件事。

齐国通知了八家诸侯，结果只到了四家。齐桓公一看，好没面子，心里一冷，就想撂挑子。管仲轻松地说：“谚语有云‘三人成众’，现如今来了四家诸侯，加上我们五家，已经够了。”管仲鼓励齐桓公说，万事开头难，开了头就好办了。齐桓公九合诸侯，这是第一回。

当着五家诸侯的面，管仲挑明，我们齐侯奉周王之命召集诸侯，好几家不听指挥，所以想借大家的力量惩罚他们一下，诸位君侯意下如何啊？五家诸侯之一宋公一听，觉得不妙，连招呼都不打连夜回国了。齐桓公大怒，想追赶宋公。管仲说：“眼前有比追赶宋公更重要的事情需要办。”齐桓公不解，忙问何事。管仲说：“鲁国这么近，连开会都不来。宋国好歹是来过的，不惩罚鲁国而去和宋国较劲，是不妥的。”齐桓公又问怎么下手，管仲说：“鲁国有一个附庸国，先灭了它，敲山震虎。等鲁国服软了，再兵临宋国，压服宋国，此破竹之势也。”

鲁国君臣听说齐国灭了自己的附庸国，果然震惊，连忙商议如何是好。公子庆父主战，施伯、曹刿等人主和。君臣几人正在商议，有人报告齐侯派人送信来了。鲁庄公打开一看，信上说：寡人与君皆为周王属下诸侯，情同兄弟，而且还是姻亲。我召集诸侯开会，君却不来参加。寡人想请问是什么原因？若有二心，那就明说好了。鲁庄公只得服软，让施伯替自己回信辩解，说因身体欠佳，所以没能去开会，已经知道错了；不过你让我签这城下之盟，让我很没面子，你若肯退一步，我就真心服你。

听说鲁国都服软了，没来开会的曹、卫两国也赶忙派使臣来谢罪。

鲁国等国服软之后，齐桓公到周王那里告状，说宋公不服管教，是看不起周王室，提出要教训宋国。周王室自然同意。

管仲带兵先行，路遇一个放牛人，立刻感觉此人与众不同，因为这个人一边放牛一边唱歌，而且歌词内涵丰富、意蕴深远。管仲好心派人送饭食给放牛人。放牛人说希望拜见管仲，送饭的差人说管仲的车已经过去了。放牛人说："那你给我捎带一句话给相爷，叫：'浩浩乎白水！'"

管仲一听有点茫然，不知道啥意思。不料管仲的侍妾却知道啥意思，告诉管仲说："古诗中有一首《白水》，是这样说的：'浩浩白水，鲦鲦之鱼；君来召我，我将安居。'这个人是想让你请他当官儿来着。"管仲一头雾水的问题，却被身旁的侍妾给出了答案。

于是，管仲又派人去招呼放牛人。放牛人说自己叫宁戚，是卫国人，没有地位，想见管仲，但"无由自达"，所以只能替村里人放牛谋生。一句"无由自达"，说出了多少书生的辛酸。古往今来，真正能实现自我价值的，永远是凤毛麟角，是极少数，原因是路径不通。

管仲和宁戚一聊天儿，就知道这位的确是个大才。管仲通过听歌、闻询，然后交流，马上敏锐地意识到自己找到了一个好帮手。所以管仲叹息道："如此这般的豪杰，却埋没于泥土中，如果遇不到汲引，根本没有办法显示出来啊。"

管仲一边感慨一边写推荐信，交给宁戚，说："过两天国君就到了，你把信交给他，就可以得到重用。"管仲不是把宁戚收到自己帐下而是推荐给齐桓公，可见在管仲心中此人是治国安邦的人才。

这个宁戚还真是个人物，见到齐桓公依然唱歌，引起了齐桓公的注意。宁戚唱的歌中，有一句把当下形势描述得不太美妙："生不逢尧与舜禅，长夜漫漫何时旦？"意思是帝王们不是尧舜，目前是黑夜，何时才有光明？

齐桓公把宁戚召过来问他为什么要讽刺时政，目前形势很好，堪比尧舜时期，一片光明啊！宁戚直截了当地把齐国的丑事一一列举了出来，搞得齐桓公很没面子，一怒之下，下令把这家伙拉出去砍了。

隰朋出来劝阻说："这位绝对不是寻常之人，你看他见势不趋、见威不惕。请君主宽赦他吧！""见势不趋、见威不惕"，这八个字显示的是一种高阶的修养，即见到官员不谄媚，见到帝王不哆嗦。这个宁戚已经修炼有成，非比寻常。齐桓公倒也听劝，居然马上就不生气了，反过来命令武士放开宁戚，和颜悦色地对宁戚说："寡人只是测试一下先生，看来你肯定是个高人。"

直到这时，宁戚才漫不经心地从怀里把管仲的推荐信拿出来。管仲的信表达了两层意思：宁戚是当世有大用之才，所以才推荐给君主；你要是不用，被别人用了，齐国就会后悔的。齐桓公看过信后惊讶地问："先生既然有仲父的书信，为什么不在刚一见面的时候就交给寡人呢？"宁戚回答："臣听说，'贤君择人为佐，贤臣亦择主而辅'。"宁戚的意思是，君臣是双向选择的关系，假如"君如恶直好谀"，那就恕不伺候了。

齐桓公安排仪式给宁戚封官。这时，身边的竖刁不阴不阳地说："您现在让底下人赶着置办衣冠，是不是要给那个宁戚封官儿啊？"竖刁出主意说，这卫国距离咱们这里不远，建议调查一下他的背景再说。齐桓公说了一段话，证明他能当上第一霸主也不是偶然的。齐桓公说："宁戚这个人属于廓达之才，特点就是不拘小节，怕的是他在卫国的时候，免不了会有一些过错。如果我们去调查，知道了这些过错，封他官位就不那么光彩，因此而放弃，那就太可惜了！"他的意思是，如果真去调查的话，结果可能非常复杂。所以，齐桓公不再废话，干脆利落地直接聘用宁戚，让他给管仲做助手。

接下来，齐桓公集合四国军队，兵临宋国。宁戚站出来说："君主您现在奉天子之命，集合了几国兵力，以威势压制宋国，肯定能赢，不过不如以德服人。臣虽不才，请用我的三寸之舌去说服宋国臣服我们。"

宋桓公听说宁戚要来，问自己的手下戴叔皮："这个宁戚是何人啊？"戴叔皮说："肯定是来当说客的，您别搭理他。看我信号，让卫士拿下，羞辱他一通，齐人的招数自然就破了。"

只见宁戚"昂然而入"，见了面只是向宋桓公作了一个长揖。而宋桓公端坐在那里不予理睬。宁戚仰天长叹道："啊，这宋国快完蛋了啊！"一句话，就把宋桓公给镇住了。宋桓公骇然问道："孤可是公爵，在诸侯中排位第一，你说的危险从哪里来？"

原来这就是宋桓公不服齐桓公的原因。宋国是诸侯中爵位最高的，而齐国的君主只是侯爵。但宋国从来没有强大过，因为他们不是周朝的嫡系，而是商朝遗老遗少的后代。但这并不妨碍宋国的国君自己端架子。

宁戚说："您觉得自己很厉害，比起周公如何？"宋桓公回答说："那当然不如。"宁戚指出："周公在周朝开国最鼎盛的时候，依然以'吐哺握发'的态度来招纳天下贤士。您现在是劫后余生，当下已经是群雄角力时代，而宋国却连续两次发生弑逆，不得安宁。现在您就是效法周公，卑躬下士，恐怕能人志士也不会来。事到如今，您仍然妄自矜大、简贤慢客，还能听到正确的意见吗？"

宁戚这番逻辑无懈可击，宋桓公仿佛醍醐灌顶、茅塞顿开，忙请教宁戚现在该怎么办。宁戚回答说："您只要服个软，什么问题就都解决了。内忧纷扰之际，为什么要和周王室、齐国较劲儿呢？”宋桓公心悦诚服，明白当下必须低头，应该立刻向齐国服软。

就这样，管仲和齐桓公把中原诸侯都调理得服服帖帖，接下来就有力量干件大事了。这时候，管仲告诉齐桓公，说目前最大的问题是要搞定郑国。郑国自从郑庄公去世后，陷入了兄弟争位的恶性循环，结果导致楚国乘虚而入。中原最大的对手是楚国，因为楚国直接称王，形同造反；而郑国投靠楚国，突破了中原防线，所以要想攘楚，先得搞定郑国。

齐桓公说：“我知道郑国乃中原之枢纽，早就想收服他们，只不过还没想出什么好办法。”宁戚建议说：“郑侯子突为君二载被赶下去了，天天想着复国。子突下台后，其他几个兄弟轮流折腾，大家早烦了，我们扶持子突复位就能掌控郑国。”齐桓公完全同意，说就这么办。在正确思想的指导下，加上齐国诸多能臣的协助，齐桓公的霸业取得了显著的成绩，中原诸侯纷纷集聚在齐国的旗帜下。

九、楚国崛起，斗穀於菟

时间：东周 90 年

人物：姬颓、子文

此时，南方的楚国日渐强大。楚国先是征服蔡国，然后又威胁到了郑国。郑厉公郑子突虽然是齐国扶持复国的，但在强权下还是得低头，再次倒向楚国。不过，郑厉公需要给齐国一个交代，专门派大臣报告齐桓公，说："您要是能出兵打败楚国，我们岂敢背叛呢？"

齐桓公一听，郑国实在可恨，居然敢笑话齐国打不过楚国，一怒之下囚禁了郑国大使。这样一来，齐国和郑国的关系又紧张了。后来，得亏楚文王在征战过程中受伤而死，郑国才缓了一口气，再一次倒向齐国。

郑国君臣一起商议，觉得不能再这样受夹板气，决心依靠周王室再次振作。不料周王室自己先乱了起来，原来是周惠王姬阆得罪了五个大夫，五大夫造反。经过一番混战，卫国和南燕出兵攻入周朝都城，赶走周惠王，拥立姬颓为周天子。这位新天子比较特殊，身为贵族，却喜欢喂牛，把时间、精力、钱都花在了牛身上。

郑厉公郑子突决定帮助周惠王复位，想以此来提振郑国的地位。于是，周惠王在郑国的帮助下再次夺回王位，仅仅当了几天周天子的姬颓被杀。

受到惊吓的周惠王复位之后，面对天下的混乱局面，觉得还是有人出面管理为好，于是正式任命齐桓公为方伯，这是一个有权管理诸侯的称号。就这样，齐桓公正式登上霸主的位子。

放眼天下，这个时期的大国是齐国、晋国、秦国和楚国。其中，晋献公姬诡诸一直在忙着开疆拓土，一天也没有闲着。只不过他的成就被混乱的内政给淹没了，起因还是女人。晋献公一生能征善战，屡屡建功，史称其"并国十七，服国三十八"。一次在攻打骊戎的时候得到了骊姬和她妹妹，他对她们姐妹二人十分迷恋，以至于想废掉太子申生，改立骊姬的儿子奚齐，最后闹得鸡飞狗跳，申生被逼自杀。晋献公死后，诸公子争位，晋国大乱。奚齐被大夫里克所杀，大臣荀息复立骊姬妹妹之子卓子。里克又杀卓子，迎立公子夷吾，是为晋惠公。晋惠公继位后，逼迫里克拔剑自刎。

而此时的楚国已经真正强大起来。息夫人的儿子、新楚王熊恽是个杀伐决断之人，先是杀死长兄夺取王位，随即重用了一个叫斗子文的高人为相。传说斗子文是私生子，出生即为母家所弃，然而大难不死，居然被老虎（於菟 wū tú）抱着喂乳（穀）活了下来。“斗穀於菟”这个传说也是东周最著名的典故之一。齐国以齐桓公重用仇人管仲为相天下皆知，楚国也不甘人后，使劲炒作了一把自己的新相爷“哺乳于虎”，造势说楚相不是凡人。此传说不但掩饰了斗子文是私生子的缺陷，反而创造出另一种神话，可算是软实力竞争的样板。

十、平息山戎，老马识途

时间：东周 107 年

人物：齐桓公、管仲

公元前 663 年，齐桓公接到燕庄公（姬姓，名不详）的求援信，说他们被山戎侵伐，希望齐国救援。齐国和楚国之间是争霸主，而山戎只不过是小小的异族入侵。管仲当机立断：“我们齐国要想讨伐楚国，必须先把北方的山戎平定了。平息掉戎患，才能专心搞定南方。”管仲告诉齐桓公，“熄灭戎患”为第一任务。

山戎是北方游牧民族中比较强大的一支，国名令支，位于今天河北省北部。

齐国决定出兵帮助燕国抗击山戎，鲁国也表示愿意出兵，齐桓公信心十足，婉言谢绝。燕国一见著名的齐桓公亲自率兵前来救援，自是感激万分。

山戎先是抢掠了一把，一见齐国来救，上马就跑。管仲说：“咱们不能撤兵，要不山戎还会再来袭扰，干脆一劳永逸解决北方这个威胁。”燕国表示愿意当先锋，齐桓公依然谢绝，只是联合了当地不愿意附属山戎的几个民族，一起发兵讨伐山戎。

山戎长于野战，设下埋伏，先胜一局，随后齐国扳回一局。山戎玩了个坚壁清野，将关口堵住，想着齐国找不到水源就会撤退。此时，齐军的第一任务就是找水，这关系到能不能站住脚的问题。隰朋建议说：“臣听说蚁窝附近一般有水，让军士们先找到蚂蚁窝，然后再挖井。”军士各处去找，竟然没有发现蚂蚁窝，又来问怎么办。隰朋回答说：“蚂蚁冬天在山的阳面，夏天在山的背面。现在是冬天，要到山的阳面去找。”军士根据这个提示，真的在山腰掘得泉水。齐桓公开心地夸隰朋博学，说他可谓是圣人了。

解决了饮水问题之后，管仲派兵包抄令支国的后路，两面夹击，取得重大胜利。令支国首领逃至孤竹国，齐军乘胜追击。山路崎岖，不宜进兵，将军们说，干脆丢弃战车轻装前进。管仲当即予以否定：“游牧民族以骑兵见长，便于驱驰，我们只有以车为阵，才能与他们抗衡。”此时中原军事的优势，是以重装备的战车相连，以抵御骑兵的冲击。管仲强调，绝对不能放弃自己的优势。

至于士兵搬运重装备容易疲劳，没有精气神儿，管仲的办法是教大家唱歌。结果，军士们欢快地唱起歌来，你唱我和，愣是用人力把战车快速推过了山头。齐桓公与管仲站在高处看大家干活儿，见大家劲头十足，感慨地说：“人的精神居然能通过唱歌来激发，我是今天才知道的。”管仲回答说：“其实当年从鲁国逃跑的时候，臣就用过这一招。”齐桓公请教是何原因，管仲回答说：“人在干活儿的时候费体力，会引发精神疲劳，如果焕发精神就会忘掉疲劳的。”齐桓公赞叹道：“仲父真的是通达人情啊！”

· 老马识途。管仲（前719—前645），姬姓，管氏，名夷吾，字仲，谥敬，春秋时期法家人物，被称为管子、管夷吾、管敬仲，汉族，颍上（今安徽省颍上县）人，周穆王的后代，中国古代著名的军事家、政治家、经济学家、改革家，被誉为“圣人之师”和“华夏文明的保护者”。一次，管仲跟随齐桓公出去打仗，回来时迷失了路途，管仲放老马在前面走，就找到了来时的道路。比喻阅历多的人富有经验，熟悉情况，能起引导作用。这就是“老马识途”的故事。

管仲进军速度之快出乎对手预料，孤竹国再输一阵。孤竹国采取诈降之计，将齐国军队引入“旱海”。多亏管仲急中生智，告诉齐桓公说：“我听说老马识途。”于是，齐军把从附近老乡那里借来的马匹放到前头领路，果然走出旱海，最终灭了孤竹国。

胜利之后，齐桓公对燕庄公说：“这次跋涉千里，侥幸成功，灭了令支、孤竹，辟地五百里。然而寡人总不能越过燕国而占有这些土地，这些土地就当是我送给燕国的礼物吧。”这份大礼太重，燕庄公连说承受不起。齐桓公说：“你也别推辞，只要今后服从周王室，永久守护北疆，寡人也会感到同样荣光了。”燕国一下子增地五百多里，从此成为北方大国。

诸侯们一看，这齐桓公不光救了燕国，还给燕国扩大领土，此言此举充分体现了齐桓公、管仲的高风亮节，看来他们真的是以中原的整体利益为重的，纷纷表示由衷的佩服。

十一、庆父不死，鲁难未已

时间：东周 108 年

人物：庆父、季友

正当齐国、楚国意气风发、纵横四海的时候，作为周公后代封国的鲁国不但没有建功立业，反而手足相残、内乱不已。

起因是鲁庄公姬同的庶兄姬庆父一再犯上作乱。鲁庄公有三个兄弟：庆父、叔牙、季友，姬庆父是老二。这个姬庆父为人专横，是个野心家，不仅与其嫂——鲁庄公的夫人哀姜私通，还拉拢三弟姬叔牙为党，蓄谋争夺君位。鲁庄公在位第三十二年，因病身体日渐虚弱，因为夫人哀姜没有生子，既无“嫡嗣”，便从“庶子”中议立，经过一番明争暗斗，最后确立宠姬的儿子姬般为君，并逼姬叔牙以死表明拥立姬般。鲁庄公死后，姬庆父居然派人杀死姬般，另立了哀姜妹妹叔姜8岁的儿子姬启，史称鲁闵公。

此后，姬庆父一手遮天，更加肆无忌惮，与哀姜打得更是火热，并且野心越来越大。第二年，姬庆父干脆又指使人杀了姬启，欲以自立。国相姬季友趁乱领着鲁庄公之子姬申逃到邾国，发出文告声讨庆父，要求国人杀死庆父，拥立姬申。鲁国百姓听到鲁闵公被杀、国相出奔的消息后，举国若狂，当天国都集体罢市，几千人聚集在一起要讨回公道。姬庆父这才知道国人根本不接受他，后因畏惧逃亡莒国，哀姜逃往邾国。

姬申得立，史称鲁僖公。姬季友买通莒国国君，让莒国遣送庆父回国，庆父途中自缢而死，谥号“共仲”。哀姜是齐襄公之女，为齐桓公宗族之女。齐桓公素来以恪守礼仪自居，哀姜此举令其大失脸面，盛怒之下，齐桓公将哀姜召回杀死。齐桓公派使者仲孙湫前去鲁国吊唁、考察，结果仲孙湫回来说了八个字：“庆父不死，鲁难未已。”

在这整个过程中，国相姬季友忠心耿耿，保护了鲁国国脉的传承，但也使姬季友家族获益最多，从此以后在鲁国一家独大，并逐渐成为鲁国的毒瘤。之后，姬季友再请鲁僖公分封两位兄弟姬庆父和姬叔牙的后人，造成了鲁国“三桓”分立（都是鲁桓公后代）。此举虽是善念，却埋下了分裂的根芽，使得鲁侯被架空，徒有虚名，鲁国事实上开始分裂，从此对齐国构不成任何威胁，最终被齐国吞并。

十二、任独者暗，任众者明

时间：东周 109 年

人物：齐桓公、管仲、竖刁

齐桓公干得漂亮，收获荣誉无数。所以玩起来更爽，所喜者依然是田猎。有一次打猎时，齐桓公觉得自己见鬼了，面露惧容，让竖刁赶快叫管仲来。

竖刁奇怪地问：“仲父又不是圣人，怎么可能连鬼神的事儿也知道？”然后，竖刁给齐桓公出了个馊主意，说这回试试管国相到底有多大本事，让齐桓公先别透露遇到什么东西了，让管仲猜谜语。管仲自然不知道齐桓公打猎的时候见鬼的事，只好悬赏求能人解答。

不曾料到，真的有一老农揭榜来见齐桓公，说君侯见到的那个鬼东西其实是好兆头，说明君侯可以称霸，要青史留名的。齐桓公的病立刻就好了，然后就要请农夫当官。农夫却拒绝了，说自己只愿意平平安安当个齐国人，受赏而去。

齐桓公又下令赏赐管仲，竖刁非常奇怪，问：“谜底是那个老农猜中的，又不是管仲猜出来的，为什么还要赏赐管仲啊？”齐桓公说：

“寡人听老话说，‘任独者暗，任众者明’。要是没有仲父，寡人肯定不会听到农夫这一番言论。”竖刁这才服气。

由此可知，一个人并不需要知道所有的知识才能当领导，而是需要知道怎么解决问题。能借用他人的知识和能力来解决问题，就是好领导。贤明如管仲者也并不是无所不知，但他去悬榜寻找能解答问题的人，让这个人替他去解决问题，这才是正确的思维方式。所以，连竖刁这样的小人也十分佩服。

当霸主意味着受人尊重，受尊重也意味着要承担责任。所以狄人侵犯卫国，卫国连忙请求齐国救援。齐桓公答应出兵，但稍一拖延，卫国就被狄人所破，卫懿公姬赤兵败被杀，死得很惨，身上的肉被狄人分食得只剩下肝脏。这一变故，让所有人都感到震惊。原来，这个卫懿公也是个有故事的人。

十三、鹤将军

时间：东周 110 年

人物：卫懿公

卫国告急，说有狄人进犯，请求支援。齐桓公说：“你先扛一阵，我随后就到。”结果没几天就接到消息说，卫国已经被狄人灭了。于是大家纳闷儿：怎么会这么快呢？

卫懿公姬赤可谓是动物保护组织的鼻祖。他当了九年的国君，根本不理国政，最大的爱好是养鹤玩儿，喜欢的就是“鹤立鸡群”的那个丹顶鹤。

丹顶鹤长得确实漂亮，白白净净，头顶鲜红，鸣叫响亮，体态高傲，还能飞得远。一般人是见不到死了的丹顶鹤的，所以认为鹤“寿不可量”。在古代，鹤被视作长寿的象征，也常常成为仙人的坐骑。

卫懿公痴迷于养鹤，一养就是成百上千只，而且给鹤的待遇超过上大夫。所谓“上有所好，下必趋之”，卫国很多人就忙着逮鹤、献鹤。

卫懿公出门，总要带上鹤，仪式很隆重，号曰“鹤将军”。为了养鹤，他使劲儿搜刮民脂民膏。老百姓有冻死饿死的，他压根儿就不管。

多数诸侯国相当于今天一个县域的土地面积，人口也不算多，千乘之国就是大国，而卫国只是百乘级别的小国。卫国北边面对的敌人是北狄，时不时能拉起数万人的队伍，“常有迭荡中原之意”。而此时中原诸侯军力也不强大，齐国在管仲的管理之下得以强盛起来后，也只能集结几万兵马。

北狄纠集了两万人马伐邢，一举把邢国灭了，然后又移兵卫国。卫懿公这才慌忙集合部队，分发武器，想着能先守住城门就成，但老百姓都不干。卫懿公抓来几个老百姓，问他们为什么不打仗自卫，老百姓回答说：“卫侯有鹤将军就成，用不到我们的。”卫懿公如梦方醒，无奈之中只好亲自上阵，结果被敌军砍成了肉酱。

狄兵将卫国劫掠一空，而且拆毁了卫国的城墙，满载而归。游牧民族抢劫之后，还要把城墙给拆毁，这显然是为了下一回进出方便。从这个角度来看，人们就不难明白长城的作用了。

卫国遭此大劫，七拼八凑才凑了五千人，在齐国帮助下重新建国。随后，邢国再次遭到狄人的入侵，齐桓公又去帮助邢国再建。这样，齐桓公和管仲帮助了北方三个诸侯国再建，一个是燕国，另一个是邢国，还有一个是卫国。齐国君臣美名天下传颂。他们在抵抗北方游牧民族侵扰的过程中，起到了中流砥柱的作用。

十四、联军伐楚，风马牛不相及

时间：东周 113 年

人物：齐桓公、管仲、楚成王、子文

诸侯各国齐声赞美齐桓公，弄得楚成王熊恽有点不开心，因为他也有志争霸。楚成王让斗子文担任令尹，把楚国治理得蒸蒸日上。看到楚成王争霸意愿强烈，斗子文建议说："郑国位于南北中间，是中原的屏障，我们要想称霸中原，必先征服郑国。"

于是，楚成王派了一个将军，率领二百乘兵车杀向郑国。看似稀松平常，却是当时战争的基本规模。随后加大兵力，持续攻击郑国，郑国向齐国求救。管仲接到求援信之后，对齐桓公说，这回得动真格的了。管仲建议说："我们不如直接讨伐楚国，而讨伐楚国必须联合诸侯。"

齐桓公有些疑虑："我们要是大张旗鼓地联合诸侯，楚国一定会加强防备，我们能赢吗？”管仲回答说：“蔡国得罪了您，您不是早就想讨伐他们了吗？楚国和蔡国是挨着的，我们名义上是讨伐蔡国，实际上是要讨伐楚国，这样就能达成兵法所说的‘出其不意’的效果。”齐桓公一听有道理，马上召集诸侯开会。

这里还要解释一下蔡国是怎么与齐国闹翻的。原来，蔡穆侯姬肸（xī）将其妹嫁给齐桓公为第三夫人。有一天，齐桓公与蔡姬划船，在水塘里采莲玩乐。这蔡姬显然是南方姑娘，二十出头，好奇贪玩，玩得开心了就拿手往齐桓公身上撩水。齐桓公连忙制止，因为他是北方人、旱鸭子，也年近六旬，经不住船只晃荡。这蔡姬知道齐桓公怕水后，反而故意摇晃小舟，齐桓公吓得脸色大变，衣服都弄湿了。齐桓公大怒：“这婢子根本就不懂事君的规矩！”然后，立即派竖刁送蔡姬回娘家。蔡穆侯非常生气，说：“已经嫁出去的姑娘，你再给送回来，这是绝情无义也。”一气之下，蔡穆侯竟然又将妹妹改嫁他人。

蔡姬确实不懂规矩，不过估计齐桓公也就是想让蔡穆侯教训教训自己的妹妹。但蔡穆侯却认为齐桓公无情无义，哪有娶了之后再休的，一怒之下做出了改嫁的荒唐事，这样蔡国和齐国就撕破脸了。于是齐国以这个为由，联合宋、鲁、陈、卫等诸侯组成联军，打着讨伐蔡国的名义，实际上准备进攻楚国。

齐桓公任命管仲为大将，率领三百乘兵车、甲士万人，分队进发。不料想，齐国出了内奸，蔡穆侯得到竖刁的示警后，弃城逃往楚国，让楚国因此有了准备。齐桓公率领六国诸侯、七路人马兵发蔡国、楚国。蔡国一战即溃，转头又去攻打楚国。楚成王派使节到大营对齐桓公、管仲说：“我们楚王让我来问问，齐国的位置在北海，而我们楚国的位置接近南海，可以说我们两国是‘风马牛不相及也’。所以，我们不明白诸位为什么来伐我们楚国？”“风马牛不相及也”，就是两个国家相去很远，即使马牛走失，也不会跑到对方境内。

管仲回答说：“我们齐国受周王的委派管理诸侯，按规定，你们楚国应该每年都上贡包茅，这样才能更好地完成祭祀大典。自从你们不上贡，祭祀用的酒都无法过滤，这就是我们讨伐楚国的原因。而且当年周昭王姬瑕南征时，就是在你们这里出事故而驾崩的，你们如何解释？”

楚国使节回答说：“第一件事我们认账，第二件事似乎与我们无关。诸侯各国都知道，周昭王是在水上出的事故，是很久以前的事情了，这个账我们不能认。”楚国虽然做好了战争准备，但也不想打，最后承诺进贡包茅，同时拿出钱来慰劳各国诸侯了事。于是双方很快就达成协议。楚国服软，管仲就此收兵回国。

诸侯都问：“为什么已经来了，却不打呢？”鲍叔牙也觉得无法理解，回国途中就问管仲：“楚国的罪名，最主要是僭越称王，国相却以不贡包茅作为罪名，这事我也没有想明白。”管仲回答说：“楚国僭越称王已经三代，所以我们中原诸侯一直把他当蛮夷对待。如果我们非得强迫他不许称王，你觉得楚国肯听我们的命令吗？如果不听，那就只能打了，而一旦开打，那就会彼此报复，南北的局势从此可就动荡不安了。所以我只指责他们不贡包茅，这样他们容易接受。我们迫使楚国服罪，也足以夸耀诸侯，给周天子一个交代。这比兵连祸结、没完没了打仗要好得多啊！”鲍叔牙听后，嗟叹不已。

十五、人情世故

时间：东周 115 年

人物：齐桓公、管仲

胜利之后的齐国君臣开始躺在功劳簿上享受。齐桓公认为管仲功劳很大，需要奖励，正好要惩罚一个大夫伯氏，就把属于伯氏的封地三百户转给了管仲。

这时，周王室内部因为继承权引发剧烈冲突，齐国出面帮扶周王的世子。管仲乘势建议齐桓公也要重视身后传位这个问题。在管仲的建议下，齐桓公将自己的后事委托给宋襄公宋兹甫。因为宋襄公是个谦谦君子，曾经让位于公子目夷。

为了感谢齐桓公鼎力相助，周王给他颁发了最高荣誉勋章。这使得齐桓公有点飘飘然，居然惦记着要行封禅大礼。中国过去的帝王们常常举办一个大型仪式，叫作“封禅”。“古者封泰山、禅梁父，为封禅。”每次活动都能在史书上浓墨重彩记上一笔。齐桓公突然想道：“这两座山可都在咱齐国境内啊，自己干了这么多大事、好事，为什么不也来上一回，博得青史留名呢？”

面对此情此景，周王室的使臣宰孔没招了，感觉自己说话没有分量，只好悄悄地去求管仲。宰孔说：“封禅之事真的不是诸侯该讨论的问题啊！”管仲说：“你不知道我们家这位主公，是个好胜之人，你不能明着拦，需要拐个弯说他才能听进去。还是我来吧。”于是管仲大晚上跑去见齐桓公，问封禅之事是真是假，齐桓公说当然是真的。管仲说："自古以来，封禅也不过七十二回啊。"齐桓公说："咱们九合诸侯，一匡天下，还不够资格？"管仲说："古代那些受到天命眷顾的王者之所以做这件事儿，都是预先得到了大吉大利的征兆。比如说，'东海致比目之鱼，西海致比翼之鸟'。我们现在呢，并没有看到什么凤凰、麒麟，倒是猫头鹰来了好多次，也没有看到什么嘉禾，倒是有遍地的蓬蒿。"管仲暗示，这种情况下，封禅会惹人笑话的。齐桓公这才打消了这个念头。

可是齐桓公觉得自己功劳太大，居然不让封禅，于是就自己优待自己，此后所有的享受都比照王室。管仲不但不拦，反而跟着僭越。鲍叔牙不解，问他们俩怎么回事，管仲说："我这样做叫为君主分谤。"鲍叔牙觉得不好理解。管仲就解释说："君主本来就是贵公子哥，你要是不让他享受，天天约束他，他不高兴就没有动力干活儿了，所以我也超规格享受，是为君主分谤。"鲍叔牙听了，很不以为然。

齐国搞出这么热闹的事业，强大的晋国居然从头到尾都没有参与。一直等到齐桓公最后一次举行大会的时候，晋献公姬诡诸才大老远赶来参会。结果，等他到时诸侯大会已经结束了，依然没赶上趟。更要命的是，晋献公在路上得了病，回到晋国之后不久就死掉了。他这一死，又引发了晋国大乱。

本章小结

统观历史，我们能意识到管仲的地位被后世的帝王有意识地降低了。而管仲的思想与智慧其实是帝王术中的必修内容，并且能够超越时空流传下去。齐桓公在管仲的协助下，把中原诸侯组织起来，抵抗了北方游牧民族的侵扰，这是他们最了不起的地方。孔子曾经说过："微管仲，吾其被发左衽矣！"这说的就是管仲、齐桓公的功勋。

第四章　秦晋之好三置君

一、借道伐虢，唇亡齿寒

时间：东周 112 年

人物：晋献公、荀息、百里奚

齐桓公倦政之后，秦、晋两个大国借机登上历史舞台。

晋献公姬诡诸对外扩张功勋卓著，史称其“并国十七，服国三十八”。不过，像许多有为君主一样，晋献公也没能处理好继承人的问题。其夫人骊姬虽然不懂政治，却在宫廷内斗方面颇有心计，蛊惑得晋献公五迷三道的。她毫不顾忌自己的敌手不是只有一个成年的太子，而是多达三个，一门心思非要让晋献公立自己的幼子当太子不可。

晋国太子申生是一个洁身自好的君子，面对父亲的逼迫，只是一味地隐忍。申生被派出去带兵打仗，晋献公本意是想让他战败了好找碴儿，结果申生领兵作战总是取胜，使得晋国的势力在战争中不断增强，一时半会儿又找不到理由废掉申生。

晋国边上有虞、虢二国，“同姓比邻，唇齿相依”，属于诸侯中地位较高的。虢公是周王室的重臣，地位仅次于周公，自己实力不济，却“好兵而骄”，自我感觉特别好，胆敢时不时骚扰一下晋国南部。

这让已经强大起来的晋国十分不爽，下决心要灭掉虢公，晋献公问谋臣荀息能不能和虢国打一仗。荀息说有点麻烦，因为虞国和虢国是盟友，一对二有点棘手。晋献公说自己要是不打虢国心里别扭，让荀息想想办法。荀息就出了个主意，建议先用美人计来消磨虢公的意志，同时贿赂犬戎让他们侵扰虢境。

虢公手下大夫舟之侨，劝谏虢公不要上晋国的当，结果虢公把舟之侨打发到边关去了。犬戎果然与虢公打起来了，晋献公有意出兵。荀息说：“虞国和虢国的联盟未破，我有一计可以一次性灭掉两国。”荀息建议晋献公把自己最好的宝贝送给虞国，然后向虞国借道去伐虢国。这就是成语“假道伐虢”的出处。

荀息说：“听说这个虞公最喜欢的就是宝马、美玉。”晋献公听了，一时有点不舍。荀息说，这东西就是先在他那里存放几天而已。这回晋献公听懂了，照策行事。虞国国君听说晋国要借道伐虢，自然不同意，但转眼看到宝贝居然满口答应了。

虞国有两位大夫是明白人，一个叫宫之奇，另一个叫百里奚。宫之奇劝谏国君道：“君主千万不能答应！谚语有云‘唇亡齿寒’。这晋国吞噬同姓国家，已经好几个了。长期以来，晋国之所以不敢对虞、虢两国下手，就是因为我们两国唇齿相依、互为后院。虢国今天要是完蛋了，那灾祸明天就会降到我们头上了。”

可是，虞国国君贪恋宝贝，居然答应了晋国的请求。宫之奇还想再劝，百里奚却在一边拉住了他。退朝之后，宫之奇问百里奚：“先生你不帮我说话，反而阻拦我，为什么呀？”百里奚无奈地说：“我听说，进嘉言于愚人之前，就和把珠宝扔到路上一样。当年夏桀杀龙逄、商纣杀比干，都是因为他们强谏的原因。我是怕你遇到危险啊！”宫之奇伤心地说：“那这虞国算是完蛋了，我们俩走人吧？”百里奚却不愿走，宫之奇只好自己逃离了虞国。

晋献公一看大事已定，立刻发兵伐虢。虢公被打得大败，只好孤身一人逃到周王室城池当寓公去了。

另外一边，虞国国君正在忙着分享战利品，就被晋国杀了一个措手不及。虞公成了俘虏，百里奚不离不弃依然跟随。虞公很奇怪，就问百里奚：“你既然早知危险，为啥不劝我呢？”百里奚回答说：“君主既然不听宫之奇的，难道能听进去我的意见吗？臣当时之所以不说话，就是为了留在您身边儿，来侍奉君主啊。”

百里奚明明知道自己跟错了人，但依然没有临危逃离。被俘之后，他一如既往地侍奉虞公。晋国大臣中有人知道百里奚是个智者，人品又好，建议晋献公聘请百里奚做官。百里奚认为，为敌国做事儿是不对的，就没有答应。

这时候，春秋时期另一位大人物出场了，他就是史称秦穆公的嬴任好。

二、羊皮换相，奠基西北

时间：东周 117 年

人物：秦穆公、百里奚、蹇叔、由余

此时，秦穆公嬴任好已经即位六年了，还没有正宫娘娘，于是就向晋侯求婚，希望能娶晋侯长女伯姬为夫人。

晋侯这边又是算卦又是占卜，两下里结果不一致，弄得晋侯犹豫不决。其实，真正的原因是这秦侯血统不够高贵，但又架不住秦国乃是真正的大国。权衡之下，他最终还是同意了这门亲事。筹办婚事时，需要确认谁去当跟班奴仆，结果有人不喜欢百里奚，就建议晋侯："这个百里奚不愿意接受我们的聘用，其心不测，不如把他打发到秦国。"于是乎，百里奚就变成了陪嫁奴隶。

百里奚本是虞国人，因为家境贫寒、缺少门路，没有机会受到重用。30 岁的时候，他想出门游学寻找机遇，又担心老婆孩子无法生活，所以犹豫不决。百里奚的老婆杜氏是个明白事理的人，这样劝他："有一句话叫'好男儿志在四方'。君现在正值壮年，不出门去寻求机遇，守着老婆孩子只能是困坐愁城。不用担忧我们，我能养活自己和孩子！"出门前最后一顿饭，百里奚的老婆杀了正在孵小鸡的母鸡，拆了门板当柴火，拿出宝贵的种子做了饭。最后，杜氏只有一个要求，就是"富贵勿相忘"。

百里奚虽然走出家门去寻求仕途，但因无人引荐，只好在社会上晃来晃去，以至于变成了一个要饭的。四十岁的时候，百里奚流浪到宋国，遇到一个叫蹇叔的。两个人交流对时事的看法，百里奚应对如流，指画井然有序，对天下大事、人文地理了然于胸。蹇叔不由得感叹说："以先生这样的才华，都能贫困到要饭的程度，这岂非命乎？"于是就把百里奚留在自己家里，两个人结拜为兄弟。这堪称是另一个版本的管鲍之交，是贫困版的相辅相成。蹇叔家里头也不富裕，百里奚就去为村里人养牛来减轻蹇叔的负担。

那年听说齐国公子公孙无知等人杀死了齐襄公，悬榜招贤，百里奚想去应聘，被蹇叔劝止。后来又听说周王室的公子姬颓喜欢牛，有点动心，于是前去应聘，获得了一份正式工作。结果蹇叔近距离接触了一次姬颓，就说这主儿志大而才疏，也不能跟着他干。听人劝，吃饱饭。百里奚不假思索，辞去了养牛的工作。姬颓后因谋反死于非命，百里奚侥幸躲过一劫。

· 羊皮换相。羊皮换相是秦穆公用五张黑公羊皮换回一代名相百里奚的历史传奇故事。百里奚，春秋时期虞国人（今山西平陆县），他是秦穆公称霸西戎、战胜晋国的重要谋臣。

百里奚见没有机会，想回国看老婆，蹇叔正好认识宫之奇，就和百里奚一同到了虞国。可此时，百里奚的老婆孩子已经不知去向。在宫之奇的引荐下，百里奚得了一个小官。蹇叔见过虞公后，发现他也不是干事情的，就悄悄对百里奚说："我看了一下这个虞公，发现他是一个贪图小利且刚愎自用之人，不是一个可以辅助的君主。"百里奚却黯然回答："这个我也知道，可我实在是贫困太久了，就像那鱼儿离开了水，现在急需有一勺水润润嘴啊！"

百里奚这条大鱼居然找不到一口水，这话听起来实在让人难过。蹇叔听了也黯然神伤，说："兄弟你既然被贫困所迫愿意当这个小官儿，我也没法儿劝你，后头若有机会见面，可去宋国的鸣鹿村找我。"兄弟俩就此洒泪分手。

百里奚后来的遭遇，大家都知道了。果然再一次让蹇叔说中。虞公因为自己的愚蠢，把自己的封国给弄丢了，但百里奚却依然不离不弃，他是这么说的："我既然已经这么愚蠢了，哪里敢再不忠呢？"他似乎是在惩罚自己的不智，因为之前蹇叔已经警告过他了。

晋侯把百里奚作为奴隶送给秦国，使得百里奚不能再侍奉虞公了。百里奚叹息道："我胸怀济世之才，却遇不到明主来施展一下自己的雄才大志。临到老了却成了奴隶，等同于仆妾，这真是极大的侮辱！"于是，百里奚在半路上想办法逃走了。

百里奚最初想去宋国找蹇叔，可是道路不通，就转身跑到楚国去了。身为逃奴，只能替人喂牛过活。后来牛喂得实在好，居然让楚王都知道了。于是楚王就召百里奚问道："这养牛是不是也有道道？"百里奚回答说："按时喂食，珍惜其力，心要放在牛的身上。"楚王称赞说："说得好，说得好！我看这个道理，不单能用在牛身上，也可以用来养马。"于是就让百里奚在南海为自己牧马。

稍加分析我们不难发现，这段对话是后人编的，或是干脆就是秦人故意用来恶心楚王的。想想看，楚王都见到百里奚了，还一本正经地讨论了"道"的问题，最后却让百里奚去海边牧马去了，这不是在讽刺楚王有眼无珠吗？历史最大的可能性是，楚王根本不知道有这么一个逃奴。总而言之，楚王和前面所有的君主一样，都不是能得到百里奚的天下正主。

秦穆公见晋国送给自己的仆人名单中有百里奚的名字，却没有见到这个人，于是就过问了一下。在秦国当官的晋人公孙枝回答了这个问题："这个百里奚乃是一个贤人。他知道虞公这个人听不进劝谏，所以他就没有强谏，这说明他是一个智者。跟随虞公到晋国当俘虏，拒绝接受晋国的封官，这证明了他的忠诚。我听说这个人有经世之才，只不过是一生坎坷，没有机遇。"

秦穆公问道："我要重用他，你们说说，怎么才能得到这个百里奚？"君王有欲望，一切都好办。秦国立马派人去打听，探子回报说，百里奚正在楚国海边牧马呢。秦穆公就问："你们说，孤要是以很高的价钱，把百里奚赎回来，楚国人会不会答应我？"公孙枝回答说："要是这样操作，百里奚肯定是来不了。"秦穆公问："为什么？"公孙枝回答说："楚国人让百里奚牧马，是因为他们不知道百里奚的贤能。君主您要是出很高的价钱赎他，就相当于告诉楚国人，百里奚有大才。楚国人一旦知道百里奚是个能人，肯定会自己留下重用，不可能还给我们。君主不如以抓回逃奴这个名义，以很低的价格把他赎回来。就如同当年管仲从鲁国脱险那样，得找个让人无法拒绝的理由才成。”

于是秦穆公就派人拿了五张羊皮，以惩罚逃奴的由头，换回百里奚。与百里奚一起牧马的人闻讯后，觉得百里奚死到临头了，很为他难过。百里奚笑着说：“秦穆公不会和一个逃奴较劲儿的，这回一定是好消息，不用为我难过。”

百里奚判断得很准，他一出楚国国界，秦国地方官员马上就以很高的礼遇护送他。百里奚一到，秦穆公立刻召见，一见面就问：“先生高寿啊？”百里奚笑笑说：“我今年才 70 岁。”秦穆公好不容易才找到个帮手，听说已经 70 了，就有点失落，叹息说：“可惜是老了点！”百里奚回答说：“君主要是让我逐飞鸟、格猛兽，那我的确已经很老了。但要让我坐到这里讨论国家战略，那我还年轻着呢。当年姜子牙八十岁的时候，还在渭河边上钓鱼呢，但一遇到文王，拜为尚父，就成了周朝的开国元勋。臣今天就遇到您，这不是比姜子牙还早了十年吗？”

一句话说醒梦中人，秦穆公立即转忧为喜。百里奚说自己才70岁，比姜子牙还年轻 10 岁，使得秦穆公的情绪瞬即被调动起来，诚心请教道：“我们秦国夹在戎狄这些游牧民族中间，中原诸侯结盟的时候都不邀请我们。先生有什么高招儿，能让我们秦国不落后于其他诸侯国？”

面对这样的问题，百里奚胸有成竹，非常从容地回答道：“秦国现在所处的雍州岐山地区，其实就是当年周文王、周武王的发祥地。东周的时候周王室居然放弃了，把这么一块战略高地送给了秦国，这可以说是老天爷为秦国开辟的巨大战略空间。”明白人一句话直击重点。百里奚告诉秦穆公，秦国因为处于西部，而被中原诸侯边缘化，不要以为自己所处的这块地方是缺憾，其实这正是秦国的地理优势所在。

百里奚接着指出："正因为我们秦国靠近西北的游牧民族，所以我们的兵力天然强大，不参加东部诸侯的会盟，力量就能凝聚在一起。"这几句话，一下子就把秦穆公的思想转变过来了——你自己以为地理位置是劣势，诸侯也不肯带你玩，就觉得自卑，其实这才是秦国的优势所在。秦国与游牧民族混杂，受此影响民风彪悍，特别能战斗。而且秦国可以全力向西发展，空间巨大，这是中原诸侯根本不可能与秦国竞争的。

百里奚这一筹划，一下子打开了秦穆公的视野。百里奚告诉他："一旦我们把西部全部占领，之后只需要依靠山川之险，就可以居高临下俯瞰中原。此后只需循序渐进，霸业可成。"秦穆公听完，一股豪气充满心胸，不由自主地站起来说道："孤得到了先生，犹如齐桓公得到了仲父。"秦穆公发自内心地高兴，自己也有仲父了。

秦穆公与百里奚的会谈，持续了三天三夜，而且是"言无不合"。当即，秦穆公聘任百里奚为执政，百里奚就也向他推荐了蹇叔。百里奚说："臣这本事，比起臣友蹇叔来，可以说是相差了十倍。君主要想治理好国家，一定要任用蹇叔，而我可以辅佐他。"

秦穆公说这位没听说过啊。百里奚说："别说您没有听说过，除了我谁也不知道蹇叔的能耐。我这几十年只要听他的话，就能远离灾祸，只有一次不听他的忠告，差一点儿遭受杀身之祸。"趋福避祸，这就是顶级本事。这真的是物以类聚、人以群分，高人身边往往也总有高人。

于是，秦穆公派公孙枝带着重礼，去宋国聘请蹇叔。公孙枝尽职尽责，把蹇叔习武的儿子同时也请到了秦国。蹇叔到了秦国之后，秦穆公连忙降阶迎接，然后毕恭毕敬地请教一番："百里奚多次与我谈到先生的智慧，先生何以教寡人乎？”

蹇叔回答道：“秦国的战略位置，非常有优势，进攻时，能有效地达成战略目的；退守时，又很容易防守。之所以对中原诸侯没有产生太大的影响力，是因为没有确立德威的缘故。”蹇叔的建议是“先教化而后刑罚”。也就是说，蹇叔建议秦国注重文化和法制建设。秦穆公说这太好了，连忙问：“当下的轻重缓急先后的顺序怎么排？”蹇叔提出的方案是：“一是善待自己本国的民众；二是号召诸戎；三是一旦中原有变故，就威压中原，霸业可成。”

这一下，秦国的政策基本上全了，路线、方向、顺序、可操作性都有了。秦穆公实在是太高兴了，秦国一下子得到两名德高望重的贤才，封他们两位的官职为庶民长。

百里奚更是双喜临门。他的夫人和儿子居然逃荒到秦国好多年了。杜氏听说百里奚受到重用，就主动请求到相府里洗衣服，通过唱歌和百里奚相认，夫妻相见抱头痛哭。有趣的是，两位老先生的儿子都是习武之人，秦穆公就聘任蹇叔和百里奚的儿子为帅，主管军队。

如此一来，秦国的战略方针确定了下来。秦国的力量先指向西北，开始兼并西部诸国。西戎主赤斑感受到了秦国的强盛与威胁，就派遣手下的大臣由余出使秦国，来考察秦穆公的为人。这个由余原来是晋国人，不知何故，跑到西戎去了。

秦穆公对由余很重视，亲自陪他游赏，重点是炫耀秦国的宫室苑囿之美。秦穆公本想展示一下秦国物质文明的优越，不料被由余一段话给说得脑洞大开。由余看了宫殿之后，微微一笑，问道：“君主您修建这样的楼台亭阁，是让人干的呢，还是驱动鬼干的？要知道，‘役鬼劳神，役人劳民！’”

这真是惊世骇俗之言，敢情由余根本不以奢侈为优越。由余的话，颠覆了我们的传统认知。秦穆公是个明白人，他听懂了由余的话外之音，意识到这里头有大道理，就问道：“你们戎夷并没有礼乐法度，是怎么实施管理的？”

由余笑着回答说：“礼乐法度，恰恰是中原所有乱象的根源！而西部地区的人们根本不需要这些东西。他们是上下一体，没有这些外在的东西互相欺骗，也没有那些繁文缛节相扰。不见其治，乃为至治。”

秦穆公听后十分高兴，认为这个由余是明白人。同时，秦穆公又觉得敌国有能人不是什么好事情，我们秦国得把他挖过来。百里奚建议说，内史廖有急智，让他想个招。

内史廖的招数很简单，说君主您把事情想复杂了，这帮野蛮人没享受过，用美人计就能让西戎主不干正经事，然后招待由余不放他回去。上下相疑，离间计即可成功。于是秦国君臣轮流请客，一年都不放由余回去交差。等由余回去的时候，西戎主已经满怀疑虑，不再信任他了。

由余回到西部，发现戎主沉溺于女乐享受，根本没心思管理政务，不免苦口进谏。由余的意思是：“我在秦国期间一直向他们宣传您的政绩，说是上下一体，我们的优势就是同甘共苦，您怎么转脸就追求个人享受去了？”可戎主根本听不进去，“拒而不纳”。秦穆公是有后手的，随即就秘密派人去请由余到秦国做官。两下里相比较，由余“弃戎归秦”。一到秦国，他立刻被任命为高官，协助百里奚和蹇叔管理政务。由余随后制定了周密的伐戎方略。三位元帅由于对情况了如指掌，率领兵马，所向披靡。戎主赤斑抵挡不住，只好投降。

由于战略战术正确，秦国遂霸西戎，为后世的统一大业奠定了坚实的基础。

三、晋国内乱，朝堂一空

时间：东周 119 年

人物：晋献公、秦穆公、重耳、晋惠公

秦国在扩张、在崛起，而此时的晋国却由于宫廷内乱出现巨大的动荡。原因就是晋献公的夫人骊姬在加紧行动，要为自己年幼的儿子奚齐争夺太子之位，为此千方百计陷害太子申生。申生面对父亲的一再逼迫，面对骊姬连续不断的造谣中伤和无情陷害，为了不让自家的丑闻外扬，他选择了自杀。

而晋献公另外两个儿子重耳、夷吾见势不妙，选择了出逃。国舅狐突之子狐毛、狐偃跟随公子重耳流亡，赵衰、胥臣、魏犨、狐射姑、颠颉、介子推、先轸等晋国大臣也纷纷弃官追随重耳。这位重耳公子自幼就懂得“谦恭下士”，17 岁拜狐偃为干爹，拜赵衰为老师，拜狐射姑为大哥。由于重耳拜的老师、大哥都是晋国重臣，所以重耳这里聚集了晋国半朝文武。晋国无论朝野，只要是知名之士，重耳无不交好。所以，大家一听这位公子要流浪，都跟着跑了，一时之间晋国朝堂为之一空。

与此同时，晋献公的另一个儿子夷吾也带着亲随跑到秦国去了。两个儿子不辞而别，晋献公万分恼怒，认为他们有谋反的意思，就派兵讨伐。不仅如此，晋献公干脆赶走了其他所有儿子，铁了心要立幼子奚齐为君侯。

晋献公二十六年（前651）夏天，齐桓公在葵丘与各国诸侯举行盛大盟会。由于生病，晋献公去迟了，半道上遇见了周公宰孔。宰孔说："齐桓公日益骄横，不修德政而专行侵略远方，诸侯心中非常不平。即使您不去参加盟会，他也不能把晋国怎么样。"晋献公觉得有道理，加上病痛折磨，没到葵丘就返回了晋国。晋献公病情加重，就对大夫荀息说："我把奚齐作为继承人，但是他年龄小，一些大臣不服，恐怕会有祸乱。您能拥立他吗？"荀息说能。于是，晋献公将奚齐托付给荀息。同年九月，晋献公撒手人寰。荀息担任国相，主持国政。

之后，诸公子争位，晋国大乱。晋国重臣里克等人在晋献公死后不久去试探荀息，看能不能另立新主。荀息认为先主托付不能更改，予以拒绝。于是，里克等大臣派人把幼主姬奚齐刺死在晋献公的灵堂上。荀息复立骊姬妹妹之子卓子，里克再杀卓子和骊姬。荀息深感有负先王委托，遂自杀。一番打杀之后，重臣们获得胜利，灭掉了少主集团。

可惜的是荀息，他以危如累卵规劝过晋献公放弃建造九层高台，也曾献计假途灭虢打通晋国向中原发展的通道。晋献公临终前，任命他为国相，这位足智多谋的股肱之臣辅佐新君继位，誓死实践自己的诺言，留下了千古英名。

随后晋国大臣们联名写书请重耳回国主政，但令人诧异的是，国舅狐突拒绝在召回重耳的信上签字，理由是他的两个儿子都在重耳身边，自己跟着大家这样干就存有私心了。

还真是心有灵犀，重耳一看上面没有国舅的名字就拒绝了这份邀请。于是乎，晋国的大臣们再次分裂。大夫梁由靡建议说：“要不然咱们把夷吾请回来怎么样？”里克表示反对：“夷吾可是一个又贪又能忍的人。贪婪的人不会讲信用，能忍的人不讲亲情。我觉得他不如重耳。”

问题是大多数人觉得无所谓，于是请回了夷吾。而夷吾为了回国当国君，下了双重保险，一个是重贿里克等实力大臣，另一个是求助于秦国。秦穆公似乎一直在等待这样的机会，于是就派使者分别去见重耳、夷吾两公子，试探他们的态度。秦国使者见到重耳，表示可以帮助重耳复国，于是重耳就去征求诸位追随者的意见。赵衰表示：“我们先前已经拒绝了国内的邀请，现在再借助外部的力量回国，即便当上了国君也是不光彩的。”这个赵衰就是赵叔带的后人，赵氏家族是非常注重道德建树的。老师既然这么说了，重耳就谢绝了秦国的好意。

秦国使者再去见夷吾，夷吾则非常大方地承诺割地以求秦国之助。因为他觉得这些土地不是自己的，如果自己不能回国当君主，晋国的土地其实与自己无关。秦国使臣如实向秦穆公汇报了见到晋国两位公子的情况。秦穆公一听这差距也太大了，心里倾向于重耳。公子絷却说：“倒不必以道德高低来决定我们扶持的人选，关键看我们秦国的目标是什么。”公子絷问：“君主扶立晋国国君，是替晋国分忧呢，还是想着成名于天下？”

秦穆公回答说：“晋国好坏，跟我有什么关系？寡人当然是想成名于天下。”公子絷于是说：“君主如果替晋国人考虑，就为他们选择贤君。而要是为了成名于天下，则不如扶立道德低下的那个。因为不管扶立哪一个，名声都是一样的。但能干的上了位，晋国的地位就会超出我们；不能干的上位，晋国的地位就低于我们秦国。哪一种情况对我们更有利呢？”国家利益至上才是第一原则，秦穆公立刻就明白了，连声说：“先生之言，开我肺腑。”

于是，秦穆公决定扶持姬夷吾去做晋国的国君，史称晋惠公。即位之后，晋惠公和大臣们商量的第一件事儿，就是要不要给秦国割地。大臣们分成两派，一派说给，理由是要讲信誉；另一派说不给，理由是要以国家利益为重。大臣们闹得不可开交，晋惠公最终选择了食言，以国家利益为名拒绝给秦国城池，而且也不给老臣奖励，反而大开杀戒。他先是诛杀了里克等重臣，后来又一朝而杀九大夫。

秦国前前后后一通忙活却没有获利，秦穆公很不高兴，但总不能因此就去攻打晋国，只得隐忍不发。

四、临终嘱咐

时间：东周 125 年

人物：管仲、齐桓公

齐桓公四十一年（前 645），被齐桓公尊称为“仲父”的管仲已经走到生命的终点。管仲对内大兴改革，富国强兵；对外尊王攘夷，九合诸侯，一匡天下，辅佐齐桓公成为春秋五霸之首。所以，得知管仲病重，齐桓公亲自到病榻前慰问，重点当然是问管仲的接班人是谁。

此时，在齐桓公称霸过程中起着重要作用的大司田宁戚已经去世，眼看着齐国的相位后继无人。面对这个问题，管仲也只能叹息说："可惜宁戚先我而去了，他才是最合适的接班人啊！"

齐桓公问："我想着还是请老师鲍叔牙出任齐相，您看如何？"这是个问题。按理来说，管仲的位置是鲍叔牙让的，管仲去世，齐桓公又想用鲍叔牙，所以推荐鲍叔牙看似很正常。但管仲的回答令人吃惊："鲍叔牙是真正的君子，但他却不适合当国相来执政。因为他这个人善恶过于分明。"

原来，善恶过于分明的人，即便他真的是个正人君子，在管仲眼里也不适合执政。管仲明确指出，好善是好事，问题是恶恶已甚，即见不得自己不喜欢的人，这谁受得了啊。鲍叔牙就是这样善恶分明的人，他是"见人之一恶，终身不忘"。对于高层管理者来说，这就变成缺点了。

对于竖刁、易牙这些宵小之辈的所作所为，管仲心里十分清楚。所以，管仲最后谆谆告诫齐桓公，今后有三个人必须提防着：易牙、竖刁、开方是绝对不可以亲近的！

这下轮到齐桓公大吃一惊了，原因是他整天和这三个人在一起，非常熟悉，也十分依赖。这三个人是特殊人物，一个是自宫了来伺候主子，属于不爱自己爱齐桓公；另一个是把儿子蒸了让主子吃，属于不爱孩子爱齐桓公；还有一个是卫国的公子，不愿意继承侯位来伺候主子，属于不爱爹娘爱齐桓公。长期以来，齐桓公一直认为，这三个都是最爱自己的大忠臣。

齐桓公实在不明白，就请教说：“一个是爱寡人胜于爱子，这难道不是爱我吗？”这说的是易牙。管仲回答说：“爱自己的孩子乃人之常情，这个人连自己儿子都能杀了，可想而知，他心里会有君主？”

齐桓公接着问：“一个是爱寡人胜于爱自己的身体，难道不是爱我吗？”这说的是竖刁。管仲回答说：“一个人连自己的身体都不看重，怎么会以君主为重呢？”

齐桓公实在是不甘心，再次问道：“卫公子开方，不当卫国的太子，而是来做寡人的臣子，完全是以寡人的喜好来决定自己的行为。父母去世都没有回国奔丧，可见是爱寡人胜于父母，这总是无可置疑的吧！难道说，他们对我的喜爱全是虚情假意？这最后一位总该是真心爱寡人的吧？”管仲却冷冷地回答说：“人情莫亲于父母。这位公子开方既然能放弃继承千乘之国，而跑到君主跟前来当臣子，那他的期望值可就高过千乘之国的国君了。”

管仲最后的请求是：“君主您必须把他们赶走，如果让他们待在您身边，他们一定会祸乱齐国的！”

上面管仲指出了人这一辈子最重要的三个人情：一是爱，爱孩子；二是重，重身体；三是亲，亲父母。这才是人之常情。管仲最后要求齐桓公，必须远离这三个不近人情的人，他们的欲望一定大于自己损失的东西。要是亲近这三位必然乱国。这就是仲父的临终忠告。

齐桓公听了大为吃惊，对他来说这完全颠覆了三观。这三个人伺候自己有年头了，为什么从来没有听管仲说过他们一个不字？齐桓公长期在和他们傻玩傻乐，怎么到了最后他们却成了祸水呢？管仲解释说：“我以前之所以不说，是为了让您舒服些，多享受些。这些人是祸水，我就是那个堤坝，所以过去他们无从泛滥。现在是堤坝将去，这些祸水就会横流，所以您必须远离这几个人。”管仲的话，就像雷霆一样击打着齐桓公，使得他昏头昏脑的，一时之间实在难以消化这些内容。

管仲的临终嘱咐很快传到易牙耳朵里，这位著名的厨师、齐桓公宠幸的近臣立刻跑去见鲍叔牙。多少年了，终于找到管鲍之交的缝隙了。易牙见到鲍叔牙激动地说：“仲父之所以能当上国相，全是您推荐让位的结果。现如今管仲病危，君主去垂询谁能接替，他居然说您不可以执政。我听了之后，实在是为您打抱不平，简直是岂有此理呀！”

不料想，鲍叔牙听了不但不生气，反而笑着说：“对啊，管仲忠于国家，以国家利益为重，而不会以私人友情为重，这就是我要推荐管仲执政的原因。”鲍叔牙接着说：“要让我当个司寇去驱逐佞人，还是绰绰有余的。我要是执政，你觉得会有你们这帮人的容身之地吗？”易牙吓了个灰头土脸，惊出了一身冷汗。

管仲大限已到，平静地走了，齐国君臣沉浸在悲伤之中。易牙依然不消停，又去找大夫伯氏说事：“当年君主把您的封地剥夺了三百户，赏给管仲了。现在管仲没了，我帮你要回来。”伯氏却流着眼泪摇摇头说：“管仲虽死，但他的功德依旧在啊。”易牙这脸实在是挂不住了，叹息着说：“管仲就是死了，也依然能让伯氏心服口服，看来我们还真是小人！”

这易牙还算是有点觉悟的小人。在小人的世界里，他们不承认，也不知道这个世界上有另外一个层面，即注重精神世界追求而鄙薄物质享受的人。同样，正人君子往往也不知道小人的世界是什么样的。

这两者之间，大约类似于油和水的关系，只有通晓人性的大师才能把握。

齐国主要能臣接连去世，齐桓公无奈之下只能请出鲍叔牙。鲍叔牙说自己真的不行，齐桓公说问题是眼前的确没人能用啊。鲍叔牙说，必须把易牙、竖刁、开方三人赶走。齐桓公想了想，也只好同意了。

五、龙门大战，“独何人哉”

时间：东周 125 年

人物：秦穆公、晋惠公

晋惠公夷吾即位之后，晋国连年干旱，到第五年更为严重。实在是没有粮食了，晋国君臣便想着到秦国借点粮食，可问题是前头答应的好处还没有给人家，这嘴实在有点不好张。晋惠公手下的宠臣说：“我们之前也没说不给，只是说缓缓。现在张嘴借点粮食，如果秦国不借，就正好把前头的账抹了。”

请求函到了秦国，秦穆公召集会议商量，结果秦国重臣一致认为应该救济晋国。于是，秦国调运粮食接济晋国。过了一年，两国形势翻转，秦国粮食减产，晋国大丰收。秦穆公说：“诸位说得对，风水轮流转，轮到我们向晋国借粮食了。”于是，秦穆公派人去晋国借粮食。谁也没想到，晋国的回复居然是既不还也不借。晋国某大臣甚至对秦国使臣说，要食晋粟，除非用兵来取。有诗叹曰：自古负恩人不少，无如晋惠负秦公。

秦穆公觉得自己受到了奇耻大辱，不由得怒火中烧，亲自率兵四百乘出征晋国。秦兵渡河之后，三战三胜，逐渐深入晋国境内。晋惠公只带了六百乘迎战。而令人惊诧的是，晋惠公居然给秦穆公下了战书，这样写道："寡人现在率领甲车六百乘，准备对阵君师。君若退兵，那就遂了寡人的心愿；若您不退兵，寡人即便自己想避开君师，其奈此三军之士何！"这信写得简直令人匪夷所思。

估计秦穆公就没有见过心理素质像晋惠公这么强大的，这人无论做什么事儿都认为自己是对的。问题是秦穆公也是一个心高气傲的人，回信也是铜锅碰铁勺："你想当国君，我帮你得到了；你要粮食，我也给了；你要打架，我敢拒绝吗？"

话说到这份儿上，也只能开打才能解决问题。两军对垒，百里奚看到晋师人多，就建议秦穆公："这晋王恼羞成怒，也是用上死劲了，还是先别开战为好。"可是秦穆公已经骑虎难下，非打不可，指天喊道："晋国君臣三番五次有负于我，实在是欺人太甚，我就不信，这世界就没有天理了，若是老天有知，肯定会帮我的！"

秦穆公不听百里奚劝告，执意出战。因为他觉得自己师出有名，不胜就没有天理了。于是秦晋两国，在龙门山下大战一场。这一仗输赢的关键不是天理，而在于晋惠公不听手下大臣劝告，执意要驾驭郑国小马临阵，结果陷入泥沼不能拔腿，被秦军生俘。而一边的秦穆公也险些被晋军俘虏，危急时刻被三百野人救出，这才扭转战局。晋惠公被俘，让晋国兵马乱了阵脚。秦兵乘胜掩杀，晋兵大溃。龙门山下尸积如山，晋军被灭了三分之二以上。

这场大战在春秋时期是罕见的，双方是真的动了怒气。打完之后，秦穆公才意识到自己这次赢得非常侥幸。回到驻地，对百里奚感激地说："不听先生之言，差一点儿为晋人所笑。"由此可知，决定战争胜负的因素极其复杂，占不占理并不是关键因素，因为对手常常也会觉得自己有理。即便不占理，恼羞成怒也会爆发出力量。如果一味地认为天理在自己这一边，很容易出现误判。战争是你死我活的较量，来不得半点侥幸。

真正扭转战局的力量，是来自外部的三百野人。原来，这些野人曾经偷过秦穆公的宝马，而且把宝马杀了吃了。如果换成普通人一定会起急，部下报告说，把野人逮住了，请示是不是杀了。秦穆公没有同意，认为马已经死了，再杀人无益。他反而派人送美酒给野人，说光吃马肉不喝酒伤身体。所以野人感恩，听说秦晋两国打仗，就前来助力，不料想正好救了秦穆公。战事结束，秦穆公大为感叹，说野人都知道感恩，这晋惠公"独何人哉？"

秦国大获全胜，拔寨回国。秦穆公派人通知当了俘虏的晋惠公说："君不是想面对面吗？寡人如今也不能回避呀，所以还是请君到我们那里，我再当面请罪吧！"晋国的大夫们在国君被俘之后，基本上都放弃抵抗当了俘虏，被缚成一串，一个个披发垢面，跟在晋惠公囚车后头，就跟奔丧一样。这才是一将无能，累死三军；君主无能，臣下倒霉。

秦穆公又派人去安慰晋国的诸位大夫说："我听说你们曾经说过，要食晋粟，用兵来取。寡人之所以把你们君主留下，也只是想着拿回我们的粮食，我怎么敢过分呢？你们晋国也不缺人当国君，你们大家伙儿也不用太难过了！”这话让晋国大臣们脸红脖子粗，毕竟人还是要脸的。

胜利之后，秦国该怎么处理晋国国君，这是个问题。秦穆公提出用晋惠公祭天这惊人的主张。秦国大臣有赞成的，也有反对的。公孙枝明确表示反对：“此事肯定不可。晋国乃是大国，我们这样大举进攻，俘虏了很多人，其实已经结怨了。要是再杀了他们的国君，那这怨恨可就解不开了，将来晋国人报复起来，肯定比秦国人更狠。”

此时诸侯争霸绝对不可以结成死仇，这种仇恨冤冤相报何时了？秦穆公倒不是不明白这个，而是觉得自己有其他的方案。他说：“我用重耳取代夷吾，不更好吗？”公孙枝反问道：“重耳当年他爹死的时候都没有争当晋侯，难道会趁他弟弟死了来占这个便宜吗？”这下子把秦穆公难住了：“如果这样的话，我们就只能三选一了，驱逐、囚禁、复位哪种方案最好？”公孙枝回答说：“囚禁他还得浪费粮食，对我们没有任何好处。而且，驱逐流放肯定还会有人再把他扶持起来。最好的方案是让他复位。”

秦穆公问道：“那我们不是白忙活了？”公孙枝回答说：“得让晋国答应给我们河西五城之地，还得派他们的世子到秦国当人质，这样我们的利益最大。”秦穆公十分满意：“公孙枝这个方案好，利益能持续几代呢！”这个决定不光是大利于秦国，也救了秦穆公夫人的命，因为秦穆公的夫人就是晋惠公的姐姐。

秦穆公的夫人听说晋惠公被俘，即派人向夫君求情，并表示如果不允，将自焚以殉。秦穆公闻讯惊到了，连忙派人回复，很快就会释放晋惠公。秦夫人已准备自焚，听到秦穆公饶了晋惠公才放了心。内侍惊吓之余问秦夫人："晋侯乃见利忘义之人，不光背约，还辜负过夫人的托付。其被俘乃是自取其辱，夫人为何如此？又何必为这样的人哀伤？"夫人回答说："古人云，'仁者虽怨不忘亲，虽怒不弃礼'。"这就是答案。不能因为对方不好，就降低自己的道德底线。这就是做仁人君子的难处，但再难也要坚守底线。可见秦国崛起并非偶然，伟业一定是很多人群策群力所致。

于是，秦国给晋国开出了两个条件：第一割让五城，第二派太子做人质。然后就放晋惠公回国。第一项晋国人很痛快就答应了，因为这是当年晋惠公为了当国君答应给秦国的好处，战败了更得给了；第二项要先送人质到秦国，晋国却不能答应，而是要求先释放晋惠公再送人质。其中的原因是，晋国有一派认为不能相信秦国，要立太子为新君抗拒秦国。所以晋国使臣请求先放自己的国君回国，说这样有利于增强秦晋两国互信。

秦穆公觉得晋国使臣言之有理，于是就先放晋惠公回国。这一次晋侯终于学会了守约，回去不久就把太子送到秦国做了人质。

本章小结

纵览天下，世界就是大国的舞台，而大国的要素是土地与人口，所以开疆拓土的人就是大英雄。秦国的崛起并非偶然，其基础就是原本属于周王朝的战略高地。秦国国君秦穆公重用了百里奚，成为大秦帝国最重要的奠基人。

第五章　重耳流落十九年

一、割股奉君，“蛟龙失势，比于蚯蚓”

时间：东周126年

人物：重耳、介子推

晋惠公姬夷吾回国后，并没有自我反省，反而迁怒于他人，结果搞得天怒人怨。被俘期间，他其实最担心的是重耳回来与他争权夺位，所以刚刚安稳就派人去暗杀姬重耳。

想当年，晋献公姬诡诸因重耳与夷吾两位公子不辞而别而大动肝火，认定他们有阴谋，曾派公使勃鞮去讨伐两个儿子。重耳说：“君父的命令不能违抗，违抗君命的人就是我的仇敌。”但是，危急之下，重耳不得不翻墙逃走，勃鞮追上砍掉了他的袖口，重耳逃到了母亲的故国翟国。

这一次，晋惠公再次派出公使勃鞮去刺杀重耳。老国舅狐突消息灵通，闻讯大惊，即时写一密信，遣人星夜前往翟国，报与公子重耳知道。这勃鞮异常积极，让他三天之内出发，结果他当夜就带人出发了。他之所以这么积极，是因为之前刺杀重耳时只砍下一片儿衣服，没有完成任务，于是心生怨恨。所以他想还是早点杀了重耳，心里才踏实。

这突如其来的袭击让重耳手忙脚乱，一帮人没有任何准备就开始了逃亡。雪上加霜的是，此时管钱的随从头须席卷了所有的金钱，不知逃到哪里去了。

重耳避难的目的地是齐国，中间得先过卫国。卫文公卫毁听说重耳要来，居然说，晋国跟我一点关系都没有，下令不让重耳进城。一直跟着重耳的魏犨、颠颉一听就炸了，怒道："卫公实在无礼，公子你应该到城门口去斥责他一番。"赵衰连忙劝止，说道："蛟龙失势，比于蚯蚓。公子得先忍下这口气，目前我们这种状况，指责他人是一点意义都没有的。"

前面说话的这两位是大力士，又说："既然他无礼，就别怪我们不客气了，抢他一下再说。"重耳拒绝了："剽掠者谓之盗。我宁可饿着，也不干这种事情。"于是，一帮子大老爷们儿只好去向农夫讨饭。这个农夫不但不给他们饭吃，还用土块当成饭戏谑了他们一番，嘲讽地说："好歹你们也是一帮子大老爷们儿，好意思要饭吗？我吃了还要干活儿，一点也不给。"一群人都很生气，却又无从发作，只得挖野菜吃。重耳是公子哥，从来没有吃过这种东西，实在难以下咽。

眼看重耳快饿晕过去了，忽见随从介子推捧了一碗肉汤献上，重耳立马吃了个干净，吃完才想起来问一句："哪来的肉？"介子推回答说："这是臣腿上的肉。臣听说：'孝子杀身以事其亲，忠臣杀身以事其君'。现如今，公子没有吃的，臣就把腿上的肉割一块煮汤，免得公子饿坏了。"

这就是历史上著名的传说之一——"割股奉君"，听起来似乎有些不可思议。特别是对照前面竖刁的故事，很难判断这种行为的对错，只能看当事人的动机何在。

重耳一听介子推割股奉君，眼泪忍不住流了下来，说道："是我拖累你们了！我都不知道将来用什么报答你们？"介子推回答说："但愿公子能早一天回到晋国，担负起天下的责任，这就成全了我们追随公子之义。臣是不要什么回报的！"

就这样，重耳君臣一路觅食，半饥半饱，终于到达齐国。到了齐国，境遇马上就不一样了。齐桓公素闻重耳贤名，特别优待重耳及随从人员。

二、五子争位

时间：东周 127 年

人物：齐桓公、竖刁、易牙、开方

此时，齐桓公的时代即将落幕。

这齐桓公自从远离了易牙、开方、竖刁，是干啥都没有意思了。

其夫人一看，这怎么行，就出主意说：“还是让他们三个回来吧，总不能因为执政大臣的一句话，弄得君主活着都没意思了。”枕边风一吹，齐桓公经不住诱惑，就把这三位又请了回来。鲍叔牙眼睛里揉不得沙子，生气郁闷，不久发病而死。

这三位果然不是善茬。费了那么大的劲儿才获得机会，成本太高，所以利息也必须收得高。他们步步为营，慢慢获得权力，然后把君权拿来为自己谋利。再后来，他们就开始欺负齐桓公“耄耋无能”了。小人的游戏就是“顺我者昌，逆我者亡”。

齐桓公一生女人无数，生的儿子也多，但在继承人的问题上却立了自己最满意的公子昭继位。这下长子与其他公子不干，于是大家拉帮结派。易牙、开方、竖刁各自寻找自己中意的公子，最终形成五公子争夺君位的局面。

易牙和竖刁两个人，借着近水楼台的优势，抢先占据了宫室，然后宣布齐桓公生病了。但是，过了几天齐桓公并没有死，这俩为了夺权，索性堵死了宫门，最后居然把一代霸主齐桓公给活活饿死了。

本该继位的世子吕昭见事不好，在柱国大臣高虎的帮助下，逃到宋国去了。其他四个公子互相不服，各占宫殿一角互相开打。其间，长达一个多月也不给齐桓公下葬，导致尸体腐烂生蛆，臭不可闻。最后齐国的大臣们实在看不下去，由国、高二位重臣出面劝阻各位公子停止战斗，先把老爹归置了再打。如此这般，齐桓公才草草下葬。

后代君王很少有人称赞齐桓公的，主要就是他先明后暗。虽然年轻的时候曾经辉煌过，但由于临终时刻闹得腥风血雨、惨不忍睹，许多君主都很忌讳，后世没人乐意再被称作“桓公”。

三、谁执牛耳，宋襄之仁

时间：东周 127 年

人物：宋襄公、目夷、齐孝公、楚成王、成得臣

齐国公子吕昭一路逃奔宋国，见了宋襄公宋兹甫，哭诉一番。宋襄公记着当年齐桓公的托付，决定帮吕昭夺回君位。受人之托，忠人之事，可见宋襄公是个好人。宋襄公联合卫、曹、邾三国之师，一起为吕昭伐齐。齐国内部，国、高二重臣里应外合，趁机杀死竖刁、易牙，其他乱臣贼子纷纷偃旗息鼓。吕昭这才得以继位，史称齐孝公。这样一来，齐国元气大伤，从此没有力量称霸诸侯了。

宋襄公干了这件好事之后，感觉颇为不错，居然产生了更大的想法，想继承管仲、齐桓公的事业，自己来当霸主。公子目夷头脑冷静，赶快劝阻说："我们宋国跟齐国不能比，至少有三样是远远不如齐国的，怎么可能镇住各国诸侯？"目夷说的三样是：国小土薄，兵少粮稀；文武不具；贤才不登。我们宋国恐怕暂时没有傲视群雄的资格啊！可是，宋襄公正在兴头上，觉得自己有能力，一心想当霸主，于是就惹出许多事来。

大国都不搭理宋襄公，他就去召集小国诸侯。不料小国诸侯也慢待宋国，宋襄公恼羞成怒，就杀人立威。最后，连小国诸侯也不跟他来往了，特别是曹共公曹襄正开着会呢竟敢不辞而别。宋襄公一怒之下发兵攻打曹国，居然也不能取胜。郑文公干脆直接投靠了楚国，而

且还约了鲁、齐、陈、蔡四国之君，与楚成王熊恽结盟于齐境。

宋襄公一心追求闻达于天下，见小国诸侯纷纷不服，中等诸侯反而投靠了楚国，心中愤怒，就和公子荡商议。公子荡居然出了一个馊主意，建议宋国与楚国结盟。可见这宋国君臣真的是猪脑子，他们连霸主的意义和目标都没有搞清楚，以为霸主就是要大牌，结果玩成了与虎谋皮。

公子目夷是明白人，再一次劝谏宋襄公道："楚国已经控制的诸侯，怎么可能让给我们来管？我们向楚国请求威压诸侯，楚国怎么可能愿意屈居我们之下？我们要是这样做，恐怕会引火烧身的。"宋襄公却不以为然，执意而为，派人到楚国和齐国表达宋国希望结盟的意愿。楚成王一听，还有这好事，立马答应！齐孝公因为感激宋襄公的拥立之恩，不好意思拒绝，也勉强同意。

三国君主见面，不免钩心斗角。尤其是齐国和楚国都觉得别扭，因为三国的君主都觉得自己才是老大。齐国是传统的霸主，楚国是僭越称王的，宋襄公觉得自己才是正牌公侯。这关系根本摆不顺，这会开得十分别扭。

于是，在签约阶段矛盾更加凸显出来。宋襄公巴结楚国，就把条约先递给楚成王签字，弄得齐孝公很不高兴。楚成王一看宋襄公已经把名签了才递给自己，也觉得别扭，就让齐孝公先签。齐孝公冷冷地说："寡人比起宋公，低了一大截，之所以勉强来参会，实际上是因为难违楚国的召唤。"

齐孝公这话里夹枪带棒的。果然，楚成王笑了笑就签了字，把笔递给齐孝公的时候，齐孝公却拒绝签字。他说："合约上既然已经有楚国了，就不必再有齐国。寡人经历了流亡与死亡得以存活，幸亏社稷还在，能来参会就已经很有面子了，哪能不知轻重在这份简牍上签字呢？”宋襄公认为自己有恩于齐，这么难听的话却被宋襄公认作是齐孝公的由衷之语。没有办法，这就是对人情世故与形势的绝对误判。

楚成王回到楚国，就把参会的细节叙述给了令尹子文。子文觉得很奇怪，就说：“宋君猖獗得很啊，我王为何同意他召集诸侯呢？”楚成王笑着说：“寡人早就想主政中原了，只不过没有机会。如今这宋公提倡开会，寡人正好借这个机会号令诸侯。这不也挺好吗？”

大夫成得臣建议：“宋公好名而无实，轻信而寡谋。如果我们预先埋伏好甲士，不费什么劲儿，就可以把他俘虏了。”楚成王说：“我也是这个意思。”子文担心说：“我们答应别人开和平会议，却把人劫了，别人会不会说我们楚国人不讲信用，诸侯怕是不会服气。”成得臣说：“令尹大人不必拘小信而丧大功。只需要先劫后释，即可威压诸侯。”显然，子文也是老练的政治家，他立刻意识到这样做有利于楚国，转而赞成成得臣的计划。

宋襄公回国后十分得意，美滋滋地告诉公子目夷说：“楚成王已经同意我领导诸侯了。”目夷劝谏说：“这楚国人其实和蛮夷差不多，其心不测。他们的观念与我们根本不是一回事儿，臣担心的是您被他们骗了。”宋襄公根本就听不进去目夷的劝谏：“寡人以忠信待人，别人怎么会忍心欺骗寡人？”

宋襄公任何防备都不做，一心一意搞接待。公子目夷在开会前再一次建议，在会场附近集结好军队，以防万一。结果被宋襄公严厉制止，说宋国绝对不能干这种事儿，好不容易别人答应开会了，千万不能影响和平会议的召开。这种态度的确是作死了，谁也救不了。

会期到了，齐、鲁两国没来，而陈、蔡、许、曹、郑等小国，也是因为惧怕楚国不得已前来赴会的。宋襄公还惦记着让楚成王推举自己当盟主呢，真到开幕登台了，楚成王却突然问道："咱们这次会议谁来主盟呢？"宋襄公天真地回答说："有功论功，无功论爵。"他不知道,就是这句话把自己搞死了。在他的概念中,楚国只是一个子爵，而宋国是公爵，两国完全不在一个等级上啊。楚成王好像就等这句话，点点头，严肃地说道："寡人冒称王号已经很久了。宋国虽然是公爵，但总不能排在王前头，不好意思，寡人只好承担这个责任。"

宋襄公是一心要当霸主的，费了半天劲儿，却是为他人做嫁衣裳，心里自然十分窝火，免不得脸也变了，声也变了，气呼呼地对楚成王嚷嚷："寡人的爵位可是公侯，就是天子见了，也是以宾客之礼相待的。而楚君既然承认自己是假冒的王号，难道要用假王来压我这个真公不成？"

楚成王冷冷地问道："你既然认为寡人是假王，那你为什么要请寡人出席会议？"一句话就把宋襄公弄傻了，还想理论几句。成得臣在旁边不耐烦了，大喝一声："哪有这么多废话，只需要问一下诸侯，今天来开会是响应楚国的号召，还是响应宋国的号召来的，不就清楚了吗？"小国诸侯平日里对楚国怕得要命，立刻齐声回答道："我们都是接到了楚国的命令，不敢不来的。"

宋襄公此时才明白大事不好，有心跟他们讲理，但知这帮人根本就不论理之长短；转念想逃跑，可自己没带一兵一卒。他连忙指示公子目夷赶快逃跑，不跑就被连锅端了。在整个过程中，宋襄公就这一件事做对了。

成得臣立刻调兵遣将，迅疾活捉了宋襄公，吓得小国诸侯个个心惊胆战。楚成王面数宋襄公六大罪状，号称自己已经带了甲车千乘、战将千员，马上就要踏平宋都。宋襄公此时哑口无言，似木雕泥塑一般。

公子目夷逃回国之后，立刻让司马公孙固调兵固守。公孙固建议说："国不可一日无君，公子你必须暂摄君位。"宋国的大臣平时都很佩服目夷之贤，都欣然响应这个建议。于是公子目夷连忙到太庙中举行仪式，南面摄政。宋国人有了新的主心骨，三军严阵以待，把各路城门守得铁桶一般。

楚国大军一到，就告诉宋国："你们国君在我手里，赶快投降。"公孙固回答说："有赖于我们宋国祖先的护佑，我们已经立了新主。原来的君主生杀任你，投降是不可能的。"楚将一看这个办法不行，就接着问："要是我们送你们国君回去，你们宋国怎么谢我？"宋国说："这就免了，我们已经有新主了，你们爱送不送。"两下里说不到一起，只好开打。楚国的军队在坚城之下，连续进攻了几天，没有占到任何便宜，反而陷入进退两难的境地。

楚成王问臣下："事到如今怎么办？杀了宋襄公吗？"成得臣回答说："杀宋公与杀匹夫没啥两样，得不到任何好处，反而增加怨恨，不如把他放了。"成得臣又建议，但也不能就这么白白放了，可以把这个人情送给鲁国，因为鲁国是楚国盟国中名气最大的。

鲁国一看，这事儿无法拒绝，只好提议，让楚国当盟主可以，不过要先释放宋襄公。楚成王趁机撒手，几国共同推举他为盟主。楚国要的就是这个盟主，于是楚成王“执牛耳”，宋、鲁以下的各个诸侯按照爵位高低次第受歃。这是中原诸侯最丢人现眼的时刻。

· 谁执牛耳。古代诸侯订立盟约，要割牛耳歃血，由主盟国的代表拿着盛牛耳朵的盘子，故称主盟国为执牛耳。后泛指在某一方面居最有权威的地位。谁执牛耳谁就是权威，就是头儿的意思。

重获自由的宋襄公听说公子目夷已经即位，就准备到卫国去歇着。可公子目夷非常守规矩，早早就派遣使者来迎接宋襄公归位，自己退居臣位。得亏公子目夷处理得当，才不至于让宋国错得太多。

但宋襄公这口气却无法咽下去。他本想着号令诸侯，却被楚人捉弄一场，反受大辱，怨恨之情深入骨髓。不过他还是明白自己打不过楚国，于是就想着把气撒在郑国头上。宋襄公执意讨伐郑国，大臣们劝说也不听。

而楚国自然要救郑国。成得臣建议说：“救郑不如直接伐宋。区区一个宋国，我只要带兵去，就可以打败他们。”楚成王完全同意。于是成得臣率楚军直奔宋国而来，宋襄公只得撤兵自救。

然而，宋军撤兵回国后，宋襄公还惦记着要当霸主，居然要与楚军正面打一仗。宋司马实在是不明白，就问：“我们宋国盔甲不如人家，兵器不如人家，士兵也不如人家，多少年来，我们宋国人惧怕楚军如畏蛇蝎。君主啊，您凭什么和楚军对阵？”

宋襄公信心十足地回答说：“楚军装备固然比我们厉害，但他们仁义不足；寡人虽然兵甲不足，但仁义有余。想当年，周武王率三千虎贲，就能打败殷商的亿万之众，靠的不就是仁义的力量吗？让我这样的有道之君，去躲避楚国那无道臣子成得臣，寡人生不如死。”

这是“仁义无敌”一说的最佳宣言书，宋襄公读的历史书就是武王“虎贲三千”可灭纣王几十万大兵。他自认为仁义在我，天下无敌，就和成得臣约定了战期。同时还制作了一面大旗，绑在了自己的战车上，旗上写着“仁义”两个大字。

公孙固暗暗叫苦，私下给底下人说：“战争就必须杀敌，哪能说什么仁义！看来，我们国君有些糊涂啊。”大臣们只能祈祷，但愿宋国不要被一战灭国。

宋司马并没有放弃自己的责任，还是兢兢业业做好了战斗准备。到了开战那一天，公孙固早早起床，集合军队，请宋襄公下达军令，宋国将士严阵以待。

老天爷其实给宋国机会了，因为楚军需要过河作战。楚将请示提前过河，否则会有麻烦。成得臣却笑着说：“你们不知道这个宋襄公，他这个人专务迂阔，根本不知道怎么打仗。”这个评价刻薄而又准确，就差说宋襄公是一个傻子了。成得臣下令，楚军只管过河，就是要当着宋国人的面过河，光明正大地去打这一仗。

公孙固一看还有这事儿，连忙请示宋襄公：“这楚军居然敢大白天渡河，分明是轻视我们宋国，我们正好乘其半渡，冲过去进攻他们，相当于我们用全部的军队，攻打楚军的一半。这机会实在是太好了，如果让他们全军都过了河，楚国兵多，我军兵少，怕我们就赢不了了，咱们不等了吧！”

宋襄公却指指自己的大旗说：“你难道没有看见我们旗帜上书写的‘仁义’两个大字吗？寡人已经列下堂堂之阵，哪能在人家还没有完全过河的时候就进攻？岂有此理！”

不多一会儿，楚军全部过河。公孙固又赶忙请示：“楚国军队已经过河，正在布阵，尚未完成，我们即刻进攻，他们必然会陷入混乱。”宋襄公居然向他的司马脸上唾了一口唾沫：“呸！你怎么能贪这种一击之利，全然不顾我们要建立的万世仁义之典范？寡人就是要堂堂正正地打赢这一仗，哪能趁着敌人尚未成列就击鼓进攻？”

半渡而击之，老天爷给了宋国一次机会，宋襄公弃之不要。第二次机会还有，就是趁着楚国人还没有列好阵式，马上进攻。但宋襄公认为这样胜之不武，即便打赢了，那也不能算是仁义无敌。

然而，等到楚军阵势已成，刚刚展示出“人强马壮，漫山遍野”的姿态，仗还没有开打，宋军的腿就已经发抖了。宋襄公所依仗的堂堂之阵，根本不经打，一仗下来，宋军十丧八九。这惨状让大家怨声载道，国人都埋怨宋襄公不听司马的建议，导致如此惨败。直到此时，宋襄公依然不知道自己哪里错了。当听到国人怨声载道，宋襄公叹息道：“不是说，打仗的时候要遵循这样的规则，‘君子不重伤，不擒二毛’吗？寡人既然要用仁义统率军队，又怎么能乘人之危，利用地形之险去打仗呢？”结果宋国人只能自认倒霉，咒骂老天怎么让自己摊上了这么一个君主。

宋襄公的这段锥心之问，隐藏着春秋时期中原各诸侯国之间的战争奥秘。那时，诸侯之间你争我夺，大约近似于掰手腕式的角力，并没有谁真的要置人于死地的。但这个道理对楚国根本不适用。大争之世，越来越多的诸侯敢于僭越称霸，还有什么常规是他们不敢打破的？还有哪些礼数是他们都诚心诚意遵循的？因此，不管书生们怎样夸赞宋襄公，都不能掩盖他给本国人民带来的惨重伤亡，后人常用“宋襄之仁”来指代违反战争基本原则的可笑之举，这的确是有道理的。

四、重耳回国，秦晋之好

时间：东周 134 年

人物：晋文公、楚成王

晋公子姬重耳在齐国舒舒服服待了七年，经历了齐桓公死后的齐国大乱，见证了齐孝公吕昭的举止失措。重耳手下的追随者，觉得再待在齐国，已经没有意义了，就裹挟着重耳离开齐国，另寻机会。想想看，这么多英雄豪杰跟随重耳，绝对不可能让你整天躺在温柔乡里享福。这正是：“要为天下奇男子，须历人间万里程。”

重耳君臣再次踏上周游列国的征程。他们似乎在等待机会，似乎也是在历练。老天爷还真的是苦的甜的一起赏赐给他们。期间既有曹国受辱的窘迫，也有宋襄公宋兹甫的热情款待。可惜宋国已经完全无力作为了，所以他们一帮人又到了郑国。郑国君臣在如何招待重耳的问题上产生了分歧。郑文公郑踺的态度是：“姬重耳都老成这样了，搭理他有什么意思？”

大臣叔詹的意见本来是隆重接待，不过他也不愿意逆着郑文公，所以他最终的意见是：“君主如果不愿意用相应的礼遇接待他，那就请杀掉他，以免后患。”

郑文公感觉莫名其妙：“大夫，你的意见实在是太有意思了。一会儿让寡人很隆重地接待他，一会儿又让寡人杀了他。他与我无恩，凭什么要接待他？他和我无怨，干吗要杀他？”所以，郑文公只是传下命令，让守城门的禁止他们一群人进城。面临两难选择，郑文公错误分析天下大势，无意间给自己惹下了大麻烦。

与郑国形成强烈对比的是楚国。重耳一行到了楚国，立刻受到最高待遇。楚成王熊恽甚至直接待以国君之礼，两个人经常见面，打猎喝酒聊天，相处甚欢。有一回喝酒喝得开心，楚成王就问重耳：“公子在我们楚国待得还满意吧？您要是返回晋国，怎么也得回报点儿什么东西给寡人吧？”楚成王毫不掩饰，直接索要回报。重耳很为难地说：“子女玉帛，这些东西您都多得用不完；而值钱的礼物原产地都是你们楚国。我实在想不出来有什么可以回报给君王的？”

但是，楚成王仗着酒劲儿，非要重耳许诺给点回报。重耳不得已说，非要的话就是将来万一咱们两国打起来了，那我“请避君王三舍”。三舍就是九十里。重耳的意思就是东西没有，只能是将来真打起来，避让你九十里。旁边的楚国大臣成得臣听了勃然大怒，说这是什么话，便要杀了重耳。但楚成王知道，重耳这番态度才是真性情，所以越发敬重他。

晋惠公姬夷吾当了十四年的君侯，此时已经得了重病。在秦国当人质的太子姬圉听到消息后，怕被秦国扣留，就自己偷跑回国了。秦穆公闻讯大怒。一打听，说重耳滞留在楚国，就派人将重耳请到秦国，意在助重耳回国执政。令人惊奇的是，这一次，重耳答应了。看来回国还是不回国，实际上是要看条件的。比如说，国内大臣们请重耳回国开的是什么条件，秦穆公第一次要助重耳回国条件是什么，这第二次条件又是什么，这些都是必须算清楚的，而这些条件却是局外人无法理解的。

晋惠公死后，儿子姬圉即位，史称晋怀公。晋怀公与他爹一样，最怕的是重耳回来。于是逼迫老国舅狐突召回追随重耳的两个儿子狐毛和狐偃。狐突拒不执行命令。晋怀公年轻气盛，一怒之下杀了狐突。这个莽撞之举将晋国公卿彻底推向了重耳一方。公元前636年正月，秦穆公一看时机成熟，立即发兵三千人，护送重耳回到阔别二十年的晋国。重耳是四十三岁开始流亡的，十九年后方才还国，此时已经六十二岁了。

晋怀公重用的大臣们临阵叛变，其他大臣本来就不接受他，一时之间晋怀公变得孤立无援。无奈之下，晋怀公只得孤身出走他国，不久即被重耳派人杀死。

重耳就是后世著名的霸主晋文公。不过，即位时晋国的形势依然不安稳。被迫投降的吕省、郤芮怕算旧账，居然孤注一掷要再杀晋文公。两人可能是觉得自己力量不够，想拉着两次刺杀晋文公的勃鞮一起干。没有想到，勃鞮身为寺人（宦官），却有点觉悟，认为晋国乱得太久了，好不容易才把晋文公迎接回国，人心思定，这种情况下再造乱，就是无德无良了。于是，勃鞮决定告发，深夜偷偷去见狐偃，请求见晋文公。

晋文公一听是这位仇人，心有余悸，实在不想见。狐偃连忙劝道："主公刚刚登上侯位，正需要捐弃前嫌，必须广纳忠告，还是接见一下他吧。"晋文公心里实在别扭，就派近侍出宫门指责勃鞮："你拿剑砍下寡人的袖子，这衣服现在都还在呢，寡人每见一次，都心寒不已。你后来又跑到翟国行刺寡人，晋惠公让你三日起身，你倒积极，一点儿都没耽误，幸亏老天爷保佑我，没有遭到你的毒手。现如今寡人已经继位，你居然还好意思来见我。你赶快逃命去吧，否则的话，就把你抓起来砍头！"

勃鞮听了哈哈大笑："主公您在外面流浪了十九年，难道还没有看清人情世故吗？先君晋献公，那是您的父亲啊；晋惠公，那是您的弟弟啊。父子成仇，弟兄为敌，我勃鞮算什么？我只是一个小兵，当然要听晋侯的命令，怎么可能倾向于您呢？当年管仲为公子纠射齐桓公，差一点得手，但齐桓公依然重用他，所以才成就霸业。如果当年齐桓公铁了心要追究管仲那一箭之仇，就不可能有后来的主盟天下。您现在不见臣，对我没有什么损失，怕是我走了，您的大祸就不远了。"

晋文公一听就知道勃鞮话里有话，立刻摒开左右，单独接见他，这样才又躲过一难。可见晋国国内的矛盾积攒到了什么程度，简直是没完没了地乱折腾。

造乱的那帮人先放火烧宫，然后趁乱杀人，但由于晋文公提前知晓阴谋，已经悄悄跑到秦国避难去了。随后，又一次靠着秦穆公的帮助，平定了叛乱，重返晋国。

之后，晋文公和秦穆公的女儿举行了隆重的婚礼。后人把晋国与秦国的这种友好关系称为“秦晋之好”，指的就是秦国与晋国互为姻亲。

不过，晋文公依然对谋逆的吕、郤二人耿耿于怀，觉得光杀了他俩不够，“欲尽诛其党”。赵衰劝谏道：“惠、怀两位晋侯，都是以严苛治理国家而失去人心的，您应该改变一下，要宽容治国。”晋文公认同这个建议，立即颁布命令实行大赦。可晋国人心里没底，都吃不准会不会秋后算账，所以大家还是不信，晋文公不由得心里起急。

这时候，原来的老朋友头须跑到宫门口求见。这位就是在晋文公流亡期间卷钱跑路的那位。晋文公一听，怒气上升，心说：“你还敢来见我，鞭子伺候。”头须非常从容地说道：“主公既然能宽容勃鞮，从而避免了吕、郤造乱的危险，现在为什么不能宽容我头须呢？头须来到这里，是有安定晋国的办法。主公若是拒绝见我，头须可就逃亡不见了。”晋文公立刻做了检讨：“这是我的不对！”

果然，头须献上一策来平定汹汹舆情。头须说：“大家都知道我卷钱跑了，如果再次起用我，我来为您赶车，出去转上几圈，就是大赦天下的最佳告示。这样一来，大家都知道您是一个不念旧恶的人，这种轰动效应就能迅速让晋国人不再疑虑，踏踏实实过日子。”

宽容别人让晋文公受益匪浅。因为，这个头须并不是卷款逃跑，而是先行回国，照顾重耳前头的孩子。这样才有晋文公后来的亲人团聚，数喜临门。晋文公大赏那些跟随自己的臣子，如此一来，晋国人心大定，皆大欢喜。

不过，介子推自回国后就与这些人渐行渐远，主动离开了上层圈子。所以令人惊诧的一幕出现了，受赏的名单里没有介子推。介子推在“割股奉君”时曾经表示，此举不是为了讨赏，他真的做到了。介子推回国后并没有等着封赏，而是带着老娘隐居绵山。经人提醒之后，晋文公出发去寻找介子推，然而茫茫绵山无处可寻。晋文公无奈，举火烧山，试图逼迫介子推出山。介子推和老娘却拒绝出来，结果被火烧死。这一幕令人潸然泪下，这个故事也成为历史上最著名的故事之一。晋文公无比愧悔，将介子推葬于绵山，修祠立庙，并下令在介子推死难之日晋国上下禁火寒食，以寄哀思，这就是“寒食节”的由来。

中原诸侯似乎一直在等着晋文公，期待他能把大家从楚国的威压下解救出来。晋文公执政后，先安定大局，大赦天下，奖赏有功人员，然后“大修国政”，鼓励好人好事，任用贤能，简化刑罚，减少税敛，发展商业，救济贫困。很快晋国大治，可见十九年的流亡生涯没有白过。

郑国此时反而彻底投靠楚国，反过来欺负其他诸侯。周王室这时更是乱了方寸，居然靠着与外族联姻来增强自己的实力。可是蛮族的公主从小野惯了，看到要嫁的周襄王姬郑是个老头子，打心眼里排斥。年轻的王后看到姬郑的弟弟公子带年轻英俊，主动勾引，两个人一通折腾，最后翟狄入侵，居然一下子打到了中原腹地，周襄王被迫外逃。迫不得已，周襄王只好分别派人通知晋国和秦国，寄希望于这两大诸侯能来帮助自己。

晋文公接到信后咨询于狐偃。狐偃的意见很明确：“当年齐桓公之所以能号召诸侯，就是因为他们打起了尊王的旗号。如果我们晋国不出力去扶持周王室，秦国肯定会这么干的。如此一来，霸主的荣誉就归于秦国了。”晋文公一听就明白，决定立刻起兵勤王。

秦国的秦穆公自然也在等待这样的机会，所以也带兵前来勤王。见面之后，秦穆公决定将此荣誉让给晋文公。因为他知道，晋文公更需要这份荣誉。晋国出手，轻松平定了周王室的内乱，同时也捎带着扩大了晋国的势力范围。

····本章小结····································

大浪淘沙，真正的霸主却是重耳这位十九年奔波的流亡者。这个过程中既有饥肠辘辘，也有各种屈辱，还伴随着齐桓公的先明后暗以及“宋襄之仁”。除了挣脱温柔乡，还要拒绝各种诱惑，更重要的是应对各路诸侯举止失措和莫名其妙，诸多要素似乎都在催生以晋文公为首的霸主集团。

第六章　一朝声价上青云

一、退避三舍

时间：东周 138 年

人物：晋文公、成得臣

晋文公姬重耳出手帮助周襄王姬郑复位，获得了很高荣誉。齐孝公吕昭表示不服，他也想恢复父辈的荣耀。一想起鲁国前头居然帮助公子无诡与自己争夺侯位，气就不打一处来，决定先拿鲁国开刀。而鲁国此时正遭受灾荒年，根本无力抵抗。

危急时刻，鲁国大臣向鲁僖公姬申推荐了一个能言之士来救急，此人名叫展获。可是，展获一点兴趣都没有，只是教给弟弟一句话，即转告姬申：“当年周朝建国后，封姜太公于齐，封我先君伯禽于鲁，周公和姜太公割牲为盟。盟誓上写着：‘世世子孙，同奖王室，无相害也。’”齐孝公听了立刻回心转意，于是齐国罢兵。

鲁国君臣虽然说退了齐兵，但感觉很不爽，便在暗中撺掇楚国伐齐。楚国赢了，占了许多齐国的地盘。

成得臣因为有功，接替子文掌管了楚国，并乘胜移兵伐宋。宋国只能向晋国求援。晋文公召集群臣商议对策，先轸很兴奋地表示：“这是我们晋国树立威名、成就霸业的最好机会！”晋文公问：“寡人想解救齐、宋之患，该如何做？”狐偃建议：“曹、卫两国是楚国的跟班儿，我们出兵讨伐曹、卫，楚国必然移兵来救，这样就可以为齐、宋两国解围了。”晋文公赞同，让宋国使臣回报宋公，晋国将出兵相救，令其坚守待援。

晋国自晋献公以来，已经拓地千里，成为真正的大国了。赵衰建议设立三军，并推荐郤縠为元帅。此时的晋国人才济济，三军将领多得安排不过来。为了团结，赵衰谦让不担任主帅职务。

周襄王二十年（前 632）春，晋文公觉得应该分兵讨伐曹、卫，就与新任元帅郤縠商议。郤縠一听，觉得君主稍稍有点外行，但这位元帅很会说话，就搬出大家公认会打仗的一位元老先轸，严肃地说：“这事臣已经与先轸他们商议过了。君主您的方案也没错，因为晋国一家打曹、卫两家也没问题。但咱们真正的目标是去和楚国打仗。咱们不妨这么干，君主您宣布讨伐曹国，然后向卫国借道。卫、曹关系好，肯定不同意。如此一来，我们出其不意，直捣卫境，这就是‘迅雷不及掩耳之势’。打败卫国之后，乘势兵临曹国。曹伯早就失去民心，不难打败。”晋文公听后十分高兴。

郤縠的确是真正会打仗的元帅。他用兵一处，把两个小国串起来打，最终将全部力量对准楚国。

晋国君臣率领大军到了卫国，想起当年没有饭吃的惨样，不由得满腔豪情。先轸和魏犫申请打头阵，晋文公同意。先轸下令，让军士多带旗帜，把所有的高处都插满旗帜，而且一定要高出树林子。魏犫想不明白，就问道："我听兵书上说'兵行诡道'，而我们今天却大张旗鼓，这不是在通知敌人做好准备吗？我不明白，您为什么这样做？"先轸回答说："这就叫先声夺人。"先轸也是真正会打仗的人，面对弱敌，就要先声夺人。

卫国的百姓从来没有想着要与强大的晋国为敌，一看城外旌旗密布，都吓得争先逃窜，拦都拦不住。所以，这一仗先轸只用了一个虚张声势，就把卫国人吓趴下了。

可惜的是，晋国的元帅郤縠尚未完全展示自己的军事才华就病逝了。不过，在他去世前郑重建议晋文公，要联合齐国和秦国一同抗击楚国。由此可见，郤縠是一位真正的战略家，他心里十分清楚，与楚国争霸是中原诸侯的共同责任。

晋文公想趁机灭了卫国，新上任的元帅先轸觉得不妥，劝谏说："我们这次出兵是因为楚国攻打齐、宋两国，我们是来拯救它们的。现如今齐、宋的忧患尚未解除，要是先把卫国给灭了，这样就远离霸主存亡恤小之道义了。当前的策略是我们先移兵伐曹，这样等到楚国的军队来救援卫国，我军已到曹国了。"晋文公觉得很有道理，完全接受了先轸的意见。

弱小的曹国君臣不知死活，居然玩诈降之计。先轸不信，派人化装成晋文公进城，结果被曹军杀死。晋国君臣大怒，一气之下破了曹国。

曹国不难打，不过破了曹国之后发生了一个特殊事件。魏犨、颠颉二人，素来挟功自傲，居然故意违抗军令。不过，晋文公也不想一下子杀掉两员悍将，就让赵衰来决定他们两人的死活。结果，赵衰斩了颠颉，将魏犨革职留用。这一做法影响了后来的历史。

将士们得知如此执法，纷纷议论说："颠、魏二将可是跟了主公流亡十九年的人，这样大的功劳，一旦违反军令，照样是死罪与革职。国法无私，大家最好还是老实点！"如此一来，晋军纪律严明，三军肃然知畏。

楚军伐宋取得了阶段性胜利，正在围困宋国都城，听说卫国告急，只好移兵救卫。楚军还未到达卫国，就得到曹国被破的消息。于是楚成王熊恽开始收缩战线，放弃已经占领的齐国领土，自行回国，同时准备召回成得臣大军。然而，成得臣不愿意撤兵，认为此时撤兵会导致功亏一篑。他立下军令状，非要与晋国干上一仗不可。

楚成王去咨询子文的意见。子文回答说："晋国之所以出兵救宋，目标显然是要当霸主。如果晋国当了霸主，对我们楚国不利。现在能与晋国对抗的，只有我们楚国，如果我们躲避不战，那么晋国就能轻松成为霸主。曹、卫两国是我们的盟国，如果发现楚国不敢与晋国开战，必然会依附晋国。所以目前最佳方案是，让成得臣原地坚守，让曹、卫两国不至于变心。不过我王一定要警告成得臣不能轻易与晋国开战，如果能和晋国达成协议，就能够形成南北并列的格局。"

这斗子文果然老成谋国。楚国不能轻易退兵，这也是成得臣反对撤兵的原因，这一点上文臣武将都想到一起了。对楚国来说，理想的状态是南北并列，与周王分庭抗礼。但前提是，成得臣不能轻率开战。

楚成王同意先不撤兵，成得臣加大了攻打宋国的力度。宋国情急之下，将自己所有的宝贝都拿出来送给晋文公。晋文公与先轸商量："看来我们必须与楚国打一仗了。郤縠去世前，曾为寡人献计，说这一仗必须联合齐、秦两国。但现在楚国已经归还了齐国领土，秦、楚两国之间又没有矛盾，他们不一定乐意与我们合作，现在该怎么办？"

先轸回答说："臣有一法，能让齐、秦主动来参战。"晋文公忙问什么计策。先轸告诉晋文公："宋国送给我们那么多宝贝，可咱们要的不是这些东西，要的是当霸主。咱们不妨拿这些宝贝转送给齐国和秦国，让他们做好人劝楚国退兵，他们肯定会干的。"先轸说："此计的关键是要楚国不同意退兵，那就和齐、秦两国有了矛盾，这叫作没有矛盾就制造矛盾。"

晋文公担心地说："就怕楚国同意退兵啊，这样利益最终就变成齐、秦的了。"先轸说："我们只需要让楚国不同意撤兵就成了。"晋文公说："这样最好，元帅有招只管使。"先轸建议说："咱们只需要说要把卫国、曹国的土地分给宋国，这楚国一定不干，这事情就成了。"

齐国和秦国当然愿意分一杯羹，于是派出使臣来说和，却被楚国令尹成得臣拒绝。在成得臣看来，由于晋国的干预，楚国的利益已经严重受损，宋国没有打下来，卫国和曹国却被晋国侵占。成得臣发誓要夺回卫、曹两国。

楚将宛春献策说："我有一个主意，不费吹灰之力，就能让曹、卫两国复国。"成得臣问："什么办法？"宛春说："我们可以提个条件，只要晋国答应曹、卫复国，我们就不再攻打宋国，两下罢兵，皆大欢喜。”成得臣说：“恐怕晋国不干。”宛春说：“不怕晋国不同意，我们这边只要放松对宋国的进攻，让宋国人前去求告晋国。如果晋国不干，就会同时得罪曹、卫、宋三国。”于是，成得臣放缓对宋国的进攻，然后派宛春作为使者，前往晋军谈判。

狐偃一听楚国的方案，就开骂道：“成得臣这厮好没道理！你只是撤围了一个还没有打下来的宋国，却要我们恢复已经灭亡了的卫国、曹国，天下哪有这样的便宜？！”

元帅先轸一看狐偃比他性子还急，就用脚在底下踢狐偃，然后对楚国使者说：“这事可以商量，楚使先去休息吧。”先轸转过身告诉狐偃说：“宛春所讲的条件，肯定不能答应他。他的话不可听，但也不可不听。”狐偃问：“这话怎么说呢？”先轸说：“宛春这次来谈判，实际上是一个奸计，他们的目的是把功劳归楚国，把怨恨堆到晋国头上。咱们要是不接受这个建议，这三国都会远离我们，从而埋怨我们；要是接受这个建议，三国又都会对楚国感恩戴德。”

先轸的意见是将计就计，因为主动权在晋国手里。“我们先私下里许诺曹、卫复国，拆散他们与楚国的联盟，然后扣押楚国使者宛春，激怒楚国的统帅。成得臣性格刚硬，脾气暴躁，必然会带兵与我们开战。这样宋国之围不用我们去就可以化解了。”

先轸接着说：“这样一来，功劳在我们晋国。否则楚国直接和宋国媾和，会更麻烦。”晋文公表示赞成，不过他有一个顾虑，就是当年在楚国时，曾受到楚君的热情款待，我们现在却把人家的使者扣押了，这是不是有点儿过分了？

栾枝站出来告诉晋文公：“楚国吞并小国，凌辱中原诸侯，这都是中原诸侯的奇耻大辱。主公要是不准备当中原霸主自然可以漠视，如果想当，那么楚国人带给中原的耻辱就是您的耻辱。至于楚王施舍给您的个人恩惠，实在是微不足道也。”一句话点醒梦中人，敢情国家与个人是两回事，晋文公恍然大悟，连声道谢。

接下来，晋国将计就计，拘押了楚国使臣，同时派人告诉曹公、卫公，只要他们与楚国绝交，就可以复国。人在屋檐下，怎能不低头？于是曹公就写信给成得臣说：“孤害怕把祖上传下来的社稷给弄丢了，实在不得已才投靠晋国，如此就无法再侍奉楚国了。上国要是能把晋国人赶走，保我曹国安宁，孤怎么敢有二心呢？”

看到曹、卫两国都送来了绝交书，成得臣气得“心头一片无名火，直上云霄三千丈”，大叫道：“这肯定是晋文公那个老贼逼他们写的，老贼！老贼！今日不是你死就是我亡！”

看到主帅情绪失控，成得臣手下大将连忙提醒说：“按照事先约定，与晋国开战是需要征求楚王本人意见的。”于是，成得臣派人回国请战。楚成王看到了请战书，并不高兴，问输了怎么办，成得臣说愿立军令状。就这样，晋、楚之间的一场大战就不可避免了。

楚国令尹成得臣带领陈、蔡、郑、许四国军队，逼近晋国大营。晋文公召集诸将商议对策。先轸首先发言说：“我们本来就是要与楚国角力，以挫败他们北上的念头。楚军先打齐国，又长期围困宋国，已经非常疲劳了，所以我们必须打，不要坐失良机。”

狐偃却提醒说：“主公当年在楚君面前曾说过，‘他日治兵中原，请避君三舍’。今天我们与楚军直接开战，就成了言而无信。主公向来讲究信用，从不失信，所以我们应该撤退，以避开楚军。”诸将的脸色立刻都不好看了，纷纷说："以君避臣，乃是奇耻大辱，绝对不可以！"

狐偃解释说："如果我军退让，而楚军也退，那么他们是不可能再回去围困宋国的。如此一来，我们已经达成了战略目的。如果我们退让，而楚军继续进攻，那就是以臣逼君，他们就绝对不占理了。如果我们回避都无法避免战争，那我们全军都会愤怒；彼骄我怒，胜利肯定属于我们。"

此前，他们曾经讨论过，说不能为报答楚君的小恩小惠，就放弃中原霸主的责任，是战略级别的。而后面这次讨论主要是围绕不可失信，只是战术级别的。可见此时晋国君臣这个集体是异常强大的，在历史上留下姓名的人非常多。

晋国一下子退兵九十里，到达城濮。这一退，主动权和地理优势就都在晋国这一边了。而且，此时齐国和秦国也派来了大军，三大国合在了一起。这就意味着北方诸侯已经联合起来打压楚国，南北争霸战正式开始了。

二、城濮之战

时间：东周 138 年

人物：晋文公、成得臣、先轸

楚军一口气追了九十里，才追上晋军。成得臣一到，立刻"凭山阻泽，据险为营”。晋国将军一看就说：“麻烦了，这成得臣反而抢先占据了险要之地，这仗不好打了。咱们应该先下手为强啊。”

先轸反而笑了，说道：“打仗的时候抢占险要的地势，是为了做固守的打算。他成得臣率领楚军大老远地跑来，目的是打一仗，而不是要守在这里。所以他们虽然抢占了险要的地方，但有什么用啊？”

这就是明白人。成得臣也是一个会打仗的人，他占据险要地势，可能是为了防止疲惫之时遭到偷袭。他没有见好就收，反而追上来强行决战。而晋国本来就没有打算用偷袭的方法去打这一仗，因为此时优势完全在晋国这一边，他们当然要用堂堂之阵，彻底打掉楚国的狂妄之心。

不过关键时候，晋文公犯了糊涂。原因是他晚上做了一个噩梦，梦到自己被楚成王痛击一顿。狐偃一看，箭在弦上怎能不发？于是就解梦说是个好兆头，接着说：“如今已经是两军对垒，这一仗是非打不可了。打赢了，我们就可以成为霸主；即便没有打赢，我国也可以依仗着大河的屏蔽和高山的阻隔轻松自保。楚国威胁不到我们的根本，所以没有什么好担心的。”进退自如，这就是晋国的优势。狐偃的一番话坚定了晋文公的信心。这同时也说明晋国君臣即使在完全占据优势的情况下，依然十分谨慎。

而此时的楚国统帅成得臣却完全处于骄横状态，派人给晋国下战书。晋文公打开一看，上面写着：“得臣请求与君的部下玩一把游戏，君只管站在高台上看着，我也有幸一同观看。”狐偃看了冷笑道：“战争是最危险的事情，这样的大事儿，他却视为游戏，如此不重视危险，焉能不败？”

晋文公派先轸战前阅兵，此时晋国的兵力已经具有绝对的优势，这次他们一共出动兵车七百乘、精兵五万余人，而且齐、秦两国的军队还没有被计算在内。晋国之强大可见一斑。这是一场真正的诸侯大战。晋、秦、齐三国联军对楚国联军，左中右对右中左。

分析两边对阵形势，可以说一切条件都不利于楚国。楚国右师用的是陈、蔡两国军队为前队，这些本来就是小国弱旅，而让他们没有想到的是，晋国的军马居然披着虎皮，所以一照面就吓软了他们战马的马腿，瞬间乱了阵脚，倒过来冲击了楚军的阵形。

速胜之后，晋军却伪作战败，引诱楚军出动左军。而先轸却命令中军一部坚守不攻，自己调集大部中军参与围剿楚国左军的战斗。成得臣的儿子成大心和斗子文之侄斗越椒，都有万夫不当之勇，但架不住晋军人多，无论怎样也抵挡不住。

成得臣听说左右二军已经溃败，急急传令鸣金收兵。然而已经迟了，击溃了一部分楚国联军之后，晋军已经有了绝对优势，乘胜把楚军分隔成十来处团团围住，准备加以歼灭。晋文公在山上看到自己的人马已经获得了重大胜利，连忙叫人传下命令："只需要把楚军赶出宋、卫的国境就可以了。不必多杀多抓，不要加深两国的仇恨，辜负了楚君曾经的盛情款待。"秦国、齐国乘胜追击，得了不少便宜。最终还是晋文公不愿意赶尽杀绝，放走了楚军的残兵败将。

这个失败是楚国人绝对难以接受的。他们顺风顺水、耀武扬威了好多年，没想到与北方大国真正打上一仗，却差一点儿全军覆灭。楚成王熊恽暴怒之下举止失措，反而拿出军令状说事儿，导致成得臣羞愤难当，自杀身亡。问题是成得臣自杀之后，楚成王才反应过来自己犯了多大的错误，后悔不已。斗子文自责，认为自己不应该举荐脾气急躁的成得臣接班，气得吐血病亡。如此一来，楚国元气大伤。

这场重大胜利让晋国成为中原诸侯的新霸主。中原被楚国欺负很长时间了，所以胜利之后，周王举行了隆重的仪式来祝贺。郑国一看大势不好，赶忙带人前来参会并表示臣服。

晋文公是从郑伯那里得到楚国令尹成得臣自杀消息的，此时他才真正松了一口气，私下里对诸臣说："郑国的臣服并不值得庆贺，真正值得开心的是成得臣死了，这下子我们可以高枕无忧了！"楚国能人成得臣的自杀，让中原诸侯缓了一口气。要不然，以楚国之力，只要想着报仇，安稳不了几年就得再起战端。这也是楚成王和斗子文在成得臣自杀之后都后悔莫及，而晋文公听到这个消息以后却松了一口气的缘故。

周王给了晋文公极高的荣誉，使他因此登上人生最高峰。他们本来就是一家人，从血缘上讲比齐桓公要近得多。老百姓一路上扶老携幼，箪食壶浆，迎接晋国军队。这正是：十九年前流落客，一朝声价上青云。

回国之后，晋文公临朝受贺，论功行赏。这一次晋文公将狐偃排在首位，而元帅先轸只排在了第二名。这一下把大家弄糊涂了，诸将问："城濮战役，从头到尾，从战略到战术，都是元帅先轸的功劳，而论功行赏的时候，主公却把狐偃排在第一，这是为什么呀？"晋文公回答说："城濮这次战斗之前，先轸的意见是：'必战楚，毋失敌。'狐偃的意见是：'必避楚，毋失信。'我们打败敌人，只能算是一时之功；而保全信用，却是为万世树立楷模。所以我把狐偃排在第一。"诸将心悦诚服。

晋文公赏罚分明，也是他成为霸主的一个重要原因。胜利之后，晋国进一步扩大了军队的规模，从三军变成了六军，与周天子的军队规模相当。晋国兵多将广，高出诸侯一头。

三、烛之武退兵

时间：东周 139 年

人物：晋文公、秦穆公、烛之武

此时的晋国国势如日中天，晋文公姬重耳趁机高举尊王的旗号整肃诸侯、号令天下。由于与晋国关系密切，所以秦穆公嬴任好再次赶来助力。于是，秦穆公和晋文公签立了一项盟约："未来但凡有出兵打仗的事情，秦国只要出兵，晋国必须相助；晋国出兵，秦国也必须相助。彼此同心协力，不得坐视。"两位国君签约之后，各自回国。

但郑国却打心里不服晋国，虽然与晋国签订了协议，但私下里照样与楚国来往。执政上卿叔詹认为此举不妥，劝说郑文公郑踕，但郑文公仍然一意孤行。晋文公本来就对郑国不爽，还记着当年郑文公不让他进城的旧仇，所以休息一年之后，就出兵征讨郑国。

本来晋国军力强盛，无须召唤其他诸侯，但由于之前与秦穆公有约，所以就通知了秦国。而秦穆公有志于参与中原事务，也就欣然参加。

郑国的公子兰之前一直在晋国避难。这次晋国伐郑，就想着让公子兰做向导，不料，公子兰却拒绝了："臣听老话说，'君子虽在他乡，不忘父母之国'。现在君侯您准备讨伐我父母之邦，臣肯定是不能参与这事儿的。"一般人会觉得公子兰不知好歹，但实际上，这才是正人君子所为，反而受人尊重。晋文公感慨地说："卿可谓不忘本之人！"于是就产生了扶持公子兰为郑君的想法。

晋国与秦国两国军队声势浩大，直接围困了郑国国都，慌得郑文公手足无措。上卿叔詹建议说："秦、晋合兵，力量非常大，难以抵抗。我们需要找一个能说会道的人，去说服秦公退兵。只要秦师退走，只剩下晋国，我们就不怕了。"过了几天，郑国还真找到了一个舌辩之士，名叫烛之武，此人乃"口悬河汉，舌摇山岳"之士。

烛之武知道秦军在东边，晋军在西边，互相不挨着。所以到了晚上，郑兵用绳子吊着老先生下了城墙，然后直接跑到秦营外头要见秦穆公。守门的士兵自然不让他进门儿，于是，烛之武就在秦营外面放声大哭。这老先生足智多谋，见不到秦穆公就自己创造机会，放声大哭。于是，营吏就把老先生抓过来禀见秦穆公。这大晚上的不让人睡觉，秦穆公就没好气地问："你是谁啊？"烛之武回答说："老臣乃是郑国的大夫烛之武。"秦穆公问："你哭什么呢？"烛之武回答说："我在哭郑国即将完蛋了！"

这话说得巧妙，引人跟着自己的思路走。秦穆公不明白，奇怪地问："郑国要灭亡了，你干吗跑到我们这儿来哭？"烛之武回答说："我不光是哭我们郑国，同时也在哭秦国。郑国灭亡了，并没有什么可惜，可惜的是秦国啊！"秦穆公一听就怒了："怎么成了可惜我们秦国了？你今天要是说不出个道道来，即当斩首！"

烛之武早就想好了说辞，于是叠着两个指头，指东画西，说出一段利害来。这正是：说时石汉皆开眼，道破泥人也点头。红日朝升能夜出，黄河东逝可西流。烛之武坦坦荡荡地说出缘由："秦、晋两国联合攻打郑国，郑国灭亡是肯定的了。如果郑国灭亡了，对秦国是有益的，那我怎么敢到您这里多言？问题是郑国灭亡了，不仅无益于秦国，而且还会有损于秦国。所以我们就不明白，君侯您为什么要劳师伤财，白白给别人出力呢？"秦穆公说："你说对我们秦国无益有损，这话怎么说？"

烛之武回答说："郑国在晋国的东边，秦国在晋国的西边，我们两国相距千里之遥。秦国的东边隔着晋国，南边则隔着周王室，不可能越过周、晋而拥有郑国的土地，对吧？所以郑国灭亡之后，所有的土地都将归晋国所有，秦国能得到什么？事实上，秦、晋是相邻并列、不分上下的两个大国，晋国的强大就意味着秦国的相对衰弱。现在您的这种做法就是为他人兼并土地而弱化了自己的国家，智者是肯定不会这样做的。想当年，晋惠公姬夷吾就曾经许诺给秦国河西的五个城池，但是一回国就背叛了诺言，这是您亲历的事情啊。君侯您施恩给晋国已经好几代人了，可曾见到晋国有分毫的回报吗？晋侯自从回国执政之后，增兵设将，一天一天在兼并土地，越来越强大。既然今天向东拓展，能把郑国灭了，将来必然会向西边拓展，就会威胁到秦国。君侯您难道没听说过虞、虢两国的事情吗？当年晋国人借道于虞国以灭虢，反手就把虞国给灭了。虞公的愚蠢在于居然帮助晋国消灭自己，难道不值得借鉴和警惕吗？君侯您给晋国的好处，能保证他们不反噬吗？晋国这样利用秦国，其心不可测。以您这样的智慧，却心甘情愿陷入晋国人的算计之中，所以我才说‘无益而有损’，这就是我痛哭的原因。”秦穆公一直在静静地听着，逐渐地脸色就变了，不断地点头说：“大夫，您说得对！”

郑国与秦国不接壤，中间隔着周王室和晋国，如果郑国完蛋了，秦国不能跨过晋国而获利，只能白白便宜了晋国，这才是烛之武此番长篇大论的关键。所以，秦、晋联军的破绽在于两国并没有多少共同的利益，还有可能是真正的竞争对手。聪明的烛之武抓住了这个关键，一下子就拆散了秦晋联盟。

心里知道已经说动了秦穆公，烛之武趁热打铁：“君侯如果肯撤掉对郑国的围攻，我们保证订立盟誓，不再侍奉楚国，而是成为秦国的附属。君侯您要是在东方有事儿，所有的开销都由我们郑国支付，郑国就是您秦国的外府。”秦穆公大悦，于是就与烛之武歃血为誓，留下杞子等几个将官率领两千人帮助郑国守城，自己带着大部队直接回国去了，连晋文公也不告诉一声。真是明白人一段话，可以起死回生。烛之武就这样救了郑国。

晋文公虽然被秦国的退兵闪了一下，丧失了彻底灭掉郑国的可能性，但晋国力量依然能独立击破郑国，所以郑国还是得低头服软。最终双方达成的协议是，郑国同意让公子兰作为继承人，并且交出上卿叔詹作为对郑国的处罚。第一条很好同意，因为公子兰本来就是郑侯嫡系。第二条可就难了，这不光是涉及郑国的面子，还存在道德上的考验，因为郑国的这位执政大臣并没有什么过错，郑文公很为难。

上卿叔詹为了救一国黎民百姓，主动前往晋国大营领死。这晋文公一见叔詹，火气就上来了，大声喝道：“你这厮好歹也是郑国的执政，却让你们郑国的君侯连招待宾客最基本的礼节都不遵守，这是你的第一大罪；既然签订了协议，却又变卦，这是你的第二大罪行。”于是就下令架起大锅，准备煮了叔詹来解恨。

晋文公的第一句话，是说当年他们一帮人路过郑国的时候，郑国紧闭城门，不予理睬，这叫失礼。其次是说加盟之后又背叛。晋文公不能把同为诸侯的郑文公怎么样，于是就认为上卿叔詹应该代郑文公承担责任，所以架起大锅伺候。不料，叔詹却很冷静，面不改色，拱拱手对晋文公说：“臣希望把话说完了再死。”晋文公说：“我倒要看你有什么好说的？”叔詹说：“其实这两件事我都曾经劝过我们家的君主不要这样，但架不住人家不听啊。”解释完了之后，叔詹又说：“我进忠言，我们君主听不进去，这只能是天降郑祸，非我所能。现如今，您判决我有罪，寡君知道我是冤枉的，所以坚决不肯让我来受死；而我认为‘主辱臣死’，所以，自己主动请求来受罚，目的是救一城人免遭战祸。作为一个臣子，料事能中，说明有智；尽心谋国，说明有忠；临难不避，说明有勇；杀身救国，说明有仁。我这样的人应该算是仁、智、忠、勇俱全，难道说，像我这样做臣子的在晋国法律中，是应该处以烹煮之刑吗？”说完，叔詹走到大鼎跟前，抓住鼎耳，流着眼泪大声地喊道：“从今往后，做大臣的要以本人为戒啊！”

晋文公闻听悚然，连忙下令赦免叔詹：“寡人只是想测试一下先生，您真是烈士也！”转而对叔詹非常尊重。晋文公之所以不杀叔詹，就是因为人家作为大臣并没有做错什么，这人是正人君子，杀了他理亏。最终，晋文公以扶立公子兰为郑文公继承人作为休战的条件。郑文公正好没有后代，就一口答应了，这场战事就此结束。

四、举案齐眉

时间：东周 140 年

人物：晋文公、郤缺

此后，晋国的人才快速凋零，这让晋文公姬重耳非常伤感。当重要的位置出现空缺时，胥臣推荐了一个人，推荐的理由非常有趣——夫妻相敬如宾。

• 举案齐眉。举案齐眉指送饭时把托盘举得跟眉毛一样高，以表示尊敬。形容夫妻俩互相尊敬。

胥臣解释说：“臣前一阵儿奉命出使，曾在城外借宿，看见一个男的在地里干活儿，他的妻子来给他送午饭，居然是用双手捧给他的。而丈夫也是非常郑重地用双手接过来，先行礼祭奠天地之后才吃的饭。整个过程中，他的妻子一直侍立于旁。吃完之后，丈夫一直目送他的妻子走远，才继续在地里干活儿，整个过程中没有丝毫的松懈。夫妻之间，能如此相敬如宾，想来肯定是遵守规则的。臣听老话说过，‘能敬者必有德’。于是，就过去请教他的姓名，一问才知道，原来是郤芮的儿子郤缺。这个人真的是将相之才。”

胥臣回避的是，郤缺的父亲郤芮就是之前先投降后反悔，又想着火烧晋文公谋反的人物之一。晋文公有些犹豫，就问：“他爹可是有大罪的，我们能用他儿子吗？”胥臣回答道：“像尧、舜这样的父亲，都能生出丹朱、商均这样的不肖之子；而像鲧这样的父亲，却有大禹这样的好儿子，由此可见，贤能还是不肖，父子间并无传承关系。君主没必要因为他爹的过错，就把这有用之才弃之不用了。”

晋文公认可这个说法，重用了郤缺。有了这样的用人机制，晋国依然强盛。楚国一看晋国强大，也就消停了很多。

不过，晋文公毕竟年事已高，中年时期又在外流亡将近二十年，在位仅仅八年。他的儿子姬欢继位，史称晋襄公。

晋文公虽然流亡列国十九年，时不时奔驰道路，可谓人生坎坷，但由于他礼贤下士，善于用人，所以众望所归，最终成就非凡，成为春秋时代最主要的霸主之一。

本章小结

翻看各种史书，发现对楚国的崛起并无多少褒词，原因可能是楚国在争霸过程中并没有帮助中原诸侯抵抗北方游牧民族的侵扰，而只是一种内耗。所以，抑制楚国的欲望成为中原诸侯的共同意志。当然，这需要绝对的实力，而真正有这个实力的只有晋国。晋文公最终承担起了这个责任，奠定了晋国长期作为春秋霸主的基础。

第七章　襄公承志断秦兵

一、崤山之战，放虎归山

时间：东周 142 年

人物：秦穆公、弦高、先轸

春秋时期的“五霸”我们已经见识了两位，一个是齐桓公公子小白，另一个是晋文公姬重耳。第三位大家公认的霸主其实已经出过场了，他就是秦穆公嬴任好。

秦穆公上回与晋国联合围攻郑国时，为什么突然变卦了呢？因为他明白了，秦国与晋国实际上是竞争对手，与晋国私人关系再好也不能伤害秦国的利益。当他发现晋国的势力迅速膨胀，最终会影响秦国根本利益的时候，就毫不犹豫与晋国分道扬镳了。晋文公一去世，秦穆公的心思就开始活泛了。

秦国当年曾留兵协助郑国防守，但郑国还是屈服于晋国，让一直旅居晋国的公子兰当了储君。当公子兰即位后，秦国的留守兵马就非常尴尬了，因为新任郑公是亲晋派。于是秦国将军就秘密派人回国报信，请求派兵偷袭郑国。秦穆公与两位执政商议，这一回两位老臣意见非常一致，共同劝谏说："秦国距离郑国有千里之遥，我们是不可能占据郑国土地的，打赢了也不会有多大的利益。而出兵对我们来说意味着千里行军，长途跋涉怎么可能掩人耳目？如果郑国得到消息，提前防备，我们就会劳而无功，中途不一定会有多少变故。再者说了，我们当时留下兵力帮助郑国卫戍，现在又去偷袭，会失去信用；乘郑国国丧而伐之，会失去仁义；成功了获利甚小，不成却危害重大，这是不智。我们实在是想不出这样做的缘由和道理。"

这两位老人讲的，几乎与前面郑国烛之武所说的一模一样，不知道为什么当时秦穆公听懂了，此时却犯糊涂了。一个最大的可能就是，由于强大的晋国挡在秦国的前面，秦国影响中原的能力大幅度减弱，这对秦穆公来说是难以接受的。

秦穆公很不高兴，认为两位老先生过于保守，脸色很不好看，说道："寡人光是扶立晋君就有三次，而且一再平定晋乱，那威名也是天下皆知。只不过因为晋君在城濮战役中打败了楚国，所以才把霸主让给了晋文公。如今他已经去世了，天下还有谁是我们的敌手？我要趁此机会，灭掉郑国，然后与晋国换河东之地，晋国肯定会同意的。这样的行动怎么会是没有意义的？"

秦穆公觉得自己已经成熟了，不想再听取老人们的意见了。他实在是渴望霸主的荣誉，就派遣三位元帅带兵出征，去攻打千里之外的郑国。主帅就是百里奚和蹇叔的儿子。蹇叔一看秦穆公听不进意见，就告老还乡。不过他临行前，还是委托公孙枝一件事，让公孙枝在黄河边常备接应船只，以求侥幸。事实证明，老人家考虑得就是周全。

秦军千里奔袭，自然无法保密。一位郑国的商人，名叫弦高，是个牛贩子。这人颇有家国情怀，能力也强，只不过没人推荐，所以只好以贩牛为生。这显然是个做大买卖的，他的主顾主要是周王室。此时，弦高正好赶了几百头牛要到周王那里去贩卖。

弦高闻讯大惊，说："我的父母之邦即将遭灾，我不知道也就罢了，知道了却袖手旁观，万一宗庙沦亡，那我就没脸再回家乡了。"爱国不分在不在位，弦高是个明白人。情急之下，弦高想出一招来。他一面派人星夜兼程回郑国报告，提醒国君赶快备战；一面选了二十头肥牛，直接迎着秦军就去了，号称自己是郑国派来慰劳秦军的。如此一来，就相当于明着告诉秦国人，我们郑国已经知道你们来了。秦国的将帅一看军情泄露，意味着千里奔波此行无功，就顺手劫掠了一个小国滑国，收兵回国。

晋国君臣得知秦国居然向东方出兵，就召集会议，一同商议对策。中军元帅先轸已经得到秦国袭击郑国的全部情报，就向晋襄公姬欢请战："秦王不听蹇叔、百里奚的劝谏，居然敢千里奔袭。机不可失，我们要立刻出击！"

栾枝有些犹豫，谈了自己的顾虑："秦王对我们先君文公有大恩，我们并没有回报人家什么，如果就这样开战，我们将把先君置于何地？"先轸回答说："其实秦国已经背叛了盟约。当年我们两国约好了，要出兵的话一起出兵。但真到围攻郑国的时候，秦国却不告而别。这意味着秦国已经与我们分裂了。他们已然失信，我们又怎么可以拘泥于道德？”

栾枝又提出一个问题：“现在秦国并没有侵犯我们，我们主动攻击，是不是太过分了？”先轸回答说：“秦国之所以扶立先君，并不是喜爱晋国，而是为了本国利益。我们晋国成为霸主，秦君面上服从，但心里实际忌恨。如今他趁我们国丧之际用兵，摆明了是在欺负我们不能庇护郑国。如果我们不出兵，那就相当于宣告我们无能。这样秦国就有可能再次袭击郑国，甚至会诱发秦国攻打晋国，这就是谚语所说的‘一日纵敌，数世贻殃’。如果这次不出击秦国，未来我们何以立国？”可见这位先轸元帅还是一个高明的政治家，他对秦、晋两国的关系非常清楚。晋国大臣们多数赞成先轸的意见。

先轸屈指一算，说道：“臣预计那秦兵肯定打不了郑国，只能撤军。渑池这个地方，乃是秦、晋交界之处，是秦军回国的必由之路。这地方山路崎岖，有好几处兵车无法正常通行。如果我们在这里设下伏兵，就可以出其不意，将秦军一网打尽。”晋襄公完全同意：“但凭元帅调度。”

伏击战是一种比较痛快的打法。秦军在秦晋交界的崤山被晋军伏击，在有劲儿使不出的深谷之中，孟明视（百里奚之子，亦称百里视）、西乞术、白乙丙三帅无计可施，只能躲在岩石底下，坐以待缚。秦军全军覆没，这可能是中国历史上最著名的伏击战。

晋襄公本意是将秦国三帅献俘于太庙，来宣扬晋国的威风，但最终没有下手。原因是，他的母夫人是秦穆公的女儿。晋襄公最初并没有打算放人，只是听文嬴夫人说起秦国当年对待晋国实在够意思，尤其是释放惠公的往事，悚然动心。于是就放了秦国三帅。

先轸听说释放了秦国三帅，赶来见晋襄公，气得直接把一口唾沫吐在他的脸上：“呸！你这孩子还是不懂事儿啊！我们武将费了千辛万苦，才俘虏了这些将军，结果让妇人的只言片语就毁掉了，这是放虎归山，将来总会有你后悔的时候！”晋襄公方才醒悟，擦了擦脸上的唾沫，连忙谢罪说：“这是寡人的错！”

元帅先轸是个暴躁性子，居然冲着君主的脸上就是一口唾沫，可见气到什么程度。在当时的规则下，秦国杀晋国国君是不可以的，但晋国杀秦国元帅是两可之间，这不是一个级别的。最主要的问题是，晋国到底以什么方式才能真正打击到秦国？这个问题好像没有标准答案。而此时再去追赶已经迟了，因为公孙枝时刻等在河边，这样秦国三帅侥幸得以逃脱。

当秦穆公得知自家全军覆没，一下子变得郁郁寡欢，寝食俱废。过了几天，居然听到报告说，三帅被释放了，又立刻喜形于色。秦穆公左右都认为：“孟明视等将丧师辱国，其罪当诛。”秦穆公却摇摇头说：“是我自己没有听蹇叔、百里奚的劝告，让三帅受累，错是我的，与他人无关。”秦穆公自己承担了责任，再次起用三帅主兵，而且更加信任和尊重。他懂得，只有知错能改，今后才有机会翻盘。

百里奚没想到能有这样的结果，叹息着说：“我们父子居然还能活着见面，这实在是令人喜出望外了。”于是，主动告老退休，腾出位置让给年轻人。

晋国本来想着乘胜打击秦国，但由于翟国的入侵而作罢。晋国在和翟国的战争中再一次获得巨大胜利。遗憾的是，晋国的元帅先轸战死了。准确地说，先轸是自杀了。原因是他老想着吐了晋侯一脸唾沫那件事儿，越想越觉得自己无礼。最终，他以冲锋陷阵式的自杀来谢罪，让人叹息不已。

在漫长的历史中，中原诸侯能削弱秦国的机遇是不多的。秦国因此得到喘息。几年后，秦国的执政孟明视请示秦穆公，说要报仇雪恨，秦穆公批准了。

于是，三帅率车四百乘进攻晋国，想着明枪明阵打一场胜仗。没想到，晋国的一个小将，为了感谢晋襄公的知遇之恩，以自杀的方式冲击秦军，直接打乱了秦军的阵脚，秦军再次大败而归。

按照当时的军法，这回可是孟明视打败仗了，理当受到处分。没想到秦穆公再次将责任揽在自己身上，全无嗔怪之意，好言慰劳，依然让他管理国政。孟明视感恩不尽，献出自己所有的家当，埋头练兵。

晋国乘胜集合诸侯再战秦国，夺取秦国两座城池，这样秦国第三次败于晋国。但秦国的优势在于防守，只要自己不犯颠覆性错误，一般情况，并不会伤到秦国根本。

二、王官之战，乘龙佳婿

时间：东周 146 年

人物：秦穆公、孟明视

孟明视经过长期训练，决意出兵再战晋国。这一次他请秦穆公嬴任好亲临一线督战，并郑重发誓说："若今次不能雪耻，誓不生还！"

秦穆公也表达了自己的战斗意志："寡人已经经历了三次失败。如果这一次再不成功，寡人也没脸再回国了。"于是秦国君臣挑选了精兵强将，率领兵车五百乘，杀向晋国。

秦军渡过黄河后，孟明视下令把船烧掉。秦穆公不解地问："元帅下令焚舟，意义何在？"孟明视回答说："'兵以气胜'。我们秦国已经输了三次，士气已经被压住了。如果这次我们赢了，根本不用担心怎么回去。我把船都烧掉，是告诉全军有进无退，以鼓舞士气。"显然，秦国君臣是来拼命的。

晋襄公姬欢召集群臣，商议出兵拒敌的方案。赵衰的意见是："秦国这次是恼羞成怒，动用了全国的兵力，来与我们死磕的。而且秦君亲自率领，不好当面硬碰硬。我们可以给他们些面子，让他们炫耀一下，这样就可以平息两国的纷争。"先轸的儿子先且居此时继承了元帅的位置，他也是这种意见："困兽犹斗，更何况秦国这样的大国，秦君耻于失败，而三帅都是争强好勇之人，他们要夺回这个面子。如果不让着他们，就会兵连祸结，没完没了，所以我赞成赵衰的意见。"既然执政和元帅都不想打，晋襄公下令各地坚守，不得与秦军交战。

客观地看，不能说晋国的战略是错误的，因为一个避而不战就可以化解秦国的攻势。但在真正的军事家眼里，这可能是中原诸侯阻止秦国东进的最佳时机，因为秦国的君臣远离了自己的根据地，战斗力势必大受影响。如果此时先轸元帅活着，估计又要说出"急击之，不可失！"历史其实有很多偶然，不同的人会做出不同的决策，最终的结果和走向也会大相径庭。

秦军兵渡黄河，气势上完全压倒了晋军。不过，正如晋国君臣分析的那样，这次实际上没有真正开战，秦国人真的是游行示威来了。于是，只见秦军转悠到崤山，开了一个大型的追悼会，也算一雪前耻了。

从秦穆公放弃对郑国的围攻，到此时的耀武扬威，可以说是秦国历史的关键一环。面对日益强大的晋国，秦国后发制人，压住了晋国的声势，并且保障了秦国的安全。这个故事也是“千军易得，一将难求”的最佳证明。秦穆公对孟明视的信任，是秦国成为霸主的主要原因。

胜利之后的秦国再次剑指西部，一举将西部的二十国并入秦国版图，成为真正的西部霸主。显然，秦国的战略思想是正确的。向西发展，阻力很小，秦国依然在积攒力量。

· 乘龙佳婿。意指才貌双全的女婿，也用作誉称别人的女婿。出自《初学记·鳞介部》。唐·徐坚《初学记·鳞介部》：“黄尚为司徒，与李元礼俱娶太尉桓温女，时人谓桓叔元两女俱乘龙，言得婿如龙也。”

周王室再一次颁发方伯这一荣誉勋章，来表示对秦穆公的敬意。但秦穆公却倦政了。起因是他的一个幼女弄玉喜欢吹笙，他爱女心切，就为女儿招了一个善箫的女婿萧史。传说这位英俊潇洒的萧史本是天上神仙，只因与弄玉有缘才降临凡尘。夫妻二人琴瑟和鸣、恩爱无间，可惜萧史不能长留人间，必须回天上去。弄玉不忍分手，就一起去向秦穆公告别。而秦穆公不敢违逆天意，只得放行。于是，萧史乘着赤龙，弄玉乘着彩凤，双双腾空而去。后人把女婿称为“乘龙佳婿”，就是源自这个典故。

一对璧人腾空而去，只留下一个秦穆公仰望天空，怅然若失，良久才慢慢叹息道：“神仙之事，果然有乎？如果此时有龙凤来迎，寡人弃这山河如敝履！”秦穆公从此厌烦了争战，满脑子超然世外的念头，于是就把军国大事全部交给孟明视，自己天天修炼清静无为的方术。就这样，一代霸主淡出了滚滚红尘。

三、河曲之战

时间：东周 155 年

人物：赵盾、韩厥

而在此时，晋国也开始由盛转衰。重臣纷纷去世不说，关键是这些人的后代互相不服。三军之帅，要么是老资格的，要么就是背景深厚的。

幸亏晋襄公姬欢换上了赵衰之子赵盾执政，才缓解了国势连续下坠的趋势。不幸的是，公元前 621 年 8 月，执政仅仅七年的晋襄公去世。这时，太子夷皋年幼，大臣们考虑到晋国的安危，想立一位年长的君主。赵盾说：“依我看，立晋襄公的弟弟公子雍为君比较合适。他乐于行善而且年长，先君文公喜欢他，而且他与秦国关系比较亲近。立善良的人国家就会稳固，侍奉年长的人国家就会和顺，拥戴先君中意的人就是孝顺，和旧日的友邦搞好关系国家就会安定。具备这四项德行的人做国君，国家的祸难就必定可以缓和。”

但是，大夫狐偃的儿子狐射姑说：“不如立公子雍的弟弟公子乐。”赵盾认为，公子乐“母淫子辟”，所以派人前往秦国迎接公子雍。狐射姑也派人到陈国召回公子乐，赵盾派人杀害了公子乐。不久，赵盾废黜狐射姑的官位，安葬了晋襄公，然后又要找狐氏家族算账。狐射姑一看大事不妙，连忙逃往翟国。

接下来，赵盾派往秦国的人正准备带着公子雍返回晋国继位。秦国也捐弃前嫌，派遣秦军为公子雍壮胆，敲锣打鼓地向晋国都城开进。危急时刻，太子夷皋的母亲穆嬴不甘心儿子就这样被权贵抛弃，到朝堂上与赵盾评理：“先君视你如同股肱，临终前留下遗嘱要你立太子夷皋。今先君有骨肉在国都，你却跑到秦国去拥立他人，先君在泉下如何瞑目啊？”赵盾被哭嚷烦了，只好跑回家去。穆嬴又带着儿子夷皋到赵家堂前，“哇哇”哭个不停。赵盾无奈，决定背弃与秦国的协约，擅自做主拥立夷皋即位，是为后世恶名昭著的晋灵公。赵盾也开始了对晋国长达二十年的专权。

赵盾大权在握，引发其他重臣的不满。居然有五位将军联合起来谋杀赵盾，被赵盾觉察，五个人都被赵盾除掉，导致晋国人对赵盾又敬又怕。

由于晋文公重耳的去世，一些小诸侯再次倒向楚国，晋国与楚国虽偶有交锋，但是终究只是僵持。而楚国再次出现内乱，楚成王熊恽的儿子熊商臣杀父夺位，史称楚穆王。篡位之后，楚穆王需要用战争立威，听说赵盾执政后晋国乱作一团，就派兵讨伐郑国。因为晋国不能及时救援，郑国只好投降。慢慢地，其他一些小诸侯国也开始臣服于楚国。此时的楚国，以中原霸主自居。

此时，秦国君主是秦穆公之子秦康公嬴罃。他趁着晋国衰弱，发兵攻打晋国。赵盾率领军队抗敌。晋国的一个重要人物叫韩厥，是赵家养子，人品能耐皆佳，赵盾推荐其为晋军司马，职责是执法官。韩厥在执法的时候，毫不留情地杀掉了赵盾相府中的违法人员。很多人认为，韩厥是忘恩负义。但赵盾却勉励韩厥继续为国尽忠，而且赵盾认为，将来执政晋国的，一定是这个韩厥。由此可见，这个赵盾的确是个正人君子、国之柱石。

晋军在河曲采取深沟高垒的固守方略抵抗秦军，准备等秦军撤退的时候再追击。这应该是正确的方略。赵盾有个弟弟叫赵穿，是晋襄公姬欢的女婿，也报名参战。秦军设法激怒赵穿，赵穿居然违反军令主动出击，赵盾为了救弟弟，只得下令进攻，两军混战一场，双方稍一接触后即鸣金收兵，秦、晋谁也没有占到便宜。后来两国罢兵，恢复友好关系。自此，秦、晋有几十年没有发生过战争。此役为“河曲之战”。

可能战乱已久，各个诸侯都有点厌烦战争了，天下出现了难得的、短暂的太平岁月。不过，由于没有霸主镇场弹压，一些诸侯国又纷纷闹起了内乱。

四、收买人心，齐宋生乱

时间：东周 157 年

人物：齐懿公、宋文公

最早跳出来闹事儿的是齐桓公的小儿子公子商人。这位是个野心家，几十年如一日想着篡位夺权，始终没有消停。为了收买人心、树立形象，居然拿出自家的钱救济穷人，让很多人感激不尽。他的兄长齐昭公死后，公子商人即派私下豢养的死士刺杀世子舍，夺取侯位，史称齐懿公。

这位足足隐忍了三十年才当上君主的齐懿公做起事儿来，可谓是穷凶极恶，经常不按套路出牌。齐国兴兵伐鲁，鲁国自然向霸主晋国求救，晋国出面干涉了。齐懿公祭出大招，向晋国行贿，之后这事就不了了之。

宋公子宋鲍听到齐懿公的成功经验，照葫芦画瓢，也把家里的钱拿出来救济贫民，居然也造反成功，史称宋文公。然后，宋文公行贿晋国，竟然平安无事。郑穆公郑兰一看，晋国这霸主有名无实，于是见风使舵，弃晋从楚。晋国知道了，因为无力惩罚郑国，只能作罢。

齐懿公为了篡权做了很多好事，但只是假象。真正的齐懿公，属于赋性贪横的人。他爹齐桓公在位的时候，齐懿公与大夫邴原打官司输了，一直衔恨于心。有一天齐懿公打猎路过邴原墓地，又想起旧仇，就命令军士把邴原的尸体拽出来，砍下双脚。

令人不解的是，邴原的儿子邴歜就是齐懿公的贴身跟班儿，事后齐懿公还问人家：“你说说你爹的罪是不是应该断足？我这样做，你会怨恨寡人吗？”这明显是一道送命题，让人怎么回答？邴歜只好回答说：“臣的爹死了才受到刑罚，已经是很幸运的了，臣哪里敢怨恨？”齐懿公听了大悦。当着人家儿子的面侮辱其父亲的遗骸，还要让人家表示赞成，齐懿公的心性如何可想而知。

有一天，偶然听人说大夫阎职的老婆是个大美人，齐懿公一见就喜欢上了，然后就留在宫里自己享用，还告诉阎职说，你另外再娶一个吧。阎职敢怒而不敢言，也被齐懿公留在身边做贴身侍卫。有一个大夫私下里劝谏齐懿公说：“你怎么知道邴歜、阎职心里不衔怨呢？齐国的大臣那么多，为什么非得让这两个人跟随左右？”

不久之后，齐懿公为自己的蛮横无理和盲目自信付出了生命的代价。阎职和邴歜，一个有夺妻之恨，另一个有辱父之仇，两个人趁着齐懿公出游无人护卫之际，联手杀死了齐懿公。国人知道后，反而很高兴，根本无人追究他们的罪责。国、高两位重臣照例扶立公子元即位，史称齐惠公。

齐国君主接连死于非命的同时，鲁国也发生了政变，执政大臣杀死继承人另立他人，晋国也不干涉。就这样，中原没有霸主很多年，各家自扫门前雪，不管他人瓦上霜。

本章小结

秦穆公通过影响晋国的政局，实现了染指中原的目标。但强大的晋国渐渐成为秦国东进最大的障碍和威胁，这就必然导致秦晋联盟的破裂。当秦国试图跨过晋国去征服东方诸侯时，秦晋两国直接变成对手。两国交手，互有胜负，不过总体而言，秦国的地理优势发挥了更大的作用。在秦国崛起的过程中，秦穆公虽有失误，但依然遏制了晋国的膨胀，为大秦帝国奠定了基础。

第八章　一鸣惊人显楚庄

一、三年不飞，一飞冲天

时间：东周 160 年

人物：楚庄王

公元前 614 年，逼迫父亲楚成王熊恽上吊自杀的楚穆王熊商臣在位十二年后去世，年龄不足二十岁的儿子熊侣即位，史称楚庄王。

在刚刚继位的三年里，楚庄王从来不理政事，每天只管打猎。偶尔待在宫中，也是与女人们饮酒为乐，而且不分昼夜。不仅如此，楚庄王还命人往大门上贴了个告示——“有敢谏者，死无赦！”

有臣子猜测，这位上来就堵死言路，一开始就不理朝政，究竟是因为年轻还是在韬光养晦？

三年后，终于有人忍不住要去提意见，大夫申无畏报告说自己有事儿求见。进宫一看，只见楚庄王左拥右抱，大咧咧地踞坐在钟鼓之间，张口问的是："大夫今天来，是要喝酒还是要听音乐呢？不会是有什么话要告诉我吧？"言下之意是提醒申无畏别忘记敢谏者死。

申无畏当然记得，便坦然地回答说："我既不喝酒，也不听乐，只是有个谜语，不知道谜底，想请大王帮我猜猜。"借用猜谜来提意见、表达自己的疑问，申无畏给自己找到了一个变通的好办法。

· 三年不飞，一飞冲天。《韩非子·喻老》记载这件事说："楚庄王莅政三年，无令发，无政为也。右司马御座，而与王隐（有所暗指的话称'隐'）曰：'有鸟止南方之阜（土山），三年不翅，不飞不鸣，嘿然无声，此为何名？'王曰：'三年不翅，将以长羽翼；不飞不鸣，将以观民则。虽无飞，飞必冲天；虽无鸣，鸣必惊人。'"韩非子的记载是这则成语最早的典源。这则成语的意思是说，南方的土山上有一种鸟，三年不鸣不飞，但一飞便可冲天，一鸣便能惊人。后世遂用"一鸣惊人、一鸣、一飞鸣、冲天翼、三年翼"等比喻有才华的人，平时默默无闻，一旦施展才华，就能做出惊人的业绩。

楚庄王说："猜谜语有意思！是什么样的谜语连大夫都猜不出来？快给寡人说说！"申无畏说："我在郊外，看见有一只巨大的鸟，站在高处已经有三年了。也不见它飞，也没有听过它鸣叫，不知道这是什么鸟？"楚庄王知道他在讽刺自己，就笑笑说："寡人知道这鸟，这鸟不是平常的鸟。三年不飞，飞必冲天。

三年不鸣，鸣必惊人。你等着就会看到。”

等了三年却只等到一位，而且还是来跟自己猜谜语玩的，楚庄王可能觉得远远不够，就依然像以前那样我行我素。终于有一天，大夫苏从请求单独见面，一见面他就俯下身子大哭不已。楚庄王问他：“苏子因什么事情这样悲伤啊？”苏从回答道：“臣是在哭自己就要死了，而我们楚国也将亡了。”楚庄王惊异地问：“你为何而死？楚国又怎么会亡？”苏从回答说：“臣是来向大王进谏的，王不听，必然杀臣。臣死之后，楚国就再也没人进谏了。大家都会顺从大王恣意而为，没人再关心楚国的前途命运，如此一来，楚国离亡国也就不远了。”楚庄王勃然大怒，脸色很难看地说：“寡人曾经下过命令‘敢谏者死’，你明明知道进谏必死，却依然敢来冒犯寡人，这样做不是很蠢吗？”苏从直接顶了回来：“臣虽愚蠢，但比起王的愚蠢，那是差远了。”楚庄王更生气了：“怎么成了寡人比你还蠢？”苏从回答道：“大王您可是万乘之尊，享有几千里的税收；楚国兵强马壮，诸侯畏服，所以四时贡献，不绝于庭，这可是传承万世的巨大利益。而您却荒于酒色，溺于音乐，不理朝政，不亲贤才。大国在外面虎视眈眈，小国纷纷背叛远离。今天虽乐，但后患无穷。为一时之乐，放弃万世之利，难道不是愚蠢吗？臣现在犯的蠢事，不过是脑袋丢了。大王杀了臣，后世依然视我为忠臣，与著名的龙逢、比干并肩，所以我这并不是蠢。君之愚，乃至求为匹夫而不可得。臣说完了，请借大王佩剑一用，臣将自刎于您的眼前，以维护大王之令。”

这回可是臣子以死逼迫，必须表态了。楚庄王噌地一下站了起来，连声说：“大夫不要激动！寡人听你的。”

楚庄王终于等到了自己想要的人选。此后，楚庄王任用贤臣，梳理内政，之后又开始对外发动战争，并连续取得胜利。这样，楚国渐渐强大起来，楚庄王又萌发了争夺霸主的心思。

二、董狐直笔

时间：东周 163 年

人物：赵盾、晋灵公

此时，晋灵公姬夷皋已经长大了，开始了他一系列荒淫暴虐的行为，把晋国拖进了灾难的深渊。

满朝文武，晋灵公只宠任一位叫屠岸贾的大夫。有一天，晋灵公在高台上看戏，发现墙外有老百姓蹭戏，一国之君居然和手下人拿弹弓比赛打人玩，打得老百姓哭爹叫娘，受伤而去。

晋灵公喜欢养藏獒，有人献上了一只“灵獒”。此物有三尺之高。为了好玩，晋灵公居然纵狗吃人。身边人稍有过失，灵公就让藏獒直接吃人。

赵盾不免苦苦劝说。说得多了，晋灵公烦了，就让屠岸贾派人去刺杀赵盾。杀手不忍杀忠臣，以自杀警示赵盾。

可晋灵公仍不罢休，执意要杀赵盾，后来干脆自己直接出手，赵盾父子仓皇出逃。晋灵公十四年（前 607）九月二十六日，赵盾的兄弟赵穿认为不该伸着脖子挨刀，一面假意奉承，一面暗地里挑起侍卫的怒气，在桃园发动突袭，杀死了晋灵公，并且迎回赵盾。

老百姓都挺开心的，大家都认为赵穿没罪，更没人怪罪赵盾。赵盾随后就迎立晋文公姬重耳最小的儿子姬黑臀即位，史称晋成公。

新君既立，专任赵盾，还把女儿嫁给了赵盾的儿子赵朔，赵家和晋侯亲上加亲。赵穿私下里告诉赵盾，应该杀掉屠岸贾。赵盾却拒绝了。赵盾这一念之差后来酿成大祸，导致赵氏差点被灭族。

赵盾总觉得自己要对“桃园事变”负责。有一天，他见了太史董狐，就想看看他是怎么记录“桃园事变”的。董狐递过史简，赵盾一看上面这么写的：“某年某月，赵盾弑其君于桃园。”赵盾申辩说不是自己干的。董狐说他知道是赵穿杀的晋灵公，而赵盾身为正卿，大权在握，却不惩罚赵穿，自然要承担责任，所以申辩无效。赵盾求告着问：“这段话还能改一下吗？”董狐回答说：“我头可断，此简不可改！”这就是历史上著名的“董狐直笔”。

三、问鼎中原；一念之善，天必佑之

时间：东周 164 年

人物：楚庄王、孙叔敖

周定王姬瑜元年（前 606），楚庄王熊侣兵临周王城下。这回楚庄王的心思有点儿大，他惦记着威胁天子，要与周王室平分天下。周定王派大夫王孙满去慰问楚庄王，想试探一下楚国劳师远征究竟意欲何为。

楚庄王就向周定王使者请教了一个问题："寡人听说当年大禹铸有九鼎，夏商周三代相传，世人皆知。这国宝如今安置在都城之内。我想知道这鼎的形状、大小以及轻重，天使能不能给寡人讲一讲啊？"王孙满回答说："夏商周三个朝代，之所以能够各自传承几百年，都是以德相传，岂在那几个大鼎上头！当年大禹管理天下，九州贡金，铸造九鼎。然而，夏桀无道，鼎就移到商朝。商纣暴虐，鼎又归于周朝。历史变迁表明，君王有德，鼎虽小亦重；若君王无德，虽大犹轻。周王室天命犹在，怕这鼎还不是楚君能问的吧？"楚庄王很惭愧，从此不再惦记与周王室分庭抗礼了。这就是"问鼎中原"这个典故的由来。

周王使臣其实是告诉楚庄王，别以为欺负周王室就有了问鼎中原的资格。各个诸侯国至少名义上还是周家之臣，请你摆正自己的位置。

楚庄王听懂了，也意识到自己有点冒进。想想韬光养晦了这么多年，总得有所作为才能称霸天下，他就不再追问九鼎的事，转而挥师伐郑，以问郑背叛楚国投靠晋国之罪，由此开始了南征北战、东征西讨的称霸之路。楚国八百年历史上灭六十余国、地方五千里，楚庄王在位二十三年，就"并国二十六，益地三千里"，可见其武功之盛。

除了成为春秋五霸之一，楚庄王还为后世留下了"一鸣惊人""问鼎中原"等成语典故。"绝缨之宴"也是其中非常有代表性的一个。

楚庄王执政之后，分散了前令尹斗子文的侄子斗越椒的权力，引发了这位文武全才的现任令尹的强烈不满。斗越椒早有篡权夺位的想法，就趁楚庄王统兵出征之机发动了政变。楚庄王依靠名将养由基一举平定叛乱，然后大宴群臣，宠姬嫔妃也统统盛装出席助兴。丝竹声响，轻歌曼舞，美酒佳肴，觥筹交错，直到黄昏仍未尽兴。楚庄王干脆命人点烛夜宴，还特别叫出最宠爱的许姬和麦姬轮流给大家斟酒，众人纷纷站起来举杯还礼。就在这时，忽然刮来一阵怪风，瞬间把所有的灯烛全吹灭了，楚庄王急忙命人取火。黑灯瞎火之际，有一名大臣估计是喝多了，见许姬美貌，斗胆拉住许姬的手想要一亲芳泽。拉扯之中，许姬撕断衣袖得以挣脱，并且扯下那人帽子上的缨带。那名大臣猛然惊醒，赶忙放手。

许姬手里拿着冠缨，慢慢走到楚庄王跟前，悄声地说："妾刚才奉大王命，给百官敬酒，其中有一个人非常无礼，居然乘着烛灭，拽住了我的衣袖。妾已经把他的冠缨给揪下来了，大王只需点着蜡烛，就可以知道这人是谁。"楚庄王听了，连忙命令掌灯人："先不要点烛！寡人今日设宴，务必请诸位尽欢而散。现在请诸位都去掉冠缨，扔到一旁，以便更加尽兴饮酒。不摘掉冠缨的就说明没有尽兴。"百官虽然不知何故，但都乖乖地把冠缨摘下来扔到地上。楚庄王这才让人把蜡烛点上，君臣尽兴而散。回宫之后，许姬怪楚庄王不给她出气。楚庄王笑了笑，回答说："这就不是女人能懂的事情了。按照规矩，君臣举行宴会，喝酒是不许超过三杯的，而且只许在白天进行，不可以延长到晚上。而今天是寡人让群臣放开喝的，而且还让点了灯继续喝，有人喝多了就会出丑，这是人之常情。如果去追查这个人，然后惩罚他，看上去好像是在彰显你的气节，却会伤了国士的心。这样会让大家都不开心，也远离寡人下令让大家尽欢的本意，岂不大煞风景？"

这楚庄王的确是个明白人，这本来就是他请大家喝的酒，为了尽兴还点上了烛火，所以这事儿是不能追究的。许姬叹息着说，原来如此。后世称此宴为“绝缨之宴”。

这事没完，还有余响。几年之后，楚国和某国交战，有位武将总是在前面冲锋陷阵，几度交锋，几度领先，带头击退敌人，最后终于获得胜利。庆功宴上，楚庄王讶异地问他说：“我的德行浅薄，又不曾特别优待你，你为什么毫不犹豫地为我出生入死呢？”那名武将回答说自己名叫唐狡，就是当年在宴会上对许姬无礼的人。大王当年不光没有惩罚我，还宽宏大量、替我遮掩，我唯有誓死报效大王。

楚庄王有一名助手叫虞邱。有一天，楚庄王和虞邱聊天聊得高兴，直到深夜才回到宫中休息。夫人樊姬问了一句：“今天朝中是不是有什么大事，居然这么晚才回来休息？”楚庄王回答说：“寡人和虞邱讨论问题，不知不觉就这么晚了。”樊姬又问：“大王觉得这个虞邱如何？”楚庄王说：“我们楚国的贤人啊！”樊姬却说：“在妾身看来，虞邱不能算是贤人。”楚庄王十分惊讶地问道：“你怎么知道他不是贤人？”樊姬回答说：“如今虞邱与大王讨论问题，动不动就聊到深夜，然而却从来没有听说过他推荐其他贤人。一个人的智慧总是有限的，而楚国的能人却非常多。虞邱和大王说来说去，毕竟是一人之智，却阻碍了更多人的机遇，又怎么能算是贤人呢？”

这个樊姬真是个女中智者，一番对话要言不烦、直击要害，而且逻辑也无懈可击。她说：“作为后宫之首，妾身经常把美人儿推荐给大王宠幸。然而，虞邱作为大王最重要的助手，却从来不见他推荐其他能人，所以妾身认为他不是贤人。”

樊姬的话提醒了楚庄王，使他意识到了问题的严重性。虞邱和楚庄王在一起聊天不是一天两天了，却没有给楚国的政治带来任何变化，看来光务虚是不行的。楚庄王将樊姬的评价转告虞邱，虞邱也意识到了自己的不足，于是就督促楚国大臣们举荐贤才。孙叔敖正是由此获得推荐、走到前台的。

孙叔敖是楚国历史上最重要的人物之一。他其实也是楚国贵族的后代，只不过因为老爹在楚国内乱中站错队被杀了，他带着母亲躲到梦泽这个地方，开荒种地养活自己。

有一天，他扛着锄头去干活儿，在地里居然看到了一条两头蛇，不免大吃一惊："我听说这两头蛇乃不祥之物，见到的人必死，看来我有危险了！"他转念又想道："如果让这条蛇活着，岂不是还会有人看见？这样还会有人丧命，不如我一个人独自承担。"于是，孙叔敖用锄头斩杀了双头蛇，并把它埋到地里。他回到家里见到母亲，难过地流下了眼泪。母亲问他发生了什么事，孙叔敖回答说："我听说见到两头蛇者必死，儿今天就碰到了一条，我恐怕是不能伺候母亲到老，所以忍不住流泪。"母亲又问："这蛇现在在哪儿呢？"孙叔敖回答说："儿怕别人再看见，已经把它杀了埋到地里了。"母亲欣慰地说："人有一念之善，天必佑之。你见到两头蛇之后，担心别人丧命，于是就杀了埋了，这岂止是一念之善？放心吧，你肯定死不了，后头肯定会有好事儿。"

孙叔敖之所以恐惧而哭，是因为他独自承担着侍奉母亲的责任。从他的作为上能够看出，他的责任感、道德水平都是很高的。

楚庄王与被举荐上来的孙叔敖聊了一天，很快发现他是个大才，见识知识超过自己手下所有大臣，立刻拜孙叔敖为令尹。孙叔敖没有辜负楚庄王，参考了过去楚国已有的制度，制定了新的军法。经过他的一番整顿，三军严肃，百姓无扰。更值得称道的是，孙叔敖修筑大坝，大兴水利，灌田万顷，彻底改变了楚国的面貌，让老百姓得到了巨大的好处，获得了民众的普遍称颂。

郑灵公姬夷即位后，郑国继续摇摆于晋、楚之间，不过总体上倾向于晋国。楚庄王想争夺霸主，必须兴兵伐郑，立威中原。一天，楚庄王正和孙叔敖商议，突然得到消息，说郑灵公被手下公子归生所弑。楚庄王高兴地说："我有讨伐郑国的理由了！"这才是正瞌睡就来了枕头。

楚国抓住机会出兵郑国，与晋国展开了一场互有胜负的角力。

四、蹊田夺牛

时间：东周 171 年

人物：楚庄王、陈灵公

无独有偶，公元前 599 年，陈灵公陈平国因为一件荒唐无稽的事情被大臣杀死了。雄心勃勃的楚庄王熊侣趁机出兵，灭了陈国。

陈灵公属于比较另类的一个人。据说，他为人轻佻散漫，一点儿架子都没有。这在普通人身上可能是优点，到了君侯这儿可就是缺点了。陈灵公对政治不感兴趣，就喜欢和大夫孔宁、仪行父一起嬉闹玩耍。两位大臣属于“酒色队里打锣鼓的”，一君二臣，志同气合，语言直奔“下三路”，毫不忌讳。更加搞笑的是，三人同时与大夫夏御叔之妻、司马夏徵舒之母夏姬通奸，甚至三人都穿着夏姬的汗衫在朝堂上炫耀嬉戏。

有一次，他们三人在夏徵舒家喝酒，酒酣耳热之际互相打趣说夏徵舒是三人的私生子。夏徵舒本来就觉得母亲的行为让他丢人现眼抬不起头，这三人毫无边界地开玩笑，激发了夏徵舒的万丈怒火。他们喝完酒从夏家出来，夏徵舒在马棚边埋伏的弓箭手将陈灵公射死了。

陈灵公死后，太子午逃往晋国，孔宁与仪行父逃往楚国，夏徵舒自立为陈国国君。楚庄王率领楚军讨伐并杀死夏徵舒，迎回太子午继位，史称陈成公。

听到楚军胜利的消息，南方臣服于楚国的小诸侯纷纷前来祝贺，只有楚国大夫申叔一人没有任何表示。楚庄王很不开心，派人去训斥他：“夏徵舒胆敢弑君，寡人出兵讨伐他，杀了他以维护道统，陈国的土地也已经收归我们楚国，义声传之于天下。属下的诸侯县公，都表示祝贺，只有你一个人一言不发，难道说，你认为寡人不应该讨伐陈国吗？”

申叔似乎在等待这样的机会，他问：“大王听没听说过‘蹊田夺牛’的故事？”楚庄王回答说：“没听说过。”申叔就说：“前些日子有一个官司，说是有人牵牛想走近道，从别人家的地里直接穿了过去，结果牛把人家的庄稼给踩了，地主一生气，就把牛夺走了。像这个官司，如果让大王您来判决，该怎么判呢？”

楚庄王回答说："牵牛践田，所造成的损失肯定不会太多。把人家的牛给夺了，就太过分了。寡人若是来判，就让牵牛的赔偿一点钱即可，得把牛还给原来的主人。"申叔这才认真地说："大王您为什么在断这个官司的时候明明白白，但在陈国的问题上，却又不明白了呢？陈国的夏徵舒有罪，但不能因此就把陈国灭了啊。您把陈国的版图也并入楚国，这和夺牛又有什么差别？又有什么可庆贺的？"楚庄王一下子听懂了，顿足说道："寡人怎么没有想到这一层呢！"

申叔给楚庄王提了一个醒，就是绝对不可以兼并陈国，因为此时的游戏依然是在周王室的框架之中进行的。如果楚国敢兼并陈国这种中级别诸侯，势必成为天下公敌。于是楚庄王退兵，让陈国君臣复国。

五、邲城之战

时间：东周 173 年

人物：楚庄王、伍参、荀林父、先谷

公元前 597 年开春，楚庄王熊侣认为自己已经羽翼丰满，应该抓紧实施称霸大业。出于地缘政治的考虑，他决定要先拿下郑国。于是，楚庄王亲自指挥楚国三军精锐悉数北伐郑国。这是楚国这些年来所发动的规模最大、气势最宏伟、攻势最猛的一次进军。面对如此大好时机，楚庄王志在必得。不久，楚军就将郑国团团围住。

被困十七天后，郑襄公郑坚命人占卜，求和——不吉利，与楚军巷战——吉利。天意如此，必有大战，举国大哭。经过三个多月激战，楚军艰难地占领郑国，郑襄公“肉袒牵羊”向楚军请罪求和，求其不要灭掉郑国。楚庄王同意郑国媾和，楚、郑结盟，楚军后退三十里。

班师回国的路上，楚庄王得到谍报：“晋侯拜荀林父为大将，先谷为副，率领兵车六百乘，前来救援郑国，已过黄河。”楚庄王随即召集诸将讨论：“晋军马上就要到了，我们是回国呢，还是返回去战斗？”孙叔敖主张退兵，而伍参等多数将领主战。不知什么原因，楚庄王采纳了孙叔敖的意见。

伍参连夜求见楚庄王，问：“我王为何惧怕晋国？为何如此轻易丢掉郑国？”楚庄王回答：“令尹说，与晋国开战未必能赢，所以我想还是先回去的好。”伍参很严肃地说：“臣认真考虑过这个问题。晋国的荀林父刚刚掌管中军，还没有建立威信。而他的助手先谷是著名的元帅先轸之孙，仗着祖上功勋，刚愎不仁，根本不会打仗。而其他的将领皆为勋贵后代，个个觉得自己不一般，都是不听别人号令的人。故晋师虽多，但打败他们并不难。更何况我王以一国之主，去躲避晋之诸臣，将会让天下人嘲笑，更不可能再让郑国臣服于我们了。”楚庄王瞬间明白了：“寡人虽然不敢说会打仗，但也不至于害怕晋国诸臣，寡人听你的，这一仗必须打！”

荀林父率兵赶到黄河口，听说郑国已经投降楚国了，而楚军已经撤兵。荀林父觉得这仗不需要打了，命令诸将班师。显而易见，这位元帅没有战斗意志。中军副将先谷与赵同、赵括兄弟认为必须打，根本不听命令，带着自己的人马就过河了。荀林父怕担责任，只得命令三军都过河。郑襄公两边挑斗，坐观成败。

孙叔敖建议先和平谈判，如果晋国不同意，这样打起来，晋国就不占理了。晋军元帅闻听楚国请和，大喜。但晋国的悍将坚持要打仗，元帅只好勉强一战。楚将挑战，晋军措手不及，被楚国占据上风。而晋将不听军令擅自出兵，晋国元帅一时不知所措。两国军队从小规模冲突直接演变成大规模混战。没心人遇有心人，晋军一时间作鸟兽散，被楚军砍瓜切菜，杀得七零八落。

荀林父引着中军败卒沿河而走，下军被楚将袭击，也沿着这条道路往回逃。两军为了夺舟而逃，居然自相争杀，其状惨不忍睹。只有晋国上军因为事先早有准备，不曾折损一人，全军而返。伍参请求追击晋师。楚庄王没有同意，说道："我们楚国自城濮之战失利后，举国蒙羞，这一仗总算可以一雪前耻了。晋、楚最终还是要讲和的，没必要多造杀孽。"楚庄王下令停止追击。

统观全局，晋国的中军元帅荀林父既不能判断敌人的意图，又没有能力统御将领，一直处于不进不退的犹疑状态。荀林父失败回国，晋景公姬獳准备拿他开刀。这位元帅人缘还不错，大家皆出面担保。众手所指，不听军令的先谷被砍了脑袋。严格说来，这次战役不是楚军打败了晋军，是晋军自己打败自己的。而晋国强大的军事力量并没有因为一次战败就伤筋动骨，晋景公下达指示，练兵准备报仇。

此役史称"邲城之战"，是楚军罕见的大胜仗。楚国君臣欢天喜地，论功行赏。功劳最大的是伍参，楚庄王嘉赏伍参为大夫，这位就是后来著名的伍子胥的祖爷爷。

此战之后，楚国饮马黄河，进逼中原，迫使郑、许归附，继而灭萧，又攻宋并逼其媾和。如此一来，中原那些力量弱小的诸侯国皆背晋向楚，楚庄王成为中原霸主。而晋国也在消灭赤狄部族的战争中恢复了部分国力。晋、楚争霸之形势尚有可能发生新的变化。

六、孙叔敖遗言

时间：东周 177 年

人物：孙叔敖、楚庄王、优孟

公元前 593 年，楚国令尹孙叔敖因积劳成疾病逝他乡，年仅三十八岁。临终之前，他嘱咐儿子孙安：“我已经写好了一封遗书，我死之后，你为我送信给楚王。楚王要是给你封官爵，你一定要拒绝。你的能力不够，不要滥竽充数。如果楚王赏赐给你大的城邑，你绝对不可以要。如果非要给的话，就请求寝丘这块地方。这地方土地贫瘠，没有人愿意要，这样就可保我孙家后人有个安身立命的地方。”

被誉为廉洁清正的典范、治水专家、列国名相的孙叔敖就这样走了。孙安把遗书呈送给楚庄王熊侣，熊侣打开一看，上面这样写道：“臣本罪人之后，承蒙您的重用，让我担任了相国的职务。几年来，也没有建什么大功，辜负了您的信任。幸亏有您庇护，能够坦然死去，很是幸运。臣只有一个儿子，没什么能力，不可以让他做官。有一个养子，还有些能力，可以担任一职。晋国几代霸主，失败乃是偶然，不可轻视。楚国长期备战，百姓都不愿意再打仗了，所以最好能息兵安民。人之将死，其言也善。希望大王能够认真考虑！”

楚庄王读了信，感动得一塌糊涂，叹息道：“孙叔敖病成这样，依然惦记着国家大事，寡人无福，天夺良臣啊！”楚庄王亲自参加葬礼，抚棺痛哭。

楚庄王原本打算安排孙安做官，但孙安遵守老爹遗命，坚决辞掉，回到家里去耕地了。

楚庄王接受了孙叔敖的临终建议，息兵安民。所以，一段时间内，南北相安无事。不过，时间一长，楚庄王又开始疯玩了。他身边有一个侏儒优人，大家叫他“优孟”。有一天，优孟在郊外看到孙安自己砍柴，就跑过去问孙安：“公子为什么如此辛劳，自己砍柴？”孙安回答说：“别看我父亲当了好几年相国，其实一分钱都没拿回家里，我只能自己砍柴了。”

优孟深受感动，决定帮一下孙安，就排了一出孙叔敖的戏。戏里唱道：“贪吏不可为而可为，廉吏可为而不可为。贪吏不可为者，污且卑；而可为者，子孙乘坚而策肥。廉吏可为者，高且洁；而不可为者，子孙衣单而食缺。君不见楚之令尹孙叔敖，生前私殖无分毫，一朝身没家凌替，子孙丐食栖蓬蒿。劝君勿学孙叔敖，君王不念前功劳！”

楚庄王越看心里越难受，禁不住潸然泪下：“寡人怎么敢忘孙叔敖的功劳？”于是立即召唤孙安。而孙安连一身好点的衣服都没有，只好穿着破衣草鞋就来拜见。楚庄王说：“既然你不愿意做官，那就封一个万家之邑吧。”孙安表示坚决不要。楚庄王说：“这是寡人的主张，爱卿不可推辞。”孙安这才请求道：“君王如果真的念及我父辛劳，赐我衣食，就请把寝丘那块地方赏给我吧。”楚庄王很惊讶，就问：“寝丘那块地方贫瘠得很，卿为什么对那块地方感兴趣啊？”孙安回答说：“这是我爹的遗命。”

楚庄王见孙安坚持，也就同意了。这地方贫瘠，无人争夺，于是孙氏世代相守。可见这孙叔敖的智慧是穿越千年的。

七、教化弭盗，察见渊鱼者不祥

时间：东周 178 年

人物：荀林父、士会

晋国闻听孙叔敖去世，觉得有机可乘，就派兵劫掠郑国，郑国连忙向楚国求援。

楚国君臣决定袭击宋国以报复晋国。晋国忙着与赤狄打仗，没有出兵救援。不曾料到，宋楚两军相持竟达九个月之久。最后，宋国的执政华元独自一人摸进楚营，劫持楚国元帅，两国才签订和约。

综合来看，这个时期楚国和晋国互为雄长，处于拉锯状态。

这期间，晋国出现饥荒，盗贼一下子多了起来。执政荀林父聘请了一位刑侦能手郤雍抓贼，他每天都能抓获几十个，但盗贼却越来越多。大夫羊舌职并不认同这种手段，指出“察见渊鱼者不祥”，发出预警。果然没过几天，郤雍就被盗贼合力杀死。荀林父也忧愤成疾，一命呜呼。荀林父打仗不行，内政也不行，还活活把自己憋屈死了。

晋景公姬獳把羊舌职召来商讨对策，羊舌职建议树立道德，感化盗贼，并推举士会。于是，晋景公任用道德楷模士会为中军元帅。士会重视教化，劝民为善，晋国大治。

于是，晋景公又重起争当霸主的心思。谋臣建议与齐、鲁联合起来。这个主意得到很多人赞同，晋景公于是派上军元帅郤克出访齐国。恰好鲁、卫、曹三国都有联合齐国的愿望，四国使臣在同一个时间到达齐国。按理来说这是一件大好事，却被莫名其妙地搅黄了。

八、齐顷公失礼

时间：东周 181 年

人物：郤克、齐顷公

历史有时候的确很搞笑，齐顷公吕无野就闹了这么一出。一个玩笑竟然颠覆了历史的走向。

有一次，晋大夫郤克、鲁大夫季孙行父、卫大夫孙良夫和曹公子首四人一同出使齐国。凑巧的是，郤克是个独眼龙，季孙行父是个秃子，孙良夫是个瘸子，公子曹是个驼背。四个特殊形象的人凑在一起了。齐顷公为讨寡母一笑，居然根据各国使臣的缺陷，为他们安排了有同样生理缺陷的御者。齐顷公的母亲看到此情景，不由得放声大笑。

四名使者大怒，愤然离去，并一致约定联合起来攻打齐国。

士会退休了，郤克成为中军元帅，而季孙行父也获得鲁国的权柄。他们两人力推讨伐齐国，以报前次羞辱之仇。郤克顾虑齐国之强，居然出动兵车八百乘。加上其他三国，四国联军至少上千乘。

齐顷公眼看祸事来临，只得带着兵车五百乘前来迎战，并且连续行军，奔驰五百余里，要拒敌于国门之外。此前，齐国和晋国从来没有交过手，不知道为什么齐国君臣居然骄傲轻敌。结果齐军大败，齐顷公差一点被俘。

联军这边丝毫不肯善罢甘休。郤克率领大军长驱直入，直抵齐国国都，甚至惦记着把齐国给灭了。几个诸侯毫无道理地打作一团。最后，齐国以国宝贿赂四国方才罢战。不过，晋国后来又把侵占齐国的土地还了回去，因为晋国的目标还是打压楚国。

此时楚国也发生了一件大事。楚国大夫屈巫听说夏姬改嫁到了晋国，为了追求这个女人，屈巫不惜背叛楚国而投奔了晋国。依靠与晋国大臣的关系，屈巫依附于晋，被任为邢邑（今河南温县）大夫。此时楚庄王熊侣已经死了，他的继承人是楚共王熊审。楚共王大怒，灭了屈巫。其实屈巫没犯多大罪，却被灭门，屈巫家族痛心疾首，决心与楚国决裂，遂将姓名改为“巫臣”，发誓要报复楚国。

巫臣的报复方案是建议晋国联合楚国的世仇吴国。敌人的敌人就是盟友，于是晋国派出教官，教授吴人车战之法。这样，吴国学会了先进的车阵战术，一天一天地强盛起来，逐渐把楚国的东方属国全部征服。而楚国的将军们一年几次领兵应对，疲于奔命，苦不堪言。吴国的君侯也自立为王，不间断侵伐楚国边境。

巫臣，一个操纵春秋历史的“小人物”，以一己之力拉开了强大的楚国衰落的序幕。

····本章小结······························

在某种程度上，可以说楚国的强大基于气候变迁。不过，祝融的后代在开拓南疆上依然有很大的功劳。楚庄王最大的功绩不是到中原耀武扬威，而是重用孙叔敖，实施了一系列兴修水利与开发土地等国策。孙叔敖同时还是廉政楷模。

第九章　中原复兴有悼公

一、赵氏孤儿

时间：东周 186 年

人物：晋景公、屠岸贾、程婴、公孙杵臼

栾书执政期间，晋国发生了一件惊天惨案。与赵氏有仇的屠岸贾居然又得到晋景公姬獳的重用，担任了司寇一职。他天天惦记着怎么把赵氏灭了，总在君主跟前说赵家的坏话。而郤克、栾书二家，也乐见赵氏衰弱。

晋国接连发生山崩等重大自然灾害，晋景公就让太史占卜。屠岸贾趁机行贿太史，说山崩是因为“刑罚不中”，直指当年赵盾弑主的往事，“董狐直笔”即为佐证。

晋景公又去问赵氏家臣出身的晋军司马韩厥，韩厥明确回答：“主公一定不要听信小人的谗言，降罪于功臣之后。”晋景公又征询郤克、栾书两位重臣的意见。二人含糊其辞，不肯替赵氏分辩。晋景公就将这事交给屠岸贾执行。

韩厥连夜向大夫赵朔报警，建议他赶快出逃。赵朔却拒绝了："君命不可违。现在唯一的念想是，我妻子庄姬已经怀孕，如果生个男孩，还有机会延续赵家的香火。赵家的这一点骨血，希望将军设法保全。"这件事是顶级机密，除了韩厥，赵朔只告诉了门客程婴一人。庄姬由程婴护送入宫，躲到她母亲成夫人的宫里去了。

第二天一早，屠岸贾亲率甲士围住赵府，将赵家老幼男女尽行诛戮，借晋侯之命制造了这一惊天惨剧。

没过多久，庄姬生下一个男孩。

赵盾心腹门客有两个，一个叫公孙杵臼，另一个叫程婴。赵家被灭门，公孙杵臼约程婴一同自杀殉主，程婴才告诉他还有更重要的任务。于是两人进行了分工，程婴将自己刚刚出生的孩子交给杵臼伪作赵氏孤儿，自己却去出首告密。这样屠岸贾领兵杀死杵臼和婴儿后，心里终于踏实了。他认为这事到此结束了。

· 赵氏孤儿。太史公司马迁在《史记·赵世家》中，记述了一个可歌可泣的故事，即"赵氏孤儿"。故事讲述了程婴、公孙杵臼、韩厥等义士义救遗孤的事迹，流传千年，感人肺腑。

程婴拒绝领赏，而是请求用赏金安葬了赵家人的尸骨。随后，在韩厥的帮助下，将真正的赵氏孤儿带出后宫。程婴将孤儿视作自己的孩子，尽心抚养。两人藏进山中。

三年后，晋景公发狂，口吐鲜血而亡。同情赵家的人都认为，这是老天在惩处这位昏君。

二、鄢陵之战

时间：东周 195 年

人物：晋厉公、楚共王

公元前 580 年，晋景公姬獳死后，晋国大臣扶立姬寿曼上位，史称晋厉公。

此时，楚国与晋国依然在你来我往争夺霸主。处于夹缝中的郑国为了摆脱岁岁受兵的困境，总是撺掇晋国与楚国开战。

公元前 575 年，晋国又与楚国争霸，晋厉公率军与楚国在鄢陵大战（今河南鄢陵西南）。这次楚军有点大意，他们直接把军队开到晋营前头，摆下阵势，想着再来一次“出其不意，攻其不备”。没想到，晋军并不慌乱，反而从容应对，于是两国结结实实来了一场大战。两位君主晋厉公和楚共王熊审亲自披挂上阵，结果楚共王眼睛被箭射伤，儿子被俘。

这次决战，一照面儿楚国就被来了一个下马威。更要命的是，楚共王得到情报，鲁、卫两国也已经派兵前来助阵。到底还要不要打下去，楚共王心里也没谱，只好召集楚国司马公子侧商议，不料公子侧却大醉不醒。楚共王无可奈何，只得乘夜悄悄撤军。酒醒之后的公子侧羞愧难言，自缢而死。

这次战役，晋军击败楚国，进一步巩固了自己在中原地区的优势地位。持续了上百年的晋楚争霸赛，居然就以这种稀里糊涂的方式结束了。没有任何谋略，不动任何心思，经过这么实打实的碰撞，晋国最后赢了。

然而，晋国的胜利正如明白人所预料的那样，并非完全是好事。因为前头的晋景公就是在和平状态下膨胀的。晋厉公胜楚回朝，更认为自己天下无敌，越发骄傲。更让人丧气的是，晋厉公宠幸一帮没有根基的少年，为了夺权，大杀重臣，弄得晋国上下人人自危。

中军元帅栾书等人感觉到了危险，公元前 573 年，栾书、中行偃带领党徒趁晋厉公出游的时候袭击并逮捕晋厉公，将他囚禁起来，然后将其杀死。

三、赵氏复兴；外举不避仇，内举不避亲

时间：东周 197 年

人物：晋悼公、韩厥、赵武

这晋侯的死亡率实在是太高，以至于都没人能当晋侯了。晋国大

臣商议后，决定迎接文公的孙子姬周即位。姬周从小生活在周王的城池里，远离晋国这个是非窝。一直到打打杀杀实在无人可立了，大家才想起来文公还有这么一个孙子。从血统上说，再也找不到一个比他更正统的了。这位就是历史上赫赫有名的晋悼公。

晋悼公此时只有十四岁，但架不住聪明绝顶，而且颇有志向。晋国一帮大夫一起到城外迎接，结果晋悼公一张嘴，就把这些人给镇住了。晋悼公说："寡人旅居外国，根本就没指望着能回到家乡，更没想过要当这个君侯。为君者既然要承担责任，那就必须有权力发布命令。如果你们只是想让寡人做个傀儡，而不准备遵守命令，那就还不如不要这个君侯。卿等如果愿意接受我的命令，那我就留下来做这个晋侯。如其不然，你们就去找别人吧。"他清楚地知道，晋国是迫于无奈才请他回来的，所以，晋悼公直截了当地要权，看你们给不给。

栾书等人一听这话，不得不佩服，这哪里像是14岁少年？晋国大臣全都吓傻了，一个个拜倒在地："我们都愿意奉您为君，不敢不从命！"退朝之后，栾书提醒诸位大臣："咱们这个新君跟以前的可不一样，大家都小心点为好。"

晋悼公即位次日，就下令斩杀晋厉公姬寿曼宠爱的新贵，罪名是"逢君于恶"。这帮新贵没有什么根基，晋悼公杀鸡给猴看，玩得非常高明。随后，晋悼公又扬言要追究晋厉公的死因，吓得栾书立马辞职，推荐韩厥担任中军元帅。没过几天，栾书竟然被惊吓致死。

担任执政之后，韩厥找了一个谢恩的理由，悄悄报告晋悼公说："我们这些人，都是依赖前辈的功劳担任大臣的。然而，前辈功劳无人能超过赵氏家族。赵衰辅佐文公，赵盾辅佐襄公，竭尽全力，都取得了霸主的成就。不幸的是，灵公宠信奸臣屠岸贾，几次谋杀赵盾，赵盾逃跑才保住了性命。灵公后来遭到兵变，被杀死在桃园。屠岸贾把弑逆的罪名安到赵家头上，灭绝赵宗，导致晋国臣民至今愤怨不平，实际上为晋国埋下了一颗大雷。幸亏赵氏还有一个孤儿赵武活着，主公今日既然要赏功罚罪，治国理政，就应该从为赵氏平反这里入手。”

晋悼公说：“这件事闹得沸沸扬扬，恶名远扬，寡人也曾听上一辈人讲过。现在赵氏的后人在哪里？”韩厥回答说：“十五年来，程婴带着赵武一直躲藏在盂山。”晋悼公说：“这就好办了，卿帮我把他带回来，我来安排。”晋悼公把赵武藏在宫中，然后宣布自己病了。第二天韩厥率百官入宫问安，里头自然也有屠岸贾。

晋悼公说自己有一事不明，就说起赵氏惨案。大家连忙撇清自己，说只是可惜赵氏无后。晋悼公就叫赵武出来向诸将施礼，韩厥介绍说：“这位就是赵氏孤儿……”屠岸贾瞬间瘫倒在地上，他实在无法理解这是怎么回事。

接下来，晋悼公命令韩厥带着赵武，领兵灭了屠岸贾一族，此时离赵氏被灭门已经过去十五年了。晋悼公遂拜赵武为司寇，接替了屠岸贾的职务，并归还了赵家的财产，赵氏从此复兴。晋悼公又准备奖励程婴为官，程婴却谢绝了，以自刎追随公孙杵臼于地下，为这个悲剧拉上了大幕。这就是著名的“赵氏孤儿”的故事。这个传说成为中国四大悲剧之一，读来让人潸然泪下。

晋悼公是个杰出的政治家，即位之后不久，就把大臣们的职务安排妥当，品德高尚的给予尊重，能耐出众的参与管理。之后大修国政，主要是减少民众的负担，关怀弱势群体。于是，晋国再次凝聚成一股巨大的力量。宋、鲁等诸侯听说后，都跑来表示服从。

不过也有例外，郑成公姬睔就没有来。因为当年楚王为了救援郑国，把眼睛都弄瞎了，所以郑公不愿意背叛楚国。

楚共王熊审听说仇人晋厉公被弑，正准备向晋国复仇，却又很快得知，晋悼公登基后高效整顿内政，晋国力量再一次壮大。于是决定先下手为强，出兵扰乱中原，以破坏晋国的霸主地位。楚国和晋国再一次围绕宋国展开了争夺战，你来我往，最终晋国率领中原诸侯取得胜利。胜利之后，晋国向郑国发动攻击。此战，中原九国诸侯参与，郑国只得投降。

楚国降将巫臣又献上一计："吴国与楚国是上下游，水路相通。臣前些年就已经联络过吴国，一起进攻楚国。吴国多次侵扰楚国的属国，已经让楚国非常头疼。我们再派人去指导吴国讨伐楚国，楚国一定会疲于应付，就没有力量与我们争夺郑国了。"晋悼公同意照此办理。

担任中军尉的祁奚已经七十多岁了，申请退休。晋悼公问他："您看谁能接替您的位置？"祁奚推荐自己的仇人解狐。解狐病死之后祁奚又推荐自己的儿子，留下了"外举不避仇，内举不避亲"的佳话。

四、三驾服楚，以逸待劳

时间：东周 200 年

人物：晋悼公、魏绛、荀罃

这一回楚国遇到了真正的大麻烦。位于楚国东部的吴国，已经与晋国结成盟友，谋划着要攻击楚国。楚国令尹婴齐决定先下手为强，主动去进攻吴国，反而遭受大败，婴齐羞愤而死。

此时，晋国也遇到了干扰。北方的戎族一看中原诸侯没完没了地争斗，觉得有机可乘，就趁机开始抢劫侵掠。面对如此形势，晋国的战略方向是向南还是向北、对北方游牧民族是战是和等问题，都需要晋国重新考虑定夺。晋悼公姬周召集诸将商议，大家都说："戎狄非我族类，无法和亲，只能讨伐。当年齐桓公成就霸业，是先平定山戎，后讨伐楚国，就是看清楚了山戎的豺狼之性，必须以兵威才能压制。"只有司马魏绛一个人说："不必效仿前人操作。如今我们刚把诸侯联合起来，真正的大事还没有做。此时我们兴兵伐戎，楚兵必会乘虚生事，诸侯必然会背叛我们而倒向楚国。夷狄只是外人，诸侯却是我们兄弟。"晋悼公问道："问题是我们能做到与戎族和平共处吗？"魏绛回答说："完全可能。而且会有五大利益：与我们晋国相邻的游牧民族，他们地多人少，并不看重土地，而是看重商品，我们通过商品来与他们交换土地，这样我们的国土就会增加，这是利一；他们停止侵掠，我们的边民就可以安心耕种，这是利二；我们传达出善意，会产生深远的影响，而不用劳动兵车，这是利三；戎狄如果向我们低头，我们的邻国就会震动，诸侯就会畏服，这是利四；我们晋国北方无忧，就可以专心致志对付南方，这是利五。诸多利好，希望君主能够同意。"

魏绛的这段话，几乎是中原农耕民族与北方游牧民族关系的鉴定书。这个与我们多数人理解的不一样，在秦始皇之前，北方游牧民族并没有建立起强大的国家，晋国的和戎策略并非投降。很大程度上，北方的侵扰可以通过贸易来化解或缓和。

晋悼公真的听懂了，任命魏绛为和戎大使。魏绛不负使命，出使北国，最终与很多部落签署了和平协议，果然实现了战略目标。搞定北方之后，晋国再一次把注意力转向南方。而此时楚国也缓过来了，又一次出兵争霸。郑国再次倒向楚国。

晋悼公与诸位大夫商量："现如今陈、郑两国都背叛了，咱们先讨伐谁？"荀罃回答说："陈国既小又偏，无关大局。郑国才是中原的枢纽，从来争霸都是要先制伏郑国。宁可丢掉十个陈国，也不能丢掉一个郑国。"韩厥在一旁说："荀罃见识高、能决断，能制伏郑国的一定是他了，臣已经精力不济，愿把中军元帅让给他。"韩厥要退休，晋悼公不许，但架不住韩厥坚持，最终只得同意。韩厥的确是一个德才兼备的智者，所以韩家崛起是有原因的。

于是，荀罃接任了中军元帅，统率晋军讨伐郑国。晋军刚刚到虎牢关，郑国立马服软。但晋军回师之后，楚共王熊审亲自率领楚军伐郑，郑国又变成楚国盟国。

晋悼公大怒，与诸大夫商议对策，问："郑国人来回反复，我们出兵他就投降，我们撤兵他就背叛，现在要想让他们老老实实服从，该用什么办法？"荀罃献上一计："咱们不能彻底征服郑国，关键是楚国在后头使劲儿。所以要想收服郑国，先得把楚国搞定。要让楚国疲惫不堪，就得'以逸待劳'。"晋悼公问："怎么个以逸待劳？"荀罃回答说："军队是不能频繁出动的，频繁出动就会精疲力竭。诸侯也不可以经常召集，次数多了就会埋怨。臣建议，把我们的军队分成三份，与其他诸侯搭配。轮流出征，楚进我退，楚退则我复进。出动三分之一的兵力，就能调动楚国全部军队。这样，楚国人想决战不可能，想休息亦不能，我们不用交战，就能让楚国人奔波于道路。我们能快速发兵郑国，而楚国人却难以迅速赶到。如此这般，楚国就会精疲力竭，最终郑国只能老老实实依附于我们。”晋悼公高兴地说：“这个办法好！”

荀罃登坛发令，坛上竖起一面杏黄大旗，上写“中军元帅智”——荀罃改姓，是因为他们荀家叔侄同为大将，需要区分一下。这位就是智家的先祖。

晋悼公的同母兄弟杨干，刚刚十九岁，也报名参加了这次出征。这位公子血气方刚，摩拳擦掌要立军功，但并没有听从军令的意识，居然插到队伍的最前头。司马魏绛奉命整肃行伍，发现杨干不听号令，立即鸣鼓集合将军。魏绛下达命令：“杨干故意违反将令，扰乱行军秩序，按照军法本应斩首。姑念他是晋侯亲弟，现决定将他的御车人作为替代执行军法，以严明军令。”魏绛下令，斩杀了御车之人示众。

以前，晋军屡次发生不听号令的事件，让军队吃了大亏。此举一出，全军悚动，没人再犯此类错误了。

杨干丢不起这人，跑到晋悼公那里哭诉。晋悼公也护短，一急就说要为弟弟出气。魏绛执法之后，主动到宫前听候发落，他呈上奏章，上面写道：“臣听兵书上说，‘三军之命，系于元帅；元帅之权，在乎命令’。当年我们晋军就发生过有令不遵、有命不用的严重错误，导致河曲战役无功，邲城战役惨败。臣作为司马，必须执行军法。但这样一来冒犯了您的弟弟，罪当万死！我请求自刎于宫门，以免君侯为难。”

晋悼公一看，立刻震惊，光着脚跑出宫门，拉住魏绛的手说：“寡人说的重话，只是照顾兄弟之情；而先生你所做的事情，乃是军国大事。寡人没教育好弟弟，违反了军法，错在我这儿，与你无关。爱卿还是赶快回去忙你的军务才是。”

这就是晋悼公，虽然也照顾亲情，但更知道规则的重要性。晋悼公转脸回宫，见了杨干劈头盖脸一通骂：“你这个浑蛋，不知礼法，差点儿弄死我一员大将！”然后，下令强制杨干先去学习三个月的礼法，方可出门。这个魏绛也是一个重要人物，所以魏家崛起也不是偶然的。

君主是明白人，底下人就好干活儿。智罃定下分军的计策，正要出兵伐郑，遇到宋国告急，说楚国正在侵犯宋国，请求晋国支援。正好，晋国出动第一军，从楚国手里夺取宋国旧地，先胜一局。

到了冬天，晋国出动第二军伐郑。正好遇到郑国内乱。栾书之子、下军将栾黡请示说：“郑国正好出现内乱，肯定无法抵抗，我们立刻进攻就可以打下郑国。”智罃却拒绝了这个建议说：“乘乱不义。”反而下令停止攻击，直接撤兵。可见，此时战争意在征服。而且，晋国出兵已经达到了调动楚军的目的，不打也可以。楚国派兵救郑，而晋师已经退兵了，于是郑侯自然又一次投靠楚国。历史上说的“晋悼公三驾服楚”，这是第一场。

第二年夏天，晋国派出第三军伐郑。郑侯害怕了，再次投降。智罃依然同意，这就是“三驾”之二。

楚共王出兵救郑，郑国趁机将祸水转移到宋国，实际上倒向了楚国。晋国按计划再次出动，而且这一回是晋悼公亲自率领三军一起出动，还同时联合了好多诸侯国。这是智罃建议的，他说：“上一次楚国为了应付我们，甚至都向秦国借了军队，这说明他们已经难以为继了。我们这一次应当大张旗鼓展示我们的力量，就可以让郑国人不再有二心。”晋悼公表示同意。于是晋国联合宋、鲁、卫、齐几个大国，还有七八个小国，浩浩荡荡杀到郑国都城东门，举行了浩大的阅兵式。一路上，俘获甚众。

而在此时，楚国喘息未定，无法再出兵救援郑国。郑简公姬嘉只好乖乖走进了晋国的大营，向各位诸侯点头哈腰，并请求举行歃血仪式。晋悼公却说：“我们前头已经举行过仪式了，君若是遵守诺言，鬼神都在天上看着呢，何必再来一次？”

这一回，郑国是彻底服了，乖乖献上礼物慰劳胜利者。晋悼公将郑国的贡献一部分赐给魏绛，奖励他的“和戎”方略；又以兵车三分之一，奖赏给智罃，奖励他“分军敝楚”方针。

尘埃落定，十二国兵马同日班师。郑国从此不再骑墙，晋国重新登上霸主之位。春秋五霸之中，齐桓公、晋文公、秦穆公、楚庄王四位是公认的，第五个则众说纷纭，许多人倾向于晋悼公。

五、卫献被逐，废寝忘食

时间：东周 211 年

人物：卫献公、孙林父、宁殖

外部世界一和平，有些地方就会出内乱。郑国问题解决之后，卫国很快又出了变故。

此时当政的卫献公卫衎是个顽主，喜欢阿谀奉承之人，平日里忙活的也就是玩乐打猎这些事儿。其父亲卫定公卫臧死时，夫人姜氏哭丧后休息，看到卫献公并不悲哀，就叹气说：“这个人啊，将来会使卫国招致败亡的。这是上天降祸给卫国吧！”大夫们听到后，无不感到十分恐惧。

实权派上卿孙林父、亚卿宁殖看着卫献公别扭，渐渐离心离德。而最终引爆大雷的，却是一件小事儿。

有一天，卫献公约孙、宁二卿共进午餐，因自己玩得高兴，竟把这事忘了。捱到下午，两位重臣又饿又困，只好叩击宫门请求卫献公接见。

不料，卫献公却轻飘飘地让人回复说：“寡人光顾着比赛射箭了，居然把这事耽误了。这么着，你们二位先回去，我改天再约你们好了。”

这一下子惹翻了执政，新仇旧恨一起爆发。公元前559年，卫献公交代大夫孙林父、宁殖不吃早饭，都前去待命。日上三竿之时，卫献公仍不召见，却跑去猎大雁了。两人找到园林里去，卫献公穿着猎装跟他们说话。两人实在怒不可遏，一口气打跑了这个没有礼貌、玩起来废寝忘食的君主。卫献公逃奔到齐国，孙林父和宁殖共同拥立其弟弟公子秋为国君，史称卫殇公。

而晋国君臣对此事装聋作哑，这事儿就这么不了了之了。

六、平阴之战

时间：东周 215 年

人物：齐灵公、荀偃

齐灵公吕环听说晋国没有管卫国的内政，以为晋悼公姬周老了，觉得自己的机会来了，该出来当霸主了。于是，齐灵公率军跑到近邻鲁国，抢劫了一把就匆匆撤军了。他没想到，晋国居然借此机会再次联合十二国人马，一同讨伐齐国。

齐国这一回吸取教训，不再骄横，深掘壕堑，准备打阵地战。齐将建议说："这十二国诸侯看上去人多，其实人心不一。我们可以趁着他们刚刚扎营，派出一支奇兵攻击其中一部，只要能败其一军，其他的就都会丧失斗志。"齐灵公不以为然，指着壕沟骄傲地说："我们有这样的深堑保护，难道他们能飞过来吗？"

晋国卿大夫荀偃先是虚张旗帜，把齐国的守军分散开来，然后命令所有的车辆都满载木石，步卒每人携土一囊，一次冲锋，就把壕堑顷刻填平。后续部队，大刀阔斧，杀将进去。齐国防线瞬间崩溃。诸侯乘胜前进，把齐国都城团团围住。后来因为郑国内乱，诸侯们方从齐国撤兵。齐灵公竟然因受惊吓而死，执政崔杼与庆封拥立吕购继位，史称齐庄公。

后来，晋国再次表示善意，希望两国和好。齐国大夫晏婴建议说："不如我们先表示服从，免受战争之苦。"

晏婴也是一位重要人物。据说他“身不满五尺”，大家公认他是齐国第一贤智之士，敏于辩论，曾经一个人用口舌团灭楚国大臣。齐庄公也认为齐国需要喘息，就接受了晏婴的建议，派人到晋国谢罪。中原因此平静了一段时间。

····本章小结····

强大的晋国内部斗争越演越烈，功劳最大的赵氏家族差一点被彻底灭族。晋国在与楚国实打实的碰撞中赢了，晋侯就想对豪门动刀子，但被大臣反杀，只好从周城请回晋悼公。晋悼公为赵氏平反，大修内政，对外采取和戎政策，使得中原诸侯夺回了霸主之位。

第十章　晋国失霸南北和

一、红杏出墙，庄公之死

时间：东周 222 年

人物：齐庄公、栾盈、崔杼

公元前 558 年，年仅二十九岁的晋悼公姬周去世，预示着春秋争霸时代的终结。由于没了霸主维持秩序，晋国重臣和豪门迅速膨胀，彼此之间无法和平相处，也严重影响了晋国的安稳，所以此后天下又乱了几十年。

最先出事的是栾氏。栾氏已经七代卿相，晋国的文武官员，一半出自他们家族，而另一半也是联姻关系。栾书之孙、下军佐栾盈自幼就谦恭下士，优点多多，愿意为他们家奔走效力者不计其数。然而，这些都是假象，栾家之前已经深深得罪赵家，后代又如此张扬，已经危如累卵。栾盈的母亲难耐寡居生活，趁儿子出外作战之机与人私通，栾盈得知后羞怒不已。其母担心儿子翻脸，竟与其父晋国执政范匄、其兄范鞅商议，诬告栾盈谋反。晋平公姬彪下令驱逐栾氏。栾党不服，起来暴动，结果被镇压下去。栾盈则逃到了齐国。

齐庄公吕购耻于齐国屡败于晋国，认为可以通过帮助栾盈来报复晋国。他先是收留栾盈，后来找个机会，偷偷将栾盈护送到曲沃，帮他袭击晋国。栾盈聚集家兵造反，被晋国各大家族联合扑灭，最终被灭族。

齐国居然帮助栾盈造反，晋国当然不能容忍，所以召集各国诸侯，准备再次伐齐。齐国执政崔杼连忙派大夫庆封前往晋国求饶，报告说齐庄公已经死了，我们齐国的大臣已经代替您惩罚这个昏君了。而真相却是，崔杼难以忍受妻子棠姜红杏出墙，谎称有病，诱齐庄公来家探病，出手杀死了给自己带来耻辱的人。同时，齐国拿出大把的钱来行贿诸侯，这才平息了战端。

这段历史乱象纷呈，让人不明白这世界到底怎么了。齐国的堕落让人看不懂，卫侯的复辟更加令人匪夷所思。

前面说过，卫献公因为玩忽职守、轻慢大臣，被执政孙林父和宁殖赶了出去。然而，孙林父死后，宁殖却为自己犯上作乱的行为十分后悔，认为自己今后无颜去见祖宗，就要求自己的儿子帮助卫献公复国，压根儿不考虑卫献公的品德适合不适合做君主。

二、弭兵之会

时间：东周 225 年
人物：晋侯、楚王、其他诸侯

晋、楚争霸赛已经持续很长时间了，争来争去，大家都累了，回头一看，甚至都不知道这样做的意义何在了。消弭兵燹、南北议和成为诸侯各国的共同愿望。

就这样，在宋国的倡导下，诸侯和平大会得以召开。此次大会被称作“弭兵之会”。晋国下辖鲁、卫、郑三个附庸国，楚国下辖蔡、陈、许三个附庸国。宋是地主，大国齐、秦列席，大家共同决定今后和平共处，不再兵戎相见。如遇大事儿，交由晋国出面协商解决。

楚国放弃这个虚名是因为自顾不暇了。从楚共王熊审开始，楚国屡遭吴国侵扰。而且这仇恨是世代积累下来的，无法消除。随着吴国的强势崛起，楚国已经吃不消了，只能停掉与晋国的争霸赛，专心致志对付吴国这个威胁。

三、崔庆之祸

时间：东周 227 年
人物：崔杼、庆封

然而，齐国并没有抓住这难得的和平时期趁机复兴。此时的齐国，崔杼专政，他的助手庆封表面奉承，内心却非常嫉恨。

而崔家两个儿子与家臣争权夺利，居然求庆封帮忙。于是庆封就协助崔家二子杀死崔杼最信任的家臣。崔杼对自己儿子下不了手，跑到庆封家一把鼻涕一把眼泪地哭诉家务。庆封说“我来帮你”，崔杼居然委派庆封整顿家务。没想到，庆封手黑至极，居然趁机灭了崔家满门。

崔杼回家一看，家里头竟然一个人都没了。一瞬间，崔杼的意志就被击垮，居然自缢而死。这崔杼的下场实在有些悲催。

庆封替代了崔杼，独自执政。齐庄公吕购手下的勇士其实一直惦记着为君主报仇，就与庆封关系紧张的高、栾两家联络，一起动手。庆封只身出逃吴国。齐国的权力才又部分回到齐侯的手里。

四、楚王好细腰，宫中多饿死

时间：东周229年

人物：楚灵王

这真的是春秋时期少有的和平岁月。晋国君臣开始躺在功劳簿上安享尊荣。赵氏孤儿赵武此时担任晋国执政，不过也没有什么作为，早早就去世了。蔡国世子弑父自立，晋国也无意去管。这一事件标志着晋平公姬彪不再被大家视作霸主。

而在楚国，频繁的宫廷政变成为国家政治的一大特点。楚灵王熊围也是杀了侄儿楚郏敖自立为国君的。楚灵王即位后颇有一些大志，派出使者要求代管诸侯，晋国居然同意了。楚灵王要学齐桓公，就问大臣咱们先灭谁。伍举建议："齐国的前执政庆封逃到吴国，没受到惩罚。这吴国本来就是我们仇敌，我们以惩处庆封作为号召，可以一举两得。"楚灵王赞成。

于是，楚国举行大规模阅兵以威胁诸侯，然后要求诸侯一起出兵，诸侯只好跟着楚军伐吴，在边城抓住庆封，屠了庆封家族。

吴国不服，奋起反击。楚灵王大怒，再一次集合多国诸侯伐吴。这一次，吴国的世仇越国也派兵参战。不过，由于吴国防守严密，楚军无功而返。

楚灵王觉得脸上无光，回到国内大兴土木，想以奢华来支撑自己的霸主地位。楚国参与中原争霸以来，国力日渐强盛，而到了这位楚灵王手里，国运却又变得萎靡不振。有人说这与楚灵王的个人爱好有关。

史书记载，楚灵王有一特殊"癖性"，就是偏好细腰美女，留下了"楚王好细腰，宫中多饿死"之说。渐渐地，楚国上下都接受了这个审美观，连一些男子都以腰粗为丑。

不过，这一时期的楚国建立了完整的等级制度：自王以下，公、卿、大夫、士、皂、舆、僚、仆、台，递相臣服；以上制下，以下事上；上下相维，国以不乱。可以说，这就是标准的封建体制。

就这样，楚国人莫名其妙地偏离了与中原争霸的轨道，而晋国也非常诡异地跟随楚国拐了弯。

五、齐国内乱

时间：东周 231 年

人物：齐景公、晏婴、陈无宇

然而，作为曾经的霸主，齐国却最先进入下坠轨道。此时，齐国四大家族分成两党，高、栾两家一伙，陈、鲍两家一伙，互相猜忌，渐渐水火不容。

一个偶然的事件导致两边打了起来，高、栾两家居然想劫持齐景公吕杵臼为自己一方增加分量。齐景公连忙召集相国晏婴入宫商议。晏婴认为需要做出选择，齐景公决定偏向陈家与鲍家。于是栾、高两家顷刻间被颠覆，只好逃奔鲁国去了。陈、鲍等人一点都不客气，把失败者的家财自己分了。

晏婴去找陈无宇，建议他把战利品均分给大家。这陈家很聪明，立刻把自己获得的利益全部献给齐景公。作为交换，齐景公把高塘这块地方赐给了陈家，陈氏从此有了根据地。从此，陈无宇开始收买人心，拿自己的钱、用自己的粮食救济贫困者。更为特殊的是，他用借贷的方式作为杠杆，不断放大自己的影响力。其方式是“大斗出，小斗入”，与奸商的做法正好相反。而且，一旦不能偿还，就烧掉债券。所以齐国愿意为他效死的人越来越多。

晏婴应该意识到了危险，力劝齐景公实行仁政，宽刑薄敛，兴发补助，施泽于民，以和陈家争夺人心。不知道什么原因，齐景公没照这个方略去做，为日后埋下了祸根。

六、灵王之死，众叛亲离

时间：东周 235 年

人物：楚灵王

楚灵王熊围总觉得自己越来越强大，忍不住开始吞并周边的小国。先是趁陈国内乱，出手灭掉陈国。紧接着蔡侯弑父自立，被楚国诱杀，然后逐步灭掉蔡国。晋侯召集诸侯商议，商议的结果就是写了一封信给楚灵王，提醒楚国遵守和平条约。楚灵王看完，微微一笑将信扔到了一边。

蔡国最终还是被楚国攻破。楚灵王居然用蔡国世子作为牺牲来祭祀神灵，此举让蔡国的大臣恨之入骨。

不知道什么原因，楚灵王却重用蔡国的大臣蔡洧。而蔡洧为了复仇，想方设法迎合楚灵王，他建议说："诸侯服晋不服楚，是因为晋国近，而楚国远。今天大王既然已经把陈、蔡两国兼并了，那就与中原接壤了，如果我们把这两个地方的城墙加高加大，每个地方都屯兵千乘，威压诸侯，他们谁敢不服？然后我们再出兵吴、越，先搞定东南，然后再谋求西北，就可以取代周王而成为真正的天子。"楚灵王一激动，还真的采纳了这个建议，越来越重用、信任蔡洧。

其实蔡洧时刻没有忘记复仇。有一次，趁着楚灵王长期在外，蔡洧发动政变。楚灵王众叛亲离，无路可走，只得自杀。经过一番明争暗斗、腥风血雨，最终，楚共王熊审的幼子熊弃疾用计一举除掉三位哥哥，登上王位，史称楚平王。

楚平王的内政似乎没有问题。他登基之后，快速安抚人心，该赏的赏，该提的提。比如说念起伍举有功，就把他的儿子伍奢封为连君。而且还恢复了陈、蔡两个诸侯。也就是说，相当于将楚灵王侵略的成果全部复原。于是乎，大家伙儿齐声歌唱，感恩戴德。

七、立木为表，二桃杀三士

时间：东周237年

人物：齐景公、晏婴、田穰苴

晋国君臣懒惰怠政，齐景公吕杵臼觉得有机可乘，想要有所作为，就听取相国晏婴的建议，减少刑罚，开仓济贫。经过一番凝神聚力，齐景公以为可以伸展一下拳脚了，就开始对外发力，要求东部的小诸侯们服从自己。

而在此时，晋国由于内部矛盾激化，无暇顾及外部的闲事。于是，在短时间里，中原出现齐国、晋国“并霸”格局。

齐国被晋国教训了几次之后，被迫兴起尚武之风。齐景公也有喜欢大力士的爱好，有三位猛将（公孙接、田开疆、古冶子）因为功劳显著，脱颖而出。这三位猛人结为兄弟，仗着功劳和勇力横行无忌，还与齐景公身边的宠臣结成了联盟。上大夫晏婴深感忧虑，设计了一幕“二桃杀三士”的好戏，成功杀掉了他们，成为中国古代著名的阴谋故事之一。

· 二桃杀三士。春秋时期，齐景公帐下有三员大将：公孙接、田开疆、古冶子，他们战功赫赫，但也因此恃功而骄。齐相晏子想要除去这三人，便请景公将两个桃子赐予他们，让其论功取桃，结果三人都弃桃自杀。就这样，只靠着两颗桃子，晏婴兵不血刃地除掉三个威胁。

晏婴设了一个局，请齐景公将两个珍贵的桃子赐予他们，让他们论功取桃。三个人无法平分两个桃子，晏婴便提出协调办法，让他们三人比功劳，功劳大的就可以取一个完整的桃子，其余两个人合吃一个。公孙接与田开疆都先报出他们自己的功绩，分别各拿了一个桃子。这时，古冶子认为自己功劳更大，气得拔剑指责前两位；而公孙接与田开疆听到古冶子报出自己的功劳之后，都自觉不如，羞愧之余便将桃子让出并自尽。如此一来，古冶子对先前羞辱别人吹捧自己以及让别人为自己牺牲的丑态感到羞耻，因此也拔剑自刎。就这样，靠着两个桃子，晏婴兵不血刃地除掉了三个威胁。

但这个故事传到其他诸侯那里，却变成了齐国一下子死了三个将军。晋国觉得需要趁机教训一下齐国，就出兵兴犯齐国边境。燕国也来凑热闹，乘机侵扰齐国北部。

于是，晏婴向君主推荐了一位真正的军事家——田穰苴。齐景公立刻拜田穰苴为将军，让他负责抵抗燕、晋两军。田穰苴初来乍到，请求齐景公再派个监军帮着镇镇场面。齐景公就派了自己最宠幸的庄贾。

出了宫门，庄贾问田穰苴："我啥时候上任？"田穰苴回答说："明日午时。本人将在军门专候，请不要超过日中时分。"第二天，田穰苴提前到达军中，立起木表，同时派人去催促庄贾。这位大爷仗着君主宠幸，根本就没有把田穰苴放在眼里，一直满足于亲戚朋友为他摆宴饯行，觉得好风光、好有面子。田穰苴不断派人催促，庄贾压根儿就不当回事儿。田穰苴多等了一个时辰，等不到庄贾，只好自己一个人登坛誓众，申明纪律。

眼看太阳都偏西了，才看到庄贾高车驷马，慢腾腾到达军营，晃悠悠踱上将台。田穰苴坐着不动，冷冷地问道："监军为何没有按期到达？"庄贾拱一拱手，回答道："这不听说我要远征，亲戚故旧都来设宴饯送，所以就迟到了。"田穰苴冷冷地说道："为臣者一旦接任将军，就不再考虑自家；一旦申明纪律，就不再考虑亲情；一旦击鼓冲锋，就不再考虑自身。如今敌军压境，君主寝不安席、食不甘味，把军队托付给我们，是希望我们早日出兵并取得胜利，以救百姓倒悬之急。你怎么还以饮酒为乐呢？"庄贾依然笑嘻嘻地回答："这不没有耽误出发吗？元帅不必过责。"田穰苴拍案大怒："你倚仗君主宠爱，居然敢怠慢军心，如果真打起仗来，岂不是坏了大事！”立刻把军政司叫来问道：“军法期而后至，当得何罪？”军政司回答：“按法当斩！”

田穰苴喝叫手下，将庄贾捆缚，推出辕门斩首。就这一下子，齐国军士肃然起敬，立刻就有了战斗力。田穰苴带领军队还没有出城，晋军已经一溜烟儿跑了。燕人也想北撤，就没有这么好的运气了。田穰苴追击燕国军队，斩首万余。燕国大败之后连忙上贡请和。

齐军班师回国，齐景公亲自去郊区劳军，拜田穰苴为大司马，掌管兵权。

这一来诸侯都老实了，没人再敢惹齐国。齐国政务上有晏婴，军事上有田穰苴，国治兵强，四境无事。齐景公自己每天只管喝喝酒、打打猎，仿佛又回到了桓公时代。不过，齐国也只是自保有余，无力对外了。此后晋国君臣也不再有作为，反而陷入分裂的旋涡。

····本章小结··························

在距周平王东迁二百年后，维护旧秩序的力量已经快速衰退。一个基本的标志就是晋、楚两国签订了和平协议。主因是楚国需要对付崛起的吴国，无力染指中原。晋国则陷入连续不断的内部纷争，而齐国也已经出现移国之兆。大国的集体不作为似乎在告诉我们，诸侯争霸的时代过去了。不过，在新时代来临之前，吴、越两国站到了舞台中央。

吴越春秋篇

第十一章　快意恩仇伍子胥

一、吴国崛起，兄终弟及

时间：东周 243 年

人物：季札、王僚

这个阶段的吴王是姬寿梦，他也是始称吴王的人。公元前 585—前 561 年在位期间，吴王励精图治，发展生产和兵车力量，攻打楚国，会盟诸侯，朝礼天子，奠定了吴国强盛的基础。

吴王有四个儿子：长子诸樊、次子余祭、三子夷昧、四子季札。季札是寿梦四子中最知书达礼、仁爱贤明的，深得宠爱，吴王想把王位传给他。可是，季札坚决不肯接受。于是，吴王临终前把四个儿子叫到身边，并嘱咐长子诸樊，王位一定要兄终弟及，以便最后传到季札手中，避免幼子执政。

因此，吴王去世之后，吴国的王位就从老大传到老二，老二传到老三，老三病重，要把这个王位传给季札，可是季札坚辞不受。吴国大臣们经过商议，一致奉老三的儿子为王，这位就是王僚。而老大的儿子叫光，善于用兵，王僚就任命他为将军。

吴国崛起必然面对楚国的打压，两国经常发生战争。王僚即位之后，就与楚国开战，杀死了楚国司马。从此，吴国正式登上历史舞台。

二、平王夺媳

时间：东周 245 年

人物：楚平王、费无极、伍奢

面对这样的劲敌，楚平王熊弃疾却不知死活，犯下了难以挽回的错误。

楚国有一阵与秦国的关系比较好，之前还曾经向秦国借过兵。楚平王派自己宠幸的大臣费无极去秦国为世子熊建求婚，秦国君主就把自己的妹妹孟嬴许给了熊建。孟嬴是个倾国倾城的大美人儿，人送外号“梦萦”，据说男人看了都会魂不守舍，做梦都会梦到她。

但是，费无极与熊建的老师伍奢有仇。为了报复伍奢，费无极便想趁机挑拨楚平王和熊建的父子关系。所以，当把新娘从秦国接回来后，费无极第一件事就跑去找楚平王说：“大王，这个孟嬴长得美如天仙，留给太子有些可惜，大王为了天下百姓日夜辛劳，也该享享清福了，不如……”

楚平王看着刚刚送到眼前的孟嬴，不由得惊为天人，看了许久才回过神来：“这不太好吧！寡人是个正人君子，怎么能如此违背人伦呢？不过……就听你的吧！太子这么孝顺，应该会理解我的。”

于是乎，孟嬴被她未来的公公半路给截留下来，做了王妃。为了应付太子，楚平王把秦国陪嫁的一个丫鬟马昭仪嫁给熊建为妻，成了太子妃。没多久，孟嬴生了个大胖小子，楚平王视如珍宝，故取名为“珍”，即后来的楚昭王。

后来，楚平王做贼心虚，担心太子知道，就让太子出镇边城。伍奢是个直性子，楚平王嫌他劝谏麻烦，就派伍奢去辅助太子。

楚平王年老，自知配不上孟嬴，为了补偿，就答应小夫人立她的儿子为太子。楚平王想直接废掉太子熊建，又怕太子造反，就决定先搞定太傅伍奢。伍奢应召回来，直言楚平王不地道。楚平王以谋反的罪名把他关进监狱。太子熊建听到消息，带着老婆孩子逃到宋国去了。

这样一来，没有了障碍，楚平王就立孟嬴之子熊珍为太子，让费无极担任太傅。费无极认为必须斩草除根，连忙建议说：“伍奢有两个儿子，都是人中豪杰。必须杀死他们，才能免除后患。”楚平王就让伍奢写信召唤儿子：“你就说，大王将给他们俩封官，赦免你。”

伍奢明确告诉楚平王：“臣的大儿子，见到信后肯定会来的。但我那个小儿子伍子胥，文能安邦，武能定国，是个明白人，他不会来的。”楚平王说不用你费心，只管照着做。伍奢就按楚平王的意思写了一封信。

大儿子伍尚看到后，非常开心，就拿着信来找弟弟伍员。这个伍员就是著名的武神伍子胥，“生得身长一丈，腰大十围，眉广一尺，目光如电；有扛鼎拔山之勇，经文纬武之才”。伍子胥一看信就说这是个圈套，告诉哥哥：“我们只要去了就会被一起杀死！我们兄弟俩在外，楚平王反而不敢伤害我们的父亲。”伍尚想了想说：“我无论智慧还是力量，都远远比不过你。我以殉父为孝，汝以复仇为孝。”伍子胥无奈，只能跪下拜别兄长。

楚平王见伍尚一个人来见老爹，感觉不妙，立刻派了二百人，去抓伍子胥。伍子胥的妻子为了不拖累伍子胥，自缢身亡。仇恨就这样一步步变得无解了。但是，伍子胥并没有逃窜，而是找了一个合适的地方，张弓布矢，射杀御者。这就是武神的力量，即使二百精兵，也不能追捕他。伍子胥射杀多人之后，用箭指着小头目说：“我要杀你易如反掌，现在姑且留你一命，你回去告诉楚王，要想楚国宗祀安宁，就必须留我父兄之命。如若不然，我一定会灭掉楚国，亲斩楚王之头，才能平息我仇恨的怒火！”一个大夫敢对君主发出这样的警告，可谓东周时期最强悍的宣言。

由于吴国与楚国长期敌对，所以边境封锁得非常严密。伍子胥见无法逃往吴国，就转道去宋国找太子熊建。楚平王听到伍子胥要报仇的警告，根本不放在心上，下令杀死伍奢、伍尚父子，同时继续派人四处追杀伍子胥。

三、伍子胥过昭关，一夜白首

时间：东周 247 年

人物：伍子胥、东皋公

楚平王到处张榜，巨额悬赏，并警告所有人不许容留伍子胥，否则全家处斩。同时下令各路关口，严加盘诘。且遍告诸侯，不得收留伍子胥，必欲置伍子胥于死地。

不久，宋国爆发内乱，引发楚国出兵伐宋。伍子胥与太子熊建只好投奔郑国。此时，郑国与楚国是敌对关系。郑定公姬宁久闻伍子胥英雄大名，所以对他们二人来郑很是欢迎。不过姬宁也明确表示："我们郑国国微兵寡，无法帮助你们报仇。你们还是得求晋国才有可能。"

于是，太子熊建亲往晋国，请求晋顷公姬弃疾的帮助。晋顷公十分热心，立即召集六卿商议伐楚之事。然而，此时晋国已经呈现出六卿并列局势，晋侯实际上并无多少实权。晋国君臣居然希望楚国世子熊建做内应，先起兵灭郑，打下郑国之后，就把郑国封赏给熊建，然后再想办法，逐渐灭掉楚国。这种痴人说梦式的主意，熊建竟然欣然接受。

熊建回到郑国，与伍子胥商议。伍子胥闻听后立刻表示反对："人家郑国以忠信对待我们，我们怎么可以倒过来这样做？这完全是瞎赌，绝对不可以！"熊建说："可我已经答应晋国了。"伍子胥说："你不去做晋国内应，并不会有什么罪过。要是这样算计郑国，那就信义全失，大祸就会立刻降临的。”但是，熊建根本不听伍子胥的劝谏，偷偷招募死士，花钱交结郑定公左右。时间一长，阴谋暴露，郑定公大怒，设宴招待熊建，当场杀之。伍子胥只得带着熊建的儿子熊胜逃离郑国。此时天下虽大，伍子胥却无处可去，只剩下吴国这一条路可走。

· 伍子胥过昭关，一夜白首。伍子胥是楚国大夫伍奢次子。楚平王即位，伍奢任太师。后楚平王听信少师费无极谗言，伍奢被杀，子胥出逃。楚平王下令捉拿子胥。子胥先奔宋国，因宋国有乱，又投奔吴国，路过陈国，东行数日，便到昭关（今安徽省含山县北）。昭关在两山对峙之间，前面便是大江，形势险要，并有重兵把守，过关真是难于上青天。伍子胥过昭关，一夜急白了头。后由于东皋公的巧妙安排，更衣换装，伍子胥混过了昭关，顺利到了吴国。

问题是去吴国必须过昭关。而楚王为追杀伍子胥，特遣右司马带领大军驻扎于此。伍子胥躲在离昭关约六十里之程的树林子里，观察了很久，发现自己根本过不去。就在这时，出现了一位老先生，一看到伍子胥就过来打招呼。因为伍子胥特征十分明显，个子高，长得精神。

此人乃是扁鹊的徒弟东皋公。东皋公特意解释说能认出来，是因为几天前他曾给守关将军看过病，关上就悬挂着伍子胥的形貌图样，就这么容易识别。这咋过关呢？东皋公请伍子胥到自己家，每日好吃好喝款待，一住就是七天，并没有谈及怎么过关。伍子胥实在忍不住了，就对东皋公说："我度日如年。先生是世外高人，还请可怜可怜我吧。"东皋公安慰他说："办法我已经想好了，只是还需要再等一个人来了才成。"

但伍子胥心里头实在没有底儿，根本就睡不着。他想着干脆辞别东皋公，自己去闯关，但心里一点儿把握都没有。要继续待着，又不知道东皋公说的那位是何人。这东皋公也不说清楚些，伍子胥辗转反侧，身心如在芒刺之中，坐卧不宁，一夜未睡。第二天天亮，东皋公来见伍子胥，一见面大吃一惊："你怎么须发全白了？"

伍子胥照镜子一看果然如此，想到自己大仇未报却衰老先至，不由得悲从心来，失声痛哭。东皋公却认为这是好事儿，解释说："你这个子、长相实在是太容易让人认出来了。如今须发皆白，就容易蒙混过关了。而且我的朋友已经来了，我们可以按计行事。"

东皋公的方案是，找个大高个假冒伍子胥，让守关的以为抓住伍子胥了，趁着放松警惕那个空当，混过昭关。

伍子胥是个正人君子，觉得此计虽好，但假冒自己的皇甫讷会有危险。东皋公叫伍子胥放心，随后他会把皇甫讷救出来。因为只需要证明他不是你就可以了，不是难事。

皇甫讷伪装得很成功，一出现就被楚将误认作伍子胥下令捉住。老百姓以为已经捉住了伍子胥，都去看热闹，盘查马上就变松了。加上此时伍子胥须发皆白，已经变了模样，他轻松地趁着关门大开，带着公子胜混过了关门。

四、专诸刺僚

时间：东周255年

人物：伍子胥、专诸、公子光

刚到吴国，伍子胥就遇到了一位大力士，名叫专诸。这位壮士是个孝子，讲义气不怕强梁，路有不平，拔刀相助。二人很快结拜为把兄弟。

伍子胥告诉专诸："我得去吴国的都城，找机会得到吴王的重用。"专诸建议说："我听说吴王这个人比较骄横，不如公子光亲贤下士，我觉得将来能成气候的是公子光。"

专诸的这番话为伍子胥指明了方向。不过伍子胥并没有机会直接接触这些贵族，于是就打扮成乞丐，一边吹箫一边要饭。他吹的箫曲之中包含着这样的内容："伍子胥！伍子胥！跋涉宋、郑身无依，千辛万苦凄复悲！父仇不报，何以生为？"

吴公子姬光，乃是吴王四兄弟中老大诸樊的儿子。如果父子相传，诸樊死了应该是公子光继位，但诸樊的老爹定下兄弟相传的规矩。问题是老四季札拒绝当头领，这时候怎么办？是不是应该返给老大诸樊的后人？可老三的儿子王僚在很多大臣支持下，已经登上了王位，木已成舟。公子光心中不服，就有了杀王僚夺位的心思。不过重臣多数是王僚他爹的人，所以暂时只能忍着。公子光请善于相面的被离担任"吴市吏"，目的是帮自己寻找豪杰隐士。这样，他遇到了伍子胥。

被离一见伍子胥就大吃一惊，连忙把伍子胥请来面谈，结果动静闹得有点大，王僚随即就知道伍子胥到吴国了。王僚也有心拉拢，当即就任命伍子胥为大夫。公子光一看吴王截胡，就对吴王说，这伍子胥是外人，肯定不会对吴国尽忠的。王僚心智不坚，就没有重用伍子胥。伍子胥一看情况不对，就连忙辞职了。

而公子光却非常看重伍子胥，立刻把他请到身边，朝夕不离。于是，伍子胥就把结拜兄弟专诸推荐给公子光，公子光也刻意结交专诸。专诸非常感动，有一天主动问公子光自己能做什么，只管吩咐。公子光就让左右退下，单独对专诸讲自己要刺杀王僚。

专诸不解地问："前吴王夷昧去世后，就该他儿子继承啊。公子你凭什么夺位？"公子光就把他爷爷当年设置的规矩原原本本讲给专诸："四叔季札既然推辞，那是不是应该再回到老大家？如果回归老大家，那继位的就应该是我，怎么也轮不到王僚来当。我只不过是力量不够，所以就想着找帮手。"

专诸一听非常认可："公子说得有道理。不过，我现在老母在堂，不敢以死相许。"公子光说："我知道你上有老母，下有幼子，不过除了你，我实在找不到其他人了。事情要是成功，我保证您的孩子和母亲就和我的一样，我定会尽心奉养，不敢辜负。"

这是个机会，做还是不做？专诸沉思良久，还是答应了。后世能理解专诸的人恐怕不多，但是要清楚一点，在两千多年前，机遇的大门几乎不对普通人打开。站在专诸的角度考虑一下，就会明白他既是为了荣誉，同时也是为了子孙后代而选择了牺牲。

下定决心之后，专诸说道："大凡成事之人，都不会轻举妄动，必须把问题想周全了。如同鱼在深渊，却被渔人捕获，关键在于香饵。如果要刺杀王僚，也必须先投其所好，才能接近他。不知他有什么爱好？”公子光回答说：“他最喜欢美食。”专诸接着问：“他最爱吃哪一种？”公子光回答说：“他尤其喜欢吃烤鱼。”

于是，专诸就去学习烤鱼。三个月后，专诸竟然成为烤鱼高手。公子光让专诸先待在自己府中，等待机会。

公子光召见伍子胥，问他：“现在的问题只剩下怎么接近吴王了吧？”不料伍子胥兜头来了一盆凉水：“人之所以抓不住天鹅，是因为天鹅有翅膀。如果要逮天鹅，得先去其翅膀。听说吴王的儿子庆忌，其筋骨如铁，有万夫莫当之勇，空手能抓飞鸟，徒步能格猛兽。王僚与他儿子庆忌，旦夕相随，很难有机会动手。更何况王僚两个同母弟弟掩余、烛庸手握兵权，要想除掉王僚，必须先把这三个人除掉。不然的话，即便能刺杀王僚，那个王位你能坐得住吗？”由此可见，事情里面往往一环套一环，夺权并不是刺杀一个君王那么简单。

公子光这才反应过来自己性急了，恍然说道：“看来我们还得等待时机。”

此时，吴国与楚国为了抢夺故太子熊建的生母开战，结果吴国大胜楚国拼凑的七国联军。楚平王听到吴师居然已经能打败七国联军了，心里开始有点害怕了。这时候的令尹是囊瓦，居然提出建议要楚国迁都。

为了防御吴国，楚国又专门建设水军。训练之后，囊瓦率舟师沿江而下，直逼吴疆。不过，仅仅是耀武扬威了一番就班师回国了。

听说楚国犯境，公子光受命带兵迎敌。到了边境，又听说囊瓦已经撤兵了。姬光认为，楚国军队刚刚撤退，肯定不做防备，就下令吴军潜入楚国，占领了楚国两座城池。

楚平王受到惊吓，得了心脏病，久病不愈。只得将幼小的太子熊珍托孤于囊瓦及公子申，自己一蹬腿儿死了。熊珍即位，史称楚昭王。

伍子胥听说楚平王死了，捶胸顿足号啕大哭，哭个没完没了。公子光觉得很奇怪，就问他："楚王是您的仇人，他死了您应该高兴，怎么哭成这样？"伍子胥回答说："我不是在哭楚王。我是在恨我不能亲手砍了他的头，居然让他就这么安安稳稳地死了。"

人急了，往往能憋出高招儿来。伍子胥因为没有亲手报仇，气得三天没有合眼，最后终于想出一个计策来加快行动的步伐。他找到公子光问："公子你想做的那个大事儿，是不是还没找到机会？"公子光回答说："是的。"伍子胥建议说："我们可以趁着楚王新殁，建议吴王趁机伐楚，以成就霸业。"公子光问："可吴王要派遣我出征怎么办？"伍子胥回答说："你可以先假装坠车让腿脚受伤，然后推荐掩余、烛庸这俩兄弟为将。最后让公子庆忌作为大使去联合郑、卫，共攻楚国，这就叫一网而除三翼。如此一来，就可以对吴王动手了。"

伍子胥的计策听起来无懈可击，所以吴王听了公子光的建议后，果然按照这个套路行事。

专诸知道该动手了，向他的母亲告别，不由得流下了眼泪。他的母亲却安慰他说："忠孝岂能两全？你要是能成就大事，名垂后世，我就是死了也为不朽。"为了坚定专诸的信念，其母在专诸出门后自缢身亡了。

一切准备就绪，公子光就去请王僚赴家宴说："家里新请了厨师，从太湖而来，烤鱼味甚鲜美，与众不同。臣希望君王亲自赴宴！”王僚几乎不假思索，十分高兴地答应了。当然，王僚也不是不提防公子光，不光他自己穿了三层甲衣，还带了一百个卫士。大师傅上菜，要搜身，十几个卫士手里拿着剑，在一旁跟着。

公子光诈称足疾发作需要裹一下脚，临时离席，躲进了密室。

没过多久，专诸通报说要上烤鱼，自然还是被全身搜查一遍，才让他端到王僚面前。谁也没有料到，一把鱼肠短剑，已经藏在鱼肚之中。

这美食可能需要厨师当场操作，所以给了专诸接近王僚的机会，三重甲衣也无法阻挡专诸的短剑，专诸一举刺杀王僚。义士专诸随之也被卫士所杀。公子光趁机率领甲士杀出。王僚的势力没了头领，反抗的力量很快被消灭了。王僚的两个弟弟和儿子，一溜烟逃到外国避难去了。

五、要离称雄

时间：东周 256 年

人物：阖闾、伍子胥、要离

夺取王位之后，公子光装模作样请四叔执政，季札连连推辞。于是公子光即位，自号为“阖闾”。

楚平王熊弃疾夺儿媳做老婆，很大程度上是被身边的奸臣费无极撺掇的。楚平王死后，费无极依然不安分，继续陷害楚国忠臣良将。令尹囊瓦被他忽悠着逼死了能臣伯郤宛，且灭其族，只有儿子伯嚭逃脱，搞得楚国举国喊冤。

司马沈尹戌认为囊瓦愚蠢，居然替费无极端屎盆子，于是就赶来求见囊瓦，把老百姓的怨恨述说给执政，强烈建议囊瓦诛杀费无极。囊瓦当然不愿意替费无极背锅，立马把费无极砍了，这样民间的怨气才慢慢平息。

登上吴王宝座的阖闾颇有雄心大志，他先是为勇士专诸立庙祭祀，安置后代，然后又请教伍子胥："寡人想着强国图霸，应该如何操作？"同时，吴王还答应伍子胥，只要吴国强大了，一定替伍子胥报仇，所以伍子胥尽心尽力替吴国干活儿。

伍子胥先是考察地形，然后检查水质，选了一块好地方，为吴国打造了一座大城池。伍子胥把先进的文化知识传播到吴国，尽心尽力为吴国训练军队，教授阵法、战法和战术。

伯嚭老爹也是被楚国囊瓦冤杀的，听说伍子胥在吴国，于是前来投奔。伍子胥因为同病相怜，把他推荐给阖闾。阖闾也聘用伯嚭为大夫，与伍子胥同议国事。事实证明，伯嚭也是一个有本事的人。

然而，当上吴王的阖闾依然无法安眠。因为猛士公子庆忌正在招纳死士，要为他老爹吴王僚报仇。阖闾就找伍子胥商量："希望先生再想个办法把庆忌灭了才好。"伍子胥回答说："上回用阴谋诡计刺杀王僚就已经属于缺德无行了，如今要是再惦记着把人家儿子也刺杀了，怕是天理难容啊。"阖闾反驳道："当年武王杀纣王，后来又杀掉武庚，但周朝的人都不认为是错的。这是因为被杀之人都是皇天所废，武王所为都是顺天而行。这庆忌只要活着，就如同王僚未死，寡人与先生成败荣辱一体，怎么能顾小节而酿大患？寡人只希望再有一个专诸，把这事解决了。先生一直在访求勇士，不知找到了没有？”伍子胥有些为难地说：“臣倒是看好一个地位低下的小人物，可以和他商量一下。”阖闾就纳闷了，问道：“庆忌可是力敌万人的超级勇士，怎么可以与小人物商量呢？”伍子胥回答说：“这位勇士叫要离，看上去弱小，其实有万夫不当之勇。”

因为伍子胥亲眼见过要离当面斥责一狂妄猛士。要离认为：“真正的勇士一旦投入战斗，与太阳战斗，时光都会停止；与鬼神战斗，脚跟就不再回转；与人战斗，会一直坚持到死。”伍子胥大为敬佩。

阖闾想当然认为，既然是连伍子胥都佩服的勇士，要离一定是个大力士、大块头。结果见了面才发现，这位勇士身高只有五尺来高，细胳膊细腿，阖闾不免大失所望。

要离却主动请缨，要前去刺杀公子庆忌。阖闾觉得这难度系数有点大，就提醒道：“庆忌可是万人难敌，跳跃如飞，奔跑赛马，矫捷如神，万夫莫当。先生您恐怕不是他的对手！”要离淡淡地回答道：“善杀人者，在智不在力。臣只需要想办法接近庆忌，杀他如割鸡耳。”

为了接近庆忌，要离提出用苦肉计，让吴王以刑罚杀死自己的妻子，自断右臂。这计策太狠了，阖闾听了都不忍心，但要离却非常坚决。他追求的是青史留名，荫庇后代。

庆忌果然接纳了要离，而且让要离持着长矛待在自己身边。要离看准一个机会，冷不丁从背后用长矛刺杀庆忌，一矛就从后背扎到前胸。完成任务，要离随即自杀。

要离的牺牲为吴王清除了内忧，阖闾以上卿之礼把要离安葬在城门之下，希望借要离的勇气为吴国镇守国门。同时，追赠要离的妻子，还隆重地把要离和专诸供奉在同一座庙里，四时祭祀。

六、孙武练兵，不战而屈人之兵

时间：东周 258 年

人物：阖闾、伍子胥、孙武

在伍子胥的帮助下，吴王阖闾彻底整肃了国内事务。不久，吴王准备对楚国用兵，其中一个重要理由是为伍子胥报仇。在讨伐楚国这一点上，吴王与伍子胥完全一致。不过，由于伍子胥不是吴国人，吴王又犹豫他担任将军是否合适。伍子胥当然也很清楚这一点，为了打消吴王的顾虑，便主动向吴王推荐吴国人孙武为将。

一代兵圣闪亮登场。伍子胥向吴王推荐孙武说："此人精通韬略，有鬼神不测之机，天地包藏之妙。有著作《兵法》十三篇，但世人还不知道他的能耐。现隐居在罗浮山之东。大王您要是能得此人为军师，就可纵横天下，无人能敌，区区楚国，不在话下。"

阖闾一听，马上来了兴致，张嘴就说："那你帮我把他召来。"伍子胥明白吴王显然没有掂清孙武的分量，连忙提醒道："这位高人可不热衷于仕途，我们必须礼尊，才有可能请他出山。"

此时，阖闾称霸的欲望比较强烈，当即根据伍子胥的意见以隆重的礼数正式聘用孙武。孙武到任之后，阖闾依然谦恭有礼，向他请教兵法。孙武十分感动，将自己所著兵法十三篇次第进上。这就是著名的《孙子兵法》。

阖闾如获至宝，迫不及待地看完，然后问孙武："这个兵法真可以说是通天彻地之大作。不过我们吴国国小兵微，怕是很难实施吧？"孙武微微一笑，信心满满地回答道："臣的兵法，不但可以实施于士兵，就连妇女都可以训练成战士。"

阖闾不信，因为这也太离谱了，于是就让孙武训练自己的宫女为兵。阖闾下令将一百八十名宫中美女召到练兵场，交给孙武去训练。孙武把一百八十名美女分为左右两队，指定阖闾最宠爱的两位爱姬为左右队长，让她们带领宫女进行操练，同时派人负责执行军法。分派已定，孙武站在指挥台上，认真宣讲操练要领。安排就绪，孙武便击鼓发令。但是，这些美女大都娇生惯养，以为练兵纯粹就是新奇、好玩而已，即使穿着军服、手握长戟，也都自由散漫，不听号令，动不动捧腹大笑，弄得队形大乱。孙武当机立断，斩杀了两位队长，阖闾求情也不管用。这样一来，美女们全都规规矩矩地随着号令操练，没有人再敢嘻嘻哈哈、轻慢贪玩了，几天时间就全都合乎规矩，阵形十分齐整。孙武请阖闾检阅。因为失去爱姬，阖闾心中不快，托词不来。孙武说："令行禁止，赏罚分明，这是兵家的常法，为将治军的通则。对士卒一定要威严，只有这样，他们才会听从号令，打仗才能克敌制胜。"听了孙武的一番解释，阖闾怒气消散，便拜孙武为将军。

但是，阖闾因思念爱姬，居然产生了不用孙武之意。伍子胥一看，就劝道："臣听说'兵者，凶器也'。战争可不是闹着玩的。如果不用诛杀震慑，就不可能执行军令。大王既然想征伐楚国而称霸天下，就必须有良将。而将军必须能够果断坚毅。如果没有孙武这样的将军，谁又能够跨越淮河大川，跃进千里去征战？那些漂亮的女子很容易得到，而一员良将却非常难求。大王若是因为两个女子而弃一良将，岂不是和喜欢莠草而把嘉禾丢掉一样了？"阖闾这才反应过来。

孙武牛刀小试，从楚国的属国开刀，先以压倒一切的优势灭了又小又贫穷的钟吾国，很快又不费一兵一卒用大水淹没了徐国，"不战而屈人之兵"。紧接着，吴军又攻占了养城、舒邑等楚国重要城邑，杀了王僚流亡在楚国的两个弟弟掩余和烛庸，占领了淮河北岸大片土地。

连战连胜，阖闾大喜，就想乘胜攻击楚国都城。孙武却说："连续作战已经让军士劳累了，需要先休息一下。"这时，伍子胥也建议："但凡那些以寡胜众、以弱胜强的案例，都是让敌人疲惫，而自己养精蓄锐。当年晋悼公用三分之一兵力四次出击，让楚军疲惫不堪，所以才取得辉煌战果。可见晋国先是疲惫敌人，然后再用精锐之师出击的。现在楚国的执政者都是贪庸之辈，我们也先用三分之一的兵力骚扰楚国。等到他们筋疲力尽的时候，我们就突然袭击，肯定能赢。"

阖闾一听就明白，命令吴军照葫芦画瓢，反复出击骚扰楚国边境。楚国只要派军队救援，吴兵就立刻返回，把楚国折腾得够呛。

楚国的执政者依然在醉生梦死，不知道真正的杀招还在后头。趁着楚军疲惫，阖闾派出孙武、伍子胥、伯嚭三位大将率师伐楚，连续攻破楚国八座城池，由于后续兵力没有跟上才班师回国。

第二年，恼羞成怒的楚令尹囊瓦主动出击，率领水军讨伐吴国。这是楚国人以自己的短处攻击吴国的长处。阖闾再派孙武、伍子胥迎击，轻松打败了楚军。胜负的天平就这样一点点倾向了吴国。

此时楚国已经处于风雨飘摇之中，楚国的令尹囊瓦却依然贪婪无比。囊瓦看上了蔡侯的貂裘、玉佩及唐侯的名马，二位诸侯没舍得给，居然被楚国软禁了三年，后来蔡侯与唐侯献上宝贝才得以释放。蔡侯出了楚国都城郢都，怒气填膺，把随身佩戴的白璧扔到汉水之中，发誓说："寡人若不能讨伐楚国，再过汉水，如同大川！"回国后，他立刻以世子元作为人质，向晋国借兵伐楚。

这次行动在周王室的领导之下，居然聚集了十七路诸侯伐楚。这是春秋时代罕见的大行动。然而这么好的机会，却因为大雨影响，加上晋国主帅贪婪，最后泡汤了。但是，楚国成为天下公敌，已显露无疑。

七、倒行逆施

时间：东周 264 年

人物：阖闾、伍子胥、孙武、申包胥

蔡侯大失所望，强烈的复仇欲望让他立刻转向楚国的仇敌吴国。正在练兵的孙武得知十七路诸侯伐楚后，立刻赶回吴国国都，建言吴王阖闾伐楚，因为时机成熟了。孙武说："楚国之所以很难讨伐，就是因为它的附属国非常多，很难直接进攻到它的境内。现如今晋侯一呼，就有了十七国联合行动，这里面有很多诸侯一直是楚国的附庸，现在都背叛了楚国。这就说明楚国已经是孤家寡人了。"

而楚国此时却在攻打蔡国。吴国立即出动全国之兵六万人马，号称十万，从水路开往蔡国。

囊瓦见吴兵势大，连忙解围撤走。蔡侯、唐侯跟随吴国，转而向楚国进军。临到出发的时候，孙武突然传令军士登陆行进。伍子胥一下子没有转过弯来，私下里问为什么要放弃从水路进军。孙武解释说："我们现在从水路进军是逆水而行，速度太慢。如果让楚军做好准备，后面就很困难。"伍子胥一听，非常佩服。

楚国派出沈尹戌率兵一万五千，协同令尹拒敌。楚国如果应对得当，也不一定会失败。然而，楚国将领却在这关键时刻集体犯了一个错误。沈尹戌问囊瓦："吴兵是从哪儿来的？怎么来得这么快？"囊瓦回答说："他们是从陆路赶来的。"沈尹戌连笑数声："人们都说孙武用兵如神，我看也就是小孩子过家家的水平！"囊瓦问："此话怎么说？"沈尹戌说："吴人惯习舟楫，所以他们的优势在水军水战。现在他们居然舍舟从陆，光想着速度要快，万一仗打输了，连撤回去的路都没了。所以我觉得可笑。"

大敌当前，楚国将领却如此轻敌。他们不知道，吴国在楚国叛臣巫臣的教导下早就熟悉陆战了，而后还有伍子胥和孙武这样的军事天才在训练。

囊瓦问："现在吴国屯兵汉北，您看我们怎么才能打败他们？"

沈尹戌回答说："我给你分兵五千。然后，我率一军去抄他们的后路，把他们的船全部烧掉。这样他们的水陆两条路都被断绝，首尾受敌，吴国君臣一个都别想活着回去。"

楚国的兵本来就少，居然还分兵合击。而将领还认为自己胜券在握。更可笑的是，作为统帅的囊瓦也希望速胜。这时，吴、楚夹汉水而扎营，相持了几天。囊瓦居然选择主动渡江出击，首战失败，然后又想着趁夜劫营。

孙武准确地判断说："囊瓦乃是一个莫名其妙的小人，必然是贪功侥幸之辈。白天的接触战只是小挫了楚国前锋，并没有让他们伤筋动骨，所以今夜他们肯定会来偷袭，我们必须做好准备。"于是，吴国大军提前准备，同时让伍子胥反抄楚国大营。扑空的囊瓦心胆俱裂，被伏击之后随着败兵连夜逃命。幸亏楚王又派一队人马前来接应，才把囊瓦救了下来。然而前来接应的楚将薳射却打心里看不起这个执政，两边各怀异意，不肯一同商议。

吴军的先锋官夫概是阖闾亲弟弟，他发现楚军并没有合在一起，就判断出楚将不和，于是请见阖闾，一针见血地指出："囊瓦这个人贪而不仁，早就失去人心。薳射虽来救援，但不听他的约束。所以楚军根本没有斗志，如果我们主动出击，肯定可以获胜。"阖闾没有同意。夫概离开大营之后，暗自下了决心："君主有他的主意，但作为臣子的也可以有自己的意志，那我就自己去，幸运的话就可以打败楚军，直插楚国都城。"

第二天一大早，夫概带着自己的五千人马冲向囊瓦营地。孙武知道后，马上下令，让伍子胥引兵接应。囊瓦根本没有准备，楚军大乱。

作为主帅的囊瓦临阵逃脱，化装成平民逃到郑国去了。楚国援军见事不好，连忙撤退，还想着返回国都再战。

夫概得知楚军撤退，立马就追。但快追到河边的时候，发现楚兵正忙着收集船只准备渡江。夫概的手下准备开打，夫概忙喊暂停说：“困兽犹斗，更何况人？如果我们逼得太急了，他们就会拼命。不如我们先停一下，等他们渡到一半儿，再发动攻击。已经渡过去的，肯定不会再回来，而没有渡过去的，肯定想着逃跑，没有人再会拼命，这样我们就可以确保胜利。”遂下令后退二十里。孙武等人率领大军随后赶到，听到夫概的决策，人人称善。

楚军刚渡到十分之三的时候，夫概的兵追了上来。楚军争相逃命，毫无斗志。然而，夫概依然掌握着节奏。楚军将卒又饿又困，觉得离追兵远了，赶忙埋锅造饭。可在饭快要熟的时候，吴军再次杀到。楚军仓皇逃跑，反而给吴兵留下现成的熟饭。等吴军吃饱了，又继续尽力追赶。很快，楚军士气衰落，兵败如山倒。吴军长驱直入，直逼楚国都城。

楚昭王熊珍还是个小孩子，只能大骂囊瓦猪狗不如。无可奈何，楚昭王只好与大臣商议，要不要弃城逃命。他的哥哥子西哭着说：“我们的社稷、我们祖先的陵墓，全都在这里，大王要是放弃了，可就很难再回来了。”楚昭王的另一个哥哥建议说：“臣等还是先全力抵抗，打不赢再走也不迟。”楚昭王无奈地说：“国家存亡，全在两位哥哥身上，你们看着办吧。”

然而，楚军将领斗巢依然没有意识到只能固守，反而领兵在楚国国都的卫星城麦城城外摆开架势，要与伍子胥决战。伍子胥一照面儿，只比画了一下，就不再打了，反而说："我看你们已经疲劳了，先放你回城，明日再战。"伍子胥故意放斗巢回城，却早早安排了几个降卒，混到楚兵队伍中，一起混进城里。几个人夜里打开城门，吴兵直接就冲进城里。就这样，伍子胥很轻松地攻下了麦城。

孙武则命令军队用江水直灌楚国都城郢都，都城内外一如江湖。孙武早让人砍竹造筏，吴军乘筏攻城。楚国君臣纷纷乘舟逃离。郢都无主，不攻自破。

伍子胥没有抓住楚昭王，十分气恼，就让吴国将领瓜分楚国大夫的家室，奸淫他们的妻妾。郢都城中，一下子鸡飞狗跳，惨不忍睹。如此这般还不解恨，伍子胥又建议阖闾将楚国宗庙尽行拆毁。

孙武想的却是如何善后，他建议阖闾说："战争必须师出有名，占据道义。如今最好的方案是把原来的太子熊建之子熊胜立为楚国的君主，以替代昭王熊珍，世代臣服于我们。这样操作，我们可以名利双收！"孙武的建议显然是最佳方案，不过两国积攒的仇恨太大，阖闾觉得还是灭了楚国最好。所以就没有听孙武的建议，而是下令焚毁楚国的宗庙。

伍子胥此时满脑子都是复仇，就向吴王请求说，自己要去掘了楚平王熊弃疾的冢墓。阖闾二话不说，欣然同意。楚平王的尸体由于做过处理，居然还没有腐烂。伍子胥看见，怒火冲天，手里拿着九节铜鞭，一连抽了三百多下。在那个时代，这可是逆天之举。

楚昭王悄悄逃到了随国，幸运地躲过了伍子胥的追兵。伍子胥听说囊瓦跑到郑国去了，就出兵伐郑。郑定公姬宁自然很害怕，逼迫囊瓦自杀，然后把囊瓦的脑袋拎出来顶罪。伍子胥本意是要灭了郑国，郑国急忙招募曾经帮助过伍子胥逃难的人出面调解，伍子胥为报恩，即日下令解围而去，郑国侥幸躲过一劫。

先前在逃难途中，伍子胥遇到过发小申包胥。当时出于同情，申包胥并没有告发，而是隐瞒了消息。两个人见面的时候，伍子胥发誓，自己一定要灭楚报仇。申包胥不赞成，他认为臣子不可以向君王报仇。申包胥也发誓说："你能灭楚我就能复楚。"两个人说岔了，只能分手。

郢都被吴军占领后，申包胥一个人逃到山中。当他听说伍子胥"掘墓鞭尸"之后依然在搜索楚王，就派人给伍子胥送了一封信，好意劝道："你原是楚王的臣子，也曾经侍奉过他。而今却如此侮辱他的尸体，虽说是报仇，但实在有点过分。物极必反，你们还是赶快离开楚国的好。不然的话，我肯定要践行'复楚'的誓言！"

伍子胥看完，半天没有吭气儿，只是对使者说："我因军务繁忙，就不回信了，你帮我带一个口信儿，代我谢谢申君。自古忠孝不能两全，我已经失去家国，后头也不知道自己的归宿何在，所以才如此倒行逆施。"这就是"倒行逆施"这个成语的出处。

申包胥认为自己不可以再坐以待毙。想到楚平王夫人是秦哀公嬴籍的妹妹，只有秦国能帮楚国，申包胥不分昼夜赶赴秦国，最后把脚都给磨烂了，一步一流血地来见秦哀公。

可是，秦哀公觉得楚国、吴国打架和自己无关，所以不肯发兵。一点办法没有的申包胥站在秦侯宫外昼夜号哭，连续七天七夜不吃不喝，没完没了地哭。这份忠诚终于打动了秦哀公。秦哀公感动得流下了眼泪，赋诗一首《无衣》赠予申包胥。诗曰："岂曰无衣？与子同袍。

王于兴师，修我戈矛。与子同仇。”

于是，秦哀公命秦将率领兵车五百乘，跟着申包胥去救楚国。楚昭王率领楚国的残兵与秦国兵合一处，大败吴军先锋。夫概败回郢都，报告吴王，表示秦兵凶猛，不可抵挡。阖闾这才意识到有麻烦了。

孙武再次建议说：“对外战争讲究的就是速胜，不可以变成持久战。这楚国的土地依然广大，很难臣服于吴国。臣前头之所以建议大王立熊胜为楚王，就是担心会发生今天这样的变故。为今之计，我们不如与秦国讲和，答应他们恢复楚王的地位；不过得让他们同意把楚国的西部割让给我们吴国，这样我们也得到了利益。”伍子胥意识到无法继续复仇，完全赞成孙武的意见。

然而，阖闾却舍不得丢掉到口的肥肉。他下令坚守郢都，准备打持久战。夫概听到阖闾准备与秦国打持久战，突然间想道：“按照吴国的制度，应该是兄弟传承，吴王之后，应该由我来嗣位。可王兄已经立子波为太子，摆明了是不会交给我的。我不如趁这次大兵出征，国内空虚，先行回国，直接称王，比后头再去争夺更容易些。”于是，夫概偷偷带着本部军马，自行渡过汉江回国，一路上还大肆宣称：“阖闾已经兵败于秦，不知死活，按照规定该我继位了。”于是，夫概自称吴王。

然而，世子波根本不认他这个叔叔，率兵登城守御，抵抗夫概，同时派人去向阖闾报告。夫概被困在城下，实在想不出招数，居然派人去联合仇人越国，夹攻吴国，并且答应越王，事成之后，割五城为谢。为靖内乱，阖闾不得不撤兵回国。伍子胥与孙武商量，决定以恢复熊胜的地位作为退兵条件。楚国君臣很爽快地同意了这个条件，于是吴国从容撤兵。

阖闾带领大军回国。夫概被前后夹击，战败身亡。阖闾自然要论功行赏，孙武不愿继续做官，一代兵圣功成身退，飘然而去。临行前，孙武以天道轮回的道理，劝告伍子胥急流勇退。可惜，伍子胥没有听进去。

吴军撤走之后，楚昭王才得以返回郢城，看到白骨如麻，城中宫阙多数被毁，不由得潸然泪下。无奈，只得先凑些礼物，打发秦国将士回国，然后也是论功行赏。大家公认申包胥求来秦军，功劳最大。申包胥却拒绝领赏，他认为自己当年因为私情放过伍子胥，有错在先，不能受赏。申包胥避入深山，终身不出。

经历这次灭顶之灾后，楚国的贵族们终于觉醒了。楚昭王从此勤勤恳恳，管理朝政，出台一系列政策，省刑薄敛，训练军队，修复关隘，严防死守。休养生息近十年后，才出兵报仇。楚国后来在楚昭王手中实现复兴，但已经彻底失去与北方争霸的底气，显而易见是伤筋动骨了。

八、夫子施政，笔削春秋

时间：东周 270 年

人物：孔子、少正卯

中原诸侯为了争王称霸缠斗得精疲力竭，纷纷偃旗息鼓，开始关起大门过日子，而南方各国还在为各种仇怨你争我夺、激战犹酣。不过，面对王室衰微、礼崩乐坏，仍然有人在做顽强的努力，想要“复辟周礼”，为周王朝摇摇欲坠的古老城墙做些修修补补。被誉为“大成至圣先师”的孔子就是其中一位杰出代表。

孔子，名丘，字仲尼，鲁国陬邑（今山东曲阜）人。祖上曾是宋国的大司马，因为打仗输了，导致家族衰落。父亲叫叔梁纥，传说其母梦到麒麟，感应而生孔子。据说孔子个子非常高，性格温和，博学多才，曾周游列国，弟子三千，桃李满天下。

孔子生活的时代，鲁国已经被季、孟、叔三家给瓜分了。他们各家都有自己的封地，在自己封地范围内各自为政，任用自己的家臣，跟三个小国家差不多，鲁国国君已经被架空了。可时间一长，执政的家臣又窃取了三家的大权，照葫芦画瓢，原样欺负自己的主子。

这些叛臣之中，最有名的一位叫阳货（阳虎），身高九尺有余，据说长得与孔子很像。他本来是季氏的管家，干着干着就把季氏的权力给篡夺了。所以，孔子生活的环境堪称恶劣，这深刻影响了他的思想。

孟家的儿子孟孙无忌是孔子的学生。经过和老师接触、跟老师学习，孟孙无忌越来越了解、敬重孔子，就向鲁国执政季斯推荐了自己的老师。季斯与孔子聊了一天，感觉一条鱼遇到了一片汪洋大海。这位执政虽然听不懂，但知道孔子博学多识、胸怀天下，就聘孔子为中都宰。孔子在中都做出了显著成绩，许多地方的人都跑来学习。鲁定公姬宋知道之后，就任命孔子为司空。

鲁国国君早就没有权力了，实力派阳货早有夺取鲁国执政位置的野心，于是就派人去招募孔子入伙辅佐自己。孔子预判阳货要造反，明确拒绝他的请求，并建议三大家族提前做好准备。不久，阳货果然作乱，被三家合力击败，使鲁国稍稍缓了一口气儿。

借着平定阳货之乱的东风，孔子建议季斯抓紧削弱各个邑宰（一县之长）的实力，具体策略就是要求邑宰降低城墙的高度，削减武装。季斯于是委任孔子代理相国，仅仅几个月时间，孔子就使鲁国风俗面貌焕然一新：集市明码标价，男女分开行路，路不拾遗，宾至如归，等等。

少正卯是春秋时代鲁国大夫，少正是其官职，卯是他的名字。少正卯也是鲁国的著名人物，被誉为“闻人”。少正卯和孔丘都曾开办私学，招收学生。因为少正卯见多识广，教学方法灵活，讲课引人入胜，多次把孔子的学生吸引过去听讲，只有颜回没有去过。孔子非常愤怒，借担任司寇一职，诛杀少正卯，罪名是他“言伪而辩，行僻而坚，虚名惑众”。满口仁义道德的孔子一朝有权就诛杀了少正卯，让很多人包括他的学生都很不理解，后人对此也多有诟病。当然，由于孔子在中国历史上的特殊地位，后世的读书人大多以为少正卯该杀。

孔子执政后，先是制定纲纪，然后教人们礼义，让人们知道廉耻，社会风气的确为之一变。但是，鲁国之所以弱小，是因为军事不强、土地不大、政权不集中。这么多关键问题，孔子一个都不曾涉及。所以，孔子很快就被鲁国君臣辞退了。辞退的原因，据说是晏婴病逝后，齐景公害怕齐国被鲁国兼并，就选了几个美女和若干好马送给鲁侯，以破坏孔子的施政。而鲁定公姬宋与执政的季斯就像没有见过美女的野蛮人一样，只顾贪图享乐，从此君王不上朝。

孔子在家焦急地等待，却始终没有得到召见的通知，只能喟然长叹："吾道不行，命也夫！"于是，不用等着辞退，自己收拾行李离开了鲁国，学生子路、冉有等人也一同辞职，坚定地跟随老师。

卫国的卫灵公姬元听说孔子来了，满心欢喜，连忙把他请到宫中，请教该怎么保家卫国、怎么打仗。但是，孔子却回答说："丘未之学也。"其实，孔子和他的弟子都清楚，也许这句话道出的正是孔子不受重用的原因。也就是说，孔子教授的六艺中的御和射只是个人能力的培养，而不是军事学。所以，孔子是教育家、思想家、哲学家，甚至是圣人，但他不是军事家。

孔子周游列国，一直没有得到施展抱负的机会，最后还是灰溜溜地回到了鲁国老家。后来，孔子呕心沥血，花费大量时间、心血整理鲁国的历史，修改了其中不合微言大义的部分，删除了其中无关治道人伦的部分，经过如此这般"笔削春秋"，最后成就了后世尊之的《春秋》。后人将平王东迁之后的近三百年历史称为春秋时期，就是由孔子在这里划定的。

本章小结

一路走来，这段历史看得让人惊心动魄。虽然兵圣孙武的出场似乎在向人们宣告，真正解决问题、结束纷乱的方式只能是战争。但诸子百家中最重要的几个人物也是在这个时期隆重登场的，他们甫一亮相就名震一时、惊动宇内，为华夏子孙带来一系列精神抚慰。朱子曾言，“天不生仲尼，万古如长夜”。特别是孔子周游列国的行为，虽然经常“累累若丧家之犬”，却在不经意、失意甚至挫败之间把儒学的光辉和仁义道德、周礼布达人间，为中华民族保留了一盏照亮万古的长明灯。

第十二章　惊天逆转唯勾践

一、杀祖之仇

时间：东周274年

人物：阖闾、伍子胥、夫差

吴王阖闾自败楚之后，登上人生巅峰，果然如孙武预言，开始享乐了。然而，他立为太子的儿子却早早病逝了，阖闾不得不召见伍子胥商议立储大事。

太子之子叫夫差，已26岁了，生得一表人才。听到消息后，就跑到伍子胥家里求告："我能不能当上储君就在相国一句话了。"伍子胥答应为他说话。于是，阖闾就把夫差立为太孙。

阖闾听说越王死了，勾践继位，就想趁着他们办丧事之机讨伐越国。越王勾践如临大敌，亲自督师抵抗吴国。

战场上，勾践祭出匪夷所思的招数：越军三百"死罪者"，在前线挨个儿自刎。吴兵被震得目瞪口呆，越军趁机迅速出击，吴兵乱成一团。混战中，阖闾的脚居然被越兵砍伤了，撤兵的路上竟然疼得一命归西。这样，吴国的太孙夫差把他爷爷安葬之后，登上了吴王的宝座。

夫差生怕自己忘了仇恨，每天都派人喊自己的名字来提醒要给爷爷报仇。守孝三年后，夫差准备报仇。

二、晋国四卿，自取灭亡

时间：东周 275 年

人物：晋国六卿

阴错阳差，造化弄人，随着一场接一场残酷的内斗，曾经的春秋霸主、本来最有力量的晋国日趋分裂。

晋设三军，每军置将、佐各一人，此六人分掌晋国军政，而被称为六卿。十几个强势家族轮流争夺六席卿位，待狐氏、先氏、郤氏、胥氏、栾氏等显赫的家族先后出局之后，晋国便只余下了范氏、中行氏、智氏、赵氏、魏氏、韩氏等六大强势卿族。

然而，卿位之争并没有因此而止步。在栾氏被灭之后的第五十三个年头，六大家族因分配不匀，又爆发了六卿并为四卿的八年之战。最终，赵家联合智、魏、韩三家，灭了荀家和士家。荀、士两家祖上都曾是晋国股肱之臣，他们的子孙却贪婪蛮横，最终导致家族覆灭。

如此一来，晋国的大家族只剩下“智、赵、魏、韩”四家了。

说来说去，诸侯竞争最终是大国之争，而大国稳定性较差，在内外诸种因素的作用下，稍有应对不当就容易分裂。太阳底下没有新鲜事，这一幕早在两千多年前就已经在中国上演过了。

三、勾践尝粪，韬光养晦

时间：东周 277 年

人物：夫差、伍子胥、伯嚭、勾践、文种、范蠡

吴王夫差守孝三年后，出兵攻打越国为祖父报仇。

越王勾践准备出兵迎敌。大夫范蠡建议说：“吴王死于吴越战争，他们举国报仇，我们无法抵挡。最好的方案是收缩战线，坚守要塞。”大夫文种则建议向吴国求和，等他们退兵之后再想办法对付他们。这两种方案勾践都没有采纳，反而集合全国之力迎战。

越国此时的军队规模大约是三万人。刀对刀、枪对枪，越国没有任何优势，战端一开，越军一击即溃。越王这才真正感到害怕。文种提出：“必须马上低头求和。”勾践问：“吴国要是不同意怎么办？”文种回答说：“吴国的太宰伯嚭贪财好色。而吴王惧怕伍子胥，喜欢伯嚭，咱们向太宰行贿，吴王肯定会听他的。即便伍子胥想阻止，也来不及。”

伯嚭很高兴地接受了越国的贿赂，然后就向吴王夫差转达越王的请求。夫差一听，马上跳了起来：“寡人与越王不共戴天，怎么能接受他们讲和呢？”伯嚭解释说：“大王，您忘了孙武说过的话吗？‘兵，凶器，可暂用而不可久也。’现在越王请求做吴国的臣子，女人们请求做吴王的侍妾，越国的宝器珍玩将全部贡献给吴宫。他们所祈求的，只是保留他们祖宗的祭祀而已。接受越国投降，利益巨大，赦免越国，名扬天下。如果非要灭掉越国，那勾践必定焚宗庙、杀妻子、沉宝贝，与吴国死战到底。您算算，哪个更合算？”

伍子胥一听就急了，连忙进谏说：“越国与吴国是近邻，势不两立。他们的土地我们可以居住，他们的舟船我们可以直接拿来用，这是江山社稷之利，千万不能放弃。更何况我们与越国有杀祖之仇，不消灭他们，那前面三年之誓意义何在？”

夫差也知道，伍子胥说得非常在理。不过，夫差心里已经接受了伯嚭的意见，就拿眼神暗示伯嚭对付伍子胥。这伯嚭果然也是个能颠倒黑白的人物，张口就说：“相国这样说可就错了！秦、晋、齐、鲁这些诸侯国可全是陆地，他们是不是也应该合并为一？如果说先王的仇恨绝对不可以赦免，那当年相国与楚国的仇恨岂不是更大？那为什么不把楚国灭了，而是答应与他们讲和呢？”

夫差连忙接过来话茬儿说：“太宰之言有理，相国你也别生气，等越国的供奉来了，我肯定也给你分一份。”

伍子胥一听，气得面如土色，退出之后仰天长叹：“越国只需要十年生聚，再以十年训练，用不了二十年，吴国就会灭亡。”

战败的越王把自己国库里的宝贝全部拿出来，又征集年轻女子三百三十人，全部贡献给吴国。越王和他的夫人也得到吴国做奴仆，他还特意带上了范蠡。临别时，勾践流着眼泪对大臣们说：“只怕此行是有去日，无归日了！”大臣们个个哭得一把鼻涕一把眼泪，悲恸欲绝。

文种劝说道：“当年汤王和文王、齐桓公与晋文公都遇到过困苦。有的时候，艰难困苦可能就是上天对君主和霸主的考验。所以，您不必悲伤，勿伤您的冲天之志。”勾践默默无言，仰天长叹，然后又举杯和送行官员洒泪而别。送别的大臣哭倒在江岸下，越王却头也不回、义无反顾地登舟而去。他知道，哭泣是没有意义的，诸侯争霸不相信眼泪。

无条件投降的越王勾践，到吴国的第一件事是必须去拜见吴王。所以，越王勾践露出肩膀，拜倒在吴王脚下，谢罪说道：“您的仆人、东海的勾践，由于不知天高地厚，居然胆敢与您开战。现在承蒙大王厚恩，饶了我一命，我都不知道该怎么感谢您！只能向您再三磕头了。”夫差听了十分受用，但依然得了便宜还要卖乖。他不光要羞辱越王，还惦记着让越王感恩。于是，夫差提醒勾践说：“寡人要是记仇的话，你肯定是活不到今天的！”勾践连忙再一次磕头：“臣实在是该死，都是大王慈悲为怀，饶了我的小命！”

伍子胥在一旁看到这一幕滑稽剧，实在是不甘心剧情就这样进行，就再一次提醒吴王夫差说：“勾践这个人心机极深，很阴险，他现在知道自己是釜中之鱼，生死全系于庖丁，所以就低眉顺眼地说些谄词鬼话，无非是想着能饶他一命。将来但凡有机会，他肯定会复仇。那样的话，可就如同放虎归山、纵鲸于海，我们就再也无法控制他了。”

夫差听了，非常不以为然："我听老话说，诛降杀服，会祸及三代。我也不是因为喜欢越王而不杀他的，只不过是怕得罪老天而已。"太宰伯嚭连声称是，同时贬损伍子胥说："伍子胥所说的只不过是一时之计，他根本没有考虑到国家的长治久安。大王您说的才是仁者之言！"

此时伍子胥郁闷之至。他对吴王、伯嚭这两位太熟悉不过了，你跟他们讲道理，他们却比你还能狡辩。伍子胥只能愤愤而退。

夫差接受越国的供奉之后，并没有马上宽恕越王，而是对勾践夫妇进行"劳动改造"。他让勾践夫妇给他养马，住的也是用石头垒成的窝。好在随同到吴国服役的范蠡朝夕侍侧，寸步不离，使得夫妇二人至少还残存一点君主的味道。

夫差听说范蠡的作为之后，很受感动，觉得这位范蠡才是个忠臣。哪像伍子胥，见了自己总是一通训斥，这让夫差很没面子。在夫差的头脑中，忠臣就应该是这种低眉顺眼、随时伺候的模样，所以吴王就想着重用范蠡，许其富贵。不料，范蠡竟然婉言谢绝了。

就这样过了三年。夫差一看，勾践像个奴仆一样老老实实干活儿，居然心生怜悯之意，想赦免了他。伍子胥听说夫差想赦免越王，心里着急，连忙求见吴王，急吼吼地说："当年夏桀没有杀商汤，商纣王没有杀文王，结果连老天爷都不帮他们了，转眼之间就大祸临头。最终夏桀被流放，商朝被周朝替代。大王，你现在已经囚禁了勾践，你要不杀了他，恐怕要重蹈夏朝和商朝的覆辙。"不知怎的，夫差这一回居然听进去了，大概是觉得完全没有必要去冒这种风险，虽然说起来弱国复仇是很小概率的事件。于是，夫差就又产生了杀掉越王的想法。

但是，夫差还没有动手杀掉越王，自己却先病倒了。估计生的是伤寒一类的大病，病得很重，连起床都十分困难。这时候，勾践做了一件令人匪夷所思的事情，声称自己会看病，可以通过尝吴王的粪便来判断病情。然后，勾践欣喜地告诉吴王，他的病会很快好起来的。

夫差被感动得一塌糊涂，感慨地说："这勾践应该算是最有仁爱之心的人了吧？作为臣子侍奉君父，还有谁愿意尝粪来诊断疾病吗？"感动之余，夫差告诉勾践，等寡人病好了，就送你回国。

伍子胥听到消息后又赶来请见夫差，尖锐地指出："这个勾践，他的内心可是如狼似虎的狠毒，但是他外表却装出一副人畜无害的样子。大王现在只是爱听阿谀奉承之词，却没有考虑将来会有大患；您这就叫不听逆耳忠言，而是喜欢谗言，养虎遗患。"夫差听后，生气地说："寡人这次病了三个月，差点起不来，也没有听到相国你说过一句好听的，这说明你不忠君；也没有见你给我送一样好东西，这说明你不爱主。你看人家勾践，对寡人那是既忠又爱。寡人要是杀了他这样的善人，恐怕老天爷都不会保佑寡人了。"伍子胥一听真的急了，大声喊道："大王你怎么全给说反了？那老虎伏下身子，肯定就是要攻击了；狸猫收缩身体，肯定是要捕猎了。勾践被逼无奈臣服于吴国，怨恨在心，他能低三下四地尝大王的粪便，实际心里头想的是食大王之心。大王，你要是中其奸计，我们吴国非完蛋不可。"

不管伍子胥如何规劝，吴王心意已决，讲出来的道理还一套一套的。伍子胥彻底绝望了。

夫差病好了之后，真的置办酒席，并且亲自送勾践出了城。

"韬光养晦"这一招能起作用，是因为大多数人分辨不出真假的缘故。而且看到自己昔日的敌人匍匐在自己脚下摇尾乞怜的惨样，大概是人生莫大的享受。对于大多数俗人来说，是很难看到未来可能发生的颠覆性转折的。

四、卧薪尝胆，连环计

时间：东周 280 年

人物：勾践、文种、范蠡、夫差

越王勾践像鸟儿飞出了笼子，日夜兼程，回国重掌朝政。回国后，勾践立即委任文种管理政务，委派范蠡训练军队，自己亲自到田里与农夫一起干活儿，妻子纺线织布，想方设法聚拢人心。勾践的这些举动感动了越国上下官民，经过十年的艰苦奋斗，越国终于兵精粮足，转弱为强。

勾践复仇的愿望极其强烈。他怕自己贪图享受、意志消沉，晚上就枕着兵器睡在稻草堆上，还在屋里挂上一只苦胆，每天早上起来就尝尝苦胆，让门外的士兵时时提醒他："你忘了三年的耻辱了吗？"这就是"卧薪尝胆"的由来。

为了麻痹吴国，勾践自己不吃肉，但对吴王夫差月月供奉，处心积虑地孝敬他、麻痹他。夫差确实被哄得特别开心，主动增加了勾践的封地。

夫差觉得天下太平，应该享受更大的乐趣，就想着在山上盖个豪华的宫殿，然后满世界悬赏求购巨型木料。

· 卧薪尝胆。越王勾践战败后以柴草为铺，并经常舔尝苦胆，以时时警醒自己不忘所受苦难的故事，后形容人刻苦自励，发愤图强。

文种知道后，立刻建议勾践道：“臣听说，‘高飞之鸟，死于美食；深泉之鱼，死于芳饵’。大王您既然志在报仇，那就应该先投其所好，然后就可以要吴王的命。”勾践有点儿疑惑，问道：“问题是，我们投其所好了，就能干掉他们吗？”文种回答说：“臣设想了七个毁灭吴国的方法：第一是花钱，让吴国君臣开心，放松对我们的警惕；第二是提高粮价，减少吴国的仓储；第三是送他们美女，迷惑他们的心志；第四是送给他们巧工良材，让他们建造宫殿，耗尽他们的财力；第五是扶持他们的谀臣，扰乱他们的战略；第六是消除他们的忠臣，削弱吴王的辅佐；第七是积累财富，积极练兵，等待他们露出破绽。”

勾践听罢，觉得文种这些招数极具操作性，立刻依计行事。以举国之力找到两根极其粗大的楠木，费千万人力，最终通过水路送到了吴国。

夫差一见，龙颜大悦，执意要用这两根大木头建姑苏台，任凭伍子胥怎样劝阻也无效。这个姑苏台，单单是备齐辅助材料就花了三年时间，后来又建了五年才落成，可见消耗了多少民脂民膏。

勾践的第二步，就是替夫差找美女。文种用半年时间，找到了两个绝色美女，一个叫西施，另一个叫郑旦。传说中，两个女孩在江边居住，每天都用江水浣纱，红颜花貌，如并蒂芙蓉。不过，美女光是脸蛋儿漂亮还不够，要想夺人心智，还要有内涵和才艺。文种对这两位美女进行了全方位的培训后，毕恭毕敬地送给夫差。

此时的中原诸侯集体萎靡不振，楚国也问题多多，争霸舞台上上演的，主要就是吴、越两国的恩怨情仇大戏，所以这一段历史被称作“吴越春秋”。

吴国很强大，夫差很膨胀，有一天竟然做起了让中原诸侯向他低头的春秋大梦。夫差虎视眈眈，时刻寻找着属于自己扬名立万的机会。

机会很快就来了。正好在这时，齐国出现了颠覆性的变动。齐景公吕杵臼七十多岁了，依然不肯立世子，非要等最小的儿子长大成人。结果，齐景公一死就引发了齐国内战。这一阶段，齐国的田家刚刚崛起，内战的结果直接导致田乞独相齐国。

齐国与鲁国有了过节，齐国请求吴国出兵一同伐鲁。这个请求让夫差大喜过望：“我早就想到中原示威了，这回可算是师出有名了！”夫差几乎是不假思索，立刻接受了齐国的请求，准备出兵伐鲁。

而鲁国一听，立马投降。既然鲁国已经投降了，这仗就用不着打了，于是齐国就派人去通知吴王说：“不需要大王再辛苦了。”夫差一听大怒，转脸就把矛头指向齐国。鲁国一听，立马派人给吴国进贡，请求吴国出兵讨伐齐国。

而此时的齐国毫无战斗力。齐相田乞去世后的陈家掌门人田恒，趁机用鸩酒毒杀齐悼公吕阳生。然后报告给吴王，说齐侯已经得病死了，是上天代上国惩罚了他，我们愿意世世代代服侍上国。

一看中原诸侯这般㞞样，吴王夫差十分骄狂，接受齐国的赔偿后，得意扬扬班师回国了。勾践听说夫差得胜回国，立刻献上西施等美女。夫差一见美女，视为仙女下凡，“魂魄俱醉”，从此以姑苏台为家，过上了神仙日子。

而在越国，文种的招数一个连着一个。越国出现粮荒，文种建议试着向吴国借粮说：“如果吴国同意借给我们粮食，就意味着老天爷都站在我们这一边。”夫差毫无警惕，真的借给越国粟米万石。越国人沸腾了，高呼“万岁”。勾践用这部分粮食分配给本国的贫民，百姓无不感恩戴德。

第二年，越国粮食大丰收，勾践就问文种怎么办。文种回答说：“我们挑选最大最好的粟米，蒸熟了再还给他们，他们一看我们的米好，就会用来当作种子，这样就好办了。”

夫差看到越国还回来的粮食，个个粒大饱满，当即下令留作种子。结果可想而知，第二年，吴国大部分地区庄稼绝收，直接导致民不聊生、军粮供给紧张。

与此同时，越王在加紧备战。范蠡还专门聘请了国内最高明的击剑大家和神射手作为全军总教练。

伍子胥得到越王练兵的情报，连忙求见夫差。伍子胥流着眼泪对吴王说：“越王在不分昼夜地训练士兵，越国现在的剑戟弓矢无不精良。

一旦他们有隙可乘，我们吴国将大祸临头。”夫差一听吓得立刻清醒了一点，于是就动了兴兵伐越的念头。如果此时吴国真的能对越国动手，越国复仇大计能否顺利实施还是个未知数。可惜历史没有假设。

五、螳螂捕蝉，黄雀在后

时间：东周 286 年

人物：田恒、子贡、夫差、勾践、伍子胥

真实的世界一定是多种力量综合作用的结果，吴、越之间的矛盾肯定也会受到其他国家的影响。此时，齐国的田氏家族经过几代人的努力，正在蓄谋夺取齐国的侯位。最后的阻力来自齐国的柱国重臣高、国两家，这两家势力依然很大。田恒觉得需要想办法把这两大家族给灭了，但是整倒这两家需要找理由，于是就建议齐简公吕壬说：“鲁国乃我们的近邻，居然敢联合吴国向我们进攻，这个仇不能不报。”齐简公觉得有道理。

于是，田恒名正言顺地推荐国、高二将带兵去灭鲁国。田恒真实的想法是，如果这两人完不成任务，就有了处分他们的理由。

孔子听说齐军已到鲁国国境，大惊失色：“鲁国乃是父母之邦，如今面临侵略，我们不能不救！”于是就问他的学生们：“谁能为我出使齐国，来阻止他们侵略鲁国？”好几个学生都主动申请，孔子都一一否定，直到子贡站出来才点头同意。

这是孔门弟子的高光时刻，子贡（端木赐）闪亮登场。司马迁用“相辅相成”来表述孔子与这位学生之间的关系。子贡是个巨富，能和诸侯分庭抗礼，广受尊重，但子贡总是谦虚地告诉大家，自己只是米粒之光，而自己的老师那是日月之光，天生圣人。

子贡出使，第一站是去齐国找田恒，这是救鲁国的关键。田恒知道子贡乃是孔门高弟，肯定是来游说的，所以就端着个架子，满脸严肃地接待子贡。

田恒劈头就问：“先生此来，是为鲁国做说客来了？”子贡回答说：“哪里哪里，我是为齐国而来。这鲁国是一个最难啃的硬骨头，不知道相国为什么要干这费力不讨好的事儿？”田恒很奇怪地问：“鲁国怎么会是难伐之国？”子贡回答说：“鲁国的城墙又薄又矮，他们的护城河又窄又浅，他们的君主非常柔弱，大臣也都十分无能，将士更没有能征善战的，所以我说他们‘难伐’。我要是给相国出主意，肯定建议相国讨伐吴国。吴国的城池高广、军力强大，将军士兵也都久经沙场，这个要容易打得多啊！”田恒一听，当场发怒：“先生你这样颠倒难易，难道把我当成傻子吗？我实在是听不懂你在说什么。”

子贡淡淡地说：“您先让左右的人退下，我才好为您解释。”田恒连忙让手下人退下，然后向子贡请教。子贡说：“我听说，‘忧在外者攻其弱，忧在内者攻其强’。我看您现在的状态，应该是和其他的大家族很难共事了。您让他们带兵消灭了弱小的鲁国，就会增加他们的功劳，而不是相国的能耐。这样一来，高、国两家的力量都会增大，那相国的日子可就不好过了。如果让他们转向去进攻吴国，那他们肯定完不成任务，这样才是最有利于相国的，我说得对吧？”

这真的是当局者迷、旁观者清。田恒一下子听懂了，原来还真是自己搞错方向了。田恒马上谦虚地请教道：“先生之言，开我肺腑。现在的问题是，齐国的军队已经开到鲁国边境，如果这时候转向吴国，所有的人都会质疑我的动机，这该怎么办？”子贡回答说：“您先按兵不动，等我去南方，去请见吴王，让他派兵救鲁而伐齐，然后您再去和吴国开战，自然就名正言顺了。”

子贡星夜赶到吴国，求见吴王说：“上回吴国和鲁国联合起来伐齐，齐国怀恨在心。现在齐军即将伐鲁，大王您应该先发制人，伐齐救鲁。打败齐国，收服鲁国，威慑晋国，吴国即为霸主。”夫差点点头说：“寡人正想着兴师伐齐问其不贡之罪。不过最近听说越君勤政训武，怕是准备偷袭吴国。所以，寡人准备先讨伐越国，然后再去讨伐齐国。”

子贡却摇摇头说：“不是这样的。越国是弱国，伐越能有什么利益？而放纵齐国，却会引发大患。大王您如果担心越国，我请求作为大王的使者去见越王，让他亲自带领人马跟随吴国出征，您看如何？”夫差一听非常高兴：“如果是这样，那我可就太满意了。”

消息传到越国，勾践听说子贡这个大名人要来，出城郊迎三十里，然后恭恭敬敬地向他请教。不料，子贡冷冷地说：“我是特地来给你吊丧的！”勾践更加谦卑：“这是我的福分啊！还请您详细说明。”子贡说：“我见了吴王夫差，建议他出兵伐齐救鲁，但吴王却疑虑越国会偷袭他们，他的意思是先灭掉越国。如果你没有报复人家的意思，却让人家怀疑，可谓是笨拙；如果有报复人家的志向，却让人家提前知道了，这就是危险。”

勾践一听，赶忙说：“请先生救我！”子贡说：“这事儿也不难，大王只需要拿出金银财宝行贿，并表示可以亲自率领军队跟着他们伐齐就可以。他们输了，吴国就会衰弱；赢了，必然狂妄。不管输赢，对越国都是机会。”勾践再一次深深地施礼：“越国肯定一一听从先生教诲！”

听了子贡的建议，勾践赶忙派文种到吴国，表示越王愿意做吴国先锋，披坚执锐，亲受矢石。夫差一听，十分欣慰，然后又大度地表示，这三千士兵跟着就成，怎能真的让越王当兵呢?

然而子贡离开吴国之后，并没有直接回鲁国，而是又北上前往晋国，求见晋定公姬午，当面劝道：“臣听说，‘无远虑者，必有近忧’。如今吴国出兵伐齐已经确定无疑。如果这一仗吴国赢了，他肯定会和晋国争夺霸主的地位，您应该提前修兵做好准备。”晋定公觉得有道理，连声称谢。

听说吴兵要远征，伍子胥再次进谏吴王：“越国是我们的心腹大患，而齐国挑衅只是疥癣之疾。臣担心的是，我们还没有与齐国打出输赢，越国的危害就已经降临。”夫差一听大怒：“你这老贼试图阻挠我们吴国争霸，该当何罪？”吴王怒火万丈，他觉得在伍子胥眼里，自己就是一个傻子，所以吴王真的想杀伍子胥了。

结果，吴王出兵伐齐，齐国被打得大败。齐简公吓坏了，连忙派人送上大把的金钱，谢罪请和。齐国虽然失败，但齐国相爷田恒却实现了削弱齐国残存的大家族势力的目的。夫差更不用说了，可以说是凯旋。

听说吴国赢了，勾践立刻来朝拜吴王，而且献上重礼。夫差十分满意，下令再一次增加越国的封地。然而，伍子胥却认为灾难已经无可挽回，所以他跪倒在夫差跟前，流着眼泪再次劝谏：“呜呼哀哉！我们吴国实在是危险啊！眼看我们的江山社稷不保，庙殿坍塌的危险就在眼前！”

夫差听了大怒：“你这老贼，总想让寡人什么事儿都听你的，看来你就是意在夺权。寡人只是看在先王的面子上，不愿意杀你罢了，你走吧，别让我再看到你！”伍子胥和夫差，以前一对合作愉快的君臣就这样撕破脸，夫差下令赐死伍子胥。伍子胥知道大势已去，不劳别人动手，挥剑自杀。

伍子胥死后，夫差像拔了眼中钉那样痛快。伯嚭当上了相国，更是兴奋不已。

吴王要增加越国封地，勾践却坚决地辞掉了。对于越国来说，现在更需要集中力量，等待机会奋起一击。勾践回国之后，加快了军备步伐。

夫差更加恣意骄横，一心想要进一步动作。太子姬友听说父王还准备率领军队去北方主持诸侯大会，既想劝谏，又怕老爹不高兴，就自导自演了一出独幕剧。

一大早，姬友拿着弹弓从后花园里出来，衣服上沾满了泥泞，狼狈不堪。这一招成功地吸引了夫差的眼球，问儿子是怎么回事。姬友回答说：“我刚才在后花园，听到树上有蝉鸣，就过去看，看见秋蝉后头有一只螳螂，准备捕蝉；而螳螂却不知道有一只黄雀，准备啄食这只螳螂；黄雀想吃螳螂，却不知道我拿着弹弓准备击杀它；而我只想着对付黄雀，却没注意旁边有一个深坑，一下子给掉了进去，弄得满身污秽不堪，让父王见笑了。”吴王哈哈大笑说：“这都是因为你光顾贪图眼前利益，不顾后患，天下没有比这更笨的了。”姬友回答说：“我觉得天下还是有比我更笨的。那鲁国并没有冒犯邻国，但齐国却准备讨伐他们；齐国还以为自己能吞并鲁国，却不知道吴国已经在集结全国的军队，准备长驱千里而进攻。吴国大败齐师，以为自己能够征服齐国，却不知道，越王已经在训练死士，即将偷袭吴国。这难道不是一个比一个蠢吗？”吴王一听大怒：“这还是伍子胥常说的那些屁话，我早就听烦了，你却把它捡起来，难道要阻挠我们吴国称霸大业吗？再说这些，我就不认你这个儿子了！”姬友害怕，只好诺诺辞出。这就是“螳螂捕蝉，黄雀在后”的来历。

夫差不听劝阻，一心想过一把霸主的瘾，兴冲冲地率领国中精兵，去北方参加诸侯大会了。勾践得知吴王已经率领大军出境，就和范蠡率领经过长期训练的精兵强将，从海路袭击吴国。吴国国内空虚，根本抵挡不住。太子姬友被杀，姑苏台也被一把大火烧毁。

吴国将士在千里之外听到自己家国被袭，吓得肝胆俱碎，筋疲力尽之余，斗志全无。夫差依然命令手下立刻夺回失地，结果彻底失败。而接连的战败，从根上动摇了吴国。最后，夫差终于害怕了，把伯嚭抓过来，让他去向越国求和。伯嚭只好光着上身去给勾践磕头，请求赦免吴国。

范蠡认为现在还没有办法直接灭掉吴国，可以用讲和的软刀子削弱吴国，建议勾践同意讲和，然后一路凯歌班师回国。

六、齐国政变

时间：东周 289 年

人物：田恒

吴国的战败，导致中原诸侯压力顿消，齐国的田家更是抓住机会，直接夺取了齐国的权柄。

公元前 481 年，田恒发动政变，杀死了齐简公吕壬，拥立他的弟弟吕骜继位，史称齐平公。田恒专权，却又十分担心诸侯讨伐，就广泛行贿于诸侯。在国内，田恒则尽可能让平民得利，救济贫乏，齐国人渐渐接受了他。田恒一点一点消除了旧家族的残余势力，把齐国一多半官员变成了自己家人。就这样，到了田恒四世孙田和时，干脆废除了齐康公吕贷，自立为国君，正式取代吕氏江山，姜子牙的后代最先丢掉了自己的国家。

田恒的招数很奇特，他娶了一百多个美女做姬妾，但私下又鼓励她们与自己的门客来往，生了七十多个男孩却都归田家。虽然这些人不是田氏血脉，但在法统上依然算是田氏家族的人。

此时的楚国也发生了严重内乱，原太子熊建的儿子熊胜请求楚王讨伐郑国，为自己的父亲报仇，令尹子西反而出兵救郑国，熊胜制造混乱杀死了令尹子西。楚国贵族集体反击，熊胜兵败自杀，楚国才转危为安。

七、鸟尽弓藏，春秋谢幕

时间：东周 297 年

人物：夫差、勾践、文种、范蠡

一年之后，越王勾践得知，吴王夫差自战败之后一直萎靡不振，沉溺于酒色，而且吴国连续灾荒，百姓积怨甚多。勾践认为时机已到，再次集合全国之力，讨伐吴国。

夫差只得打起精神，集结兵力与越国对战。越军再一次不按常理出牌，提前在半夜直接出动，一举击垮吴兵。勾践亲自率领大军追击，不给吴国任何喘息的机会。

越军围困吴国都城，夫差派他的孙子肉袒膝行，跪在勾践的跟前，请求再一次饶恕吴国。可能羞辱敌人实在是一种享受，勾践差一点就同意了。范蠡一看，这可不行，就提醒勾践："大王您卧薪尝胆二十年，难道在即将成功的时候准备放弃吗？"勾践一下子醒了过来，拒绝了吴王的投降。

吴国完全丧失了斗志，伯嚭立马投降，夫差逃出城后被包围在一座小山上。他最后的一点希望是说服文种、范蠡二人饶他一命，就写了封信射入越军营中。文种、范蠡两个人同时看到来信，上面写道："常言说，'狡兔尽则良犬烹'。"吴王希望越国重臣文种和范蠡养寇自重，可是文种、范蠡都不是贪婪之辈。文种写了一封回信，用箭射到山上，上面写着："吴国犯了六大错误：第一是杀戮忠臣伍子胥……

第六是不给自己祖父报仇，纵敌贻患。”夫差终于明白，哭着说：“我杀死了伍子胥，无颜见列祖列宗！”于是拔剑自刎。

勾践率军挺进姑苏城，占领吴王宫，紧接着下令杀掉伯嚭并灭其家族。

吴国当时最为强大，居然被越国灭掉了。所以，中原诸侯都觉得越国实在强大，周王室赶紧任命勾践为“东方之伯”。勾践把吴国切割成几块，分给楚、鲁、宋几国，诸侯们坐享其成，一致尊越为霸。

胜利之后，范蠡飘然而退。临走之前，范蠡给文种留下一封书信，里面写道：“文兄还记不记得吴王临死前说过的那句话？‘狡兔死，走狗烹；敌国破，谋臣亡’。越王可与共患难，不可与共安乐。老兄你今天不退，怕是将来免不了大祸！”文种看后不以为然。

范蠡毅然决然远离政治，投身经商。至于带着西施泛舟西湖，那只是后人的寄托与编造。范蠡颇有经商的天赋，没过几年就成为巨富，成为中国历史上横跨政商两界的传奇，“陶朱公”就是他的别号。

胜利后的勾践把吴国分割给其他诸侯，但对内却没有任何封赏，反而与之前的大臣日渐疏远。文种想起范蠡的提醒，为了躲祸干脆请了病假。勾践估计是怕自己的后代压不住文种，并没有放过文种，最后逼其自杀。后世常把文种和伍子胥并列，视他们为著名的悲剧人物。

没过几年，勾践死了。其子孙后代没有留下更为闪光的故事。可能是吴国和越国并没有多少底蕴，他们只是把所有的力量投入了战争，最终所收获的只是短时间的亢奋而已。

····本章小结

吴越春秋落幕这一刻，也是整个春秋时代结束时。春秋时期，虽然周王室始终风雨飘摇，诸侯各国也经常动荡不安，但总体上各种争王争霸的行为都是在周礼的框架中进行的。但是，无论孔子等人如何哀叹，毕竟拉不住一个时代渐渐远去的身影，也阻挡不了一个新时代滚滚而来的金戈铁马。

战国篇

第十三章　战国七雄齐登场

一、三家灭智，卞庄刺虎

时间：东周 317 年

人物：赵无恤、智伯

世界历史上一个极为特殊的时代——战国开始了。这是一个群雄逐鹿的时代；这是一个经济飞速发展、商业发达的时代；这是一个三教九流百家争鸣的时代；这是一个君主专制社会取代分封制社会的大变革时代；这是一个中国的农业、纺织业、思想、科技、军事和政治发展的黄金时代。

中国社会在经历了三百年春秋争霸赛后，各国诸侯已经变得越发不守规则了。这时候，旧秩序修复的可能性已经基本消失，但应该建立什么样的新秩序，摆在君主们面前的有各式各样的方案。最终，大多数人还是选择了用战争解决问题。

春秋战国的分界线，画在了当年最强大的霸主晋国的分裂上。晋国长期以来一直是设置六卿理政，自士家、荀家两家被灭掉后，就剩下了智、赵、魏、韩四大家族。

此时晋国的执政者叫智瑶，号为智伯。齐国田氏弑君专国居然被各路诸侯默认了，这件事无疑极大地鼓励了一些暗藏野心的人。晋国四大家族觉得此事可以效仿，便纷纷不顾一切致力于扩建自己的地盘。相比之下，晋出公姬凿的地盘比这四大家族还要小。

这时候，家族的兴衰存亡全看家主的本事，其中选择接班人成为关键的一环。赵家家主选择赵无恤做接班人就堪称典范。赵无恤的母亲只是一个婢女，正常的年代是不可能成为家主的，但赵无恤学问人品都好，远远超过他的兄弟们，所以被选为赵家的接班人。智伯曾因喝酒等琐事与赵无恤翻脸，居然要求赵家撤掉赵无恤的继承权，赵家毫不犹豫地拒绝了，所以两家关系很紧张。

智家选接班人时也很认真，也是要选最优秀的，问题是优秀的标准不太一致。赵家是一个优等生，其他皆为差等生，赵家以优秀而不是血统为标准，接班人的选择就是唯一的。但智家却同时有几个优等生，选择就出现了困难。

智家候选人有智瑶和智宵两个小字辈。掌门人智徐吾与族人智果商议，智徐吾问道："我觉得智瑶比较合适，你说呢？"智果却回答说："我觉得他不如智宵。"智徐吾说："智宵无论才华还是智慧都不如智瑶，还是智瑶更合适吧？"智果却摇摇头，说道："智瑶有五大优点：长得帅、善射御、多技艺、能写善辩、坚毅果敢，但他的缺点是贪残不仁。如果他以自己的五大优势去欺凌他人，再加上他的不仁，这世界谁受得了他？如果您一定要让他做接班人，智家必然灭亡。”然而，智徐吾却不以为然，最终还是让智瑶做了接班人。

智徐吾认为自家的儿子很优秀，堪当大任，但在旁观者眼中，这种优秀可能会给家族带来灭族之灾。中国历史上的亡国之君，很多都是聪明人，比如，史书中说商纣王就是顶级聪明人，说其才智掩盖其恶名，就是因为能耐太大了，最终把自己弄成了孤家寡人。纵观历史，最好的接班人是能德才兼备，这是中国人用无数的教训得出来的结论。

智果一见劝说无效，怕跟着智家遭受灭顶之灾，转身就去请求太史，申请改了家谱，自称辅氏。因为过去的惩罚是以家族为单位的，聪明的智果不得不防患于未然。

智瑶继位之后，独揽晋国大权，而且手下人才济济，实力大增，于是也产生了取代晋侯的想法。田家用了几代人的时间，一直借齐侯的名义打压其他家族，最终才实现了一家独大。如今，晋国仍然是四大家族共同把持朝政的状态，智瑶就已经迫不及待了。

智家谋士絺疵献上一计："目前四大家族势均力敌，一家先发制人，势必会遭到其他三家的抗拒。所以，我们必须先削弱另外三家。"智瑶问："有什么办法削弱他们？"絺疵回答说："如今越国的声望正高，我们晋国的伯主地位给弄丢了。主公您可以宣称，要出兵与越国争霸，传晋侯的命令，却让韩、赵、魏三家各献地百里，充作军费。他们遵命，我们坐收三百里。如有不服，就消灭他们。这个办法叫作'食果去皮'。"智瑶完全赞成，又问具体怎么操作，絺疵说："我们现在与赵家不对付，应该先韩次魏，韩、魏两家都同意了，赵家不敢不同意。"

客观评价，这个计谋很蠢，堪称"逢君之恶"的典范。你可以拉两家打一家，但不能同时得罪三家。

韩家家主韩虎一听到智家这不讲理的要求，立刻原地爆炸，准备出兵抵抗。谋士段规却建议先低头，让赵、魏两家出头，等打起来后，坐观胜负。韩虎一听有道理，就同意了。

智瑶见韩虎居然接受了自己的剥削，以为计策奏效，就设宴款待韩虎。可是到了宴席之上，智瑶却讲了一个“卞庄刺虎”的典故，羞辱了韩虎君臣一番。卞庄是春秋时期鲁国卞邑大夫，传说能够独力与虎格斗。卞庄想要去刺杀老虎，旅馆的童仆建议说，两只老虎正在争抢一头牛，结果肯定是大虎受伤、小虎死亡。到那时候你再去刺杀受伤的大老虎，一举就能博得杀死两只老虎的美名。卞庄认为有道理，照做下来，果然获得刺杀两只老虎的功劳。

智果听说之后，连忙来劝谏智瑶：“主公戏弄和侮辱韩家君臣，韩氏必然怀恨在心，我们必须防备他们，不然怕有大祸。”智瑶却高声喊道：“我不祸害他就够意思了，还有人敢祸害我？”智果说：“蚋蚁蜂虿都能伤害到人，更何况这些大家族！”智瑶不屑地说：“我将效仿卞庄，一举刺三虎！”

接着，智瑶又派人去魏家要地，魏家家主魏驹一听也是怒火满胸，当场就想翻脸。谋臣任章也建议忍耐，道理与韩家智囊如出一辙：“智家要地不妨给他……智氏的灭亡不远了。”魏驹认为有道理，就把自家的一个万家之邑献给了智家。

智瑶轻松得到两家土地之后，又去向赵家张嘴要地。赵无恤一听，旧恨新仇涌上心头，直接怼了回去：“韩、魏他们两家有地愿意给别人，我管不着，但我不可能把先人的土地献给别人！”智瑶似乎就在等着这样的机会。赵家拒绝献地，他立刻出动自家的武装，同时还邀请韩、魏两家一起攻打赵氏。智瑶答应两家，灭了赵家之后，三家均分土地。韩、魏两家觉得跟着喝口汤还是可以的，就被智瑶说服了。

赵氏谋臣张孟谈得知家主拒绝了智伯，就断定战争不可避免。他立刻建议赵无恤转移到晋阳，说这是上一代家主的临终交代。晋阳乃是赵氏家族几代经营的根据地，老百姓完全认同赵氏家族。赵无恤进城一看，百姓亲附，城堞高固，仓廪充实，心里头一下子就踏实了。赵家备战工作是几代人一贯制，比如说，筑墙之物皆为箭杆，宫殿支柱都是精铜，粮食的储备也非常充足，根本不怕战争。这就是“晴天准备雨天粮”的大智慧。

智、韩、魏三家兵到，分作三大营，把晋阳城包围得铁桶一般。面对危情，张孟谈从容地说道：“现在是敌众我寡，我们先凭借深沟高垒，坚闭不出。韩、魏两家和我们无仇无怨，肯定不会齐心协力。他们的联合长久不了。”

赵无恤亲自去抚谕百姓，表示与大家共存亡，全城百姓集体响应。只是谁也没想到，这一下子就是一年。

围困晋阳一年不能取胜。智瑶不耐烦了，觉得必须出奇制胜。有一天，智瑶登山远望山河，忽然间想出大招来，连声说道：“我找到破城的办法了！”他立刻派人去请韩、魏两家家主来商议，告诉他们办法就是“引水灌城”。这个办法的确有效，晋阳城池被大水冲击，形势变得十分危急。这突如其来的变故，逼迫赵氏家族必须立刻采取行动。

张孟谈说：“韩、魏两家献地给智家，肯定是不甘心的，今日他们跟着出兵，也只是迫于形势。臣今天夜里就潜出城外，去说服韩、魏两家家主，让他们反戈一击，消灭智伯，我们才能免除此患。”

赵家和韩家的关系十分亲近。张孟谈打扮成智家的军士，黑夜里缒城而出，径奔韩家大寨，号称是智元帅有机密事，需要当面报告。张孟谈见了韩虎，请求让左右退下。韩虎同意，转身问他何事。张孟谈直截了当地说：“我乃是赵氏之臣张孟谈，有心腹之言要说。将军要是同意，我才敢开口；如果不同意，那我就死在将军之前。”韩虎说：“你有话只管说，只要有理，我会听的。”

张孟谈说：“我们晋国现在只剩下了四大家族。智瑶依仗自己势力最强，联合韩、魏，准备消灭赵氏。我认为只要赵氏灭亡，后头肯定会祸及韩、魏。”

韩虎一下子就听进去了，沉吟半天未做回答。张孟谈继续说道：“韩、魏跟随智伯，无非是指望胜利后，三分赵氏之地。可是智家之贪婪，前头割地之举已经暴露无遗。赵氏灭亡之后，智氏将更加强大，难道会分给韩、魏吗？即使当下能做到三分赵地，谁又能保证智氏将来不会再索取土地？还请将军认真考虑一下！”

韩虎问：“先生你意如何？”张孟谈回答道：“依臣愚见，不如我们三家合作，反攻智伯，三家均分。我们三家世世代代唇齿相依，岂不更佳？”韩虎点点头说：“有道理，不过我得和魏家商量一下。你先回去，三日后再来听我答复。”张孟谈说：“我万死一生才来到这里。我就在您这里等待两位家主商量的结果。”

第二天，韩虎见了魏驹，向他通报了赵家的建议。魏驹有些犹豫，说道：“缚虎不成，反受其害。这事儿得想好了再干，不可造次。”

结果又是智瑶逼着韩家、魏家下决心。智瑶在山上摆酒席，邀请韩、魏两个家主一起观看水势。一高兴，这智瑶又满嘴跑火车说：“我现在才知道，河流非但不是城市屏障，反而会加快灭亡。”

智瑶的无心之语惊醒了梦中人。魏驹、韩虎两人互相看了一眼，眼里都闪过一丝恐惧。等到席散之后，两人连忙告辞。智家的家臣发现苗头不对，提醒智瑶要警惕这两家的背叛，可自信满满的智瑶压根儿不信。

韩虎、魏驹终于下了决心，与张孟谈歃血为盟，一起约定：“明天半夜我们将会决堤泄水，赵家只要一看到水退，就从城里冲出来，我们三家一起，共擒智伯。”

韩虎、魏驹半夜派兵偷袭智家的守堤军士，向智家营地方向掘开口子，形势瞬间逆转。结果智瑶被杀，韩、赵、魏三家合力灭了智氏家族。

二、三家分晋

时间：东周 367 年

人物：赵无恤、豫让、周威烈王

赵无恤杀死智瑶，依然不解恨，还把他的脑袋砍下来做成便壶。智瑶的家臣豫让本来逃到山中了，听说此事之后，决心为智瑶报仇。他先是装扮成囚徒，行刺不成被捉。赵无恤不忍心杀他，便释放了他。

但豫让并没有放弃复仇，而是漆身毁容，吞炭伤喉，变身乞丐后，再次行刺，再次被捉。

赵无恤非常生气，无法理解豫让的不依不饶，就问他：“你最早的时候是范氏家臣，范氏被智瑶所灭，你反而为智瑶工作。如今你却没完没了，这是为什么？”豫让回答说：“如果君待臣下如手足，臣待君如心腹；君待臣下如犬马，臣待君如路人。智瑶对我解衣推食，以国士相待，我自然要以国士报之。”豫让是用生命回报知遇之恩，最后借赵无恤之剑自杀了。

赵无恤让豫让这样一闹，也有了心病，心神恍惚，好多年都无法痊愈。赵无恤临终的时候，告诉他的世子赵浣说：“应该趁此机会，约韩、魏三分晋国，各自独立建国，传给子孙后代。如果迟疑不定，一旦反复，我们赵家肯定不保。”

这个决定与此前赵氏孤儿的悲剧遥相呼应，从家族角度看无可厚非。但由于晋国一分为三，东方诸侯就失去了制衡秦国的力量。

就这样，赵、魏、韩三家合谋，只给晋幽公姬柳留下两邑为俸食，其他的都被三家分了，对外号称“三晋”。

时任齐国相国的田盘（田恒之子）一看，三晋居然走到自己前头了，于是就把自家的人都委派成大夫，完全把控了齐国政权。

为了巩固成果，晋国三家向周王室行贿，请求周王直接册命他们为诸侯。按理来说，这是对周礼摧毁性的破坏。但周威烈王姬午收到礼物后竟然很高兴，真的赐赵籍为赵侯，赐韩虔为韩侯，赐魏斯为魏侯。

云淡风轻中，最强大的晋国消亡了。这件事拉开了战国序幕，宣告了强权时代的来临。

三、朝令夕行，铁石心肠，西门渠，同甘共苦

时间：东周 369 年

人物：魏文侯、乐羊、西门豹、吴起

新时代需要新规则、新方法。魏国最早意识到，人才决定成败。开风气之先的是三晋之中的魏文侯姬斯。这位新晋诸侯礼贤下士，魏国一下子就吸引了天下最多的人才。

魏文侯以恪守信用著称天下。有一次，魏文侯与人约定午时打猎，早朝的时候忽然下雨了，许多人自然认为打猎活动取消了。但魏文侯依然冒雨赴约，以示守信。于是魏国的政令朝令夕行，没有人再敢违抗。这就是信用的力量。魏国的实力因此大增，然后把兼并的矛头指向了有血缘关系的中山国。此时的中山国君主是中山武公姬窟，其母亲是魏文侯的女儿公子倾，魏文侯是他的外公。

外公准备兼并外孙的中山国，这事儿听起来有点蹊跷。魏文侯的亲弟弟姬成提醒说："中山距离赵国很近，即便是我们打下，恐怕也难守住。"魏文侯说："问题是如果赵国得到了中山，他们的势力可就更大了。"

魏国越界而动，难度有点大，需要找一个能干的将军。翟璜推举了乐羊，说此人文武全才，可以担任大将。魏文侯问："何以见得？"

翟璜就讲了乐羊夫妻的两个小故事。第一个是乐羊捡到钱带回家，他老婆说："志士不饮盗泉之水，廉者不受嗟来之食。"乐羊醒悟，

把钱放回原处。第二个是乐羊游学，半途回家。乐羊的老婆以刀断丝，以示中途而退之无果。乐羊深受触动，于是再次游学，七年方回。翟璜郑重推荐乐羊。有人打小报告说，这个乐羊的儿子乐舒就在中山国当官，会不会影响乐羊的忠诚？

翟璜说："这个中山君也曾经招聘过乐羊，乐羊拒绝前往。说明乐羊是个明白人。"见了乐羊，魏文侯当面问乐羊："寡人现在想把兼并中山国这件事委托给你，不过听说你儿子在中山国做官，你看这事儿该怎么办？"乐羊回答说："大丈夫建功立业，各为其主，岂能以私情废公事哉？"

于是魏文侯就拜乐羊为元帅，派遣西门豹为先锋，率兵五万，前去讨伐中山。乐羊引兵围了中山，中山武公连忙令乐羊之子乐舒出面，说服他爹退兵。乐羊一见乐舒，直接开骂："君子不居危国，不事乱朝。你贪图富贵，不知所以。你现在唯一能做的，就是赶快劝中山君投降。"乐羊休兵一个月，等中山君投降。但中山武公却认为乐羊为了儿子不会真打，连续拖延三次，不战不降。

魏文侯身边的人见不得乐羊越级提拔，纷纷上书，怀疑乐羊受贿、背叛。魏文侯把这些告状信都包在一个盒子里，时不时派遣使者慰问乐羊。乐羊非常感动，亲率将士攻城。

危急之下，中山武公将乐舒杀了，做成肉羹，和脑袋一起送给乐羊，想着乐羊伤心之下就会放弃攻城。不料，乐羊反而当着使者的面，吃了一碗肉羹。让使者回去告诉姬窟，城破之时，原样奉还。这铁石心肠吓得姬窟心胆俱裂，于是自行了断，上吊死了。

魏文侯设宴为乐羊庆功。乐羊趾高气扬，自我感觉非常好。庆功宴后，魏文侯又送给乐羊两个大箱子。乐羊回到家里，发现里面全是告状信。乐羊这才明白："如果不是魏侯信任，怎得成功？"乐羊立刻变谦虚了，论功行赏的时候推辞说："灭中山国，靠的是主公的大力支持，我何功之有？"魏文侯明白指出："当然没有寡人重用不成，但没有爱卿也没有人能够承担起这份重任。"于是，封乐羊为灵寿君，同时免了他的兵权。翟璜不解，就问为什么闲置乐羊，魏文侯笑而不答。

翟璜退朝后问李克，李克回答说："乐羊不爱其子，难道会爱他人？此管仲所以疑易牙也。"翟璜恍然大悟。

打下中山国之后，魏文侯认为中山距离太远，必须委派最亲近的人去守卫，于是就让自己的世子姬击去当这个中山君。

姬击前去上任，半道上遇到了田子方。田子方曾经当过他父亲的老师，是孔子学生子贡的学生，以道德学问闻名于诸侯。姬击认为自己应该有礼貌，慌忙下车，拱手站在路边致敬。没想到，田子方没有丝毫的停顿，驱车直过。姬击一下子有点受不了，派人追上田子方，说自己有问题需要请教。他问："我想请教一下先生，这世界到底是富贵者可以骄人，还是贫贱者可以骄人？"田子方一听就笑了，回答说："自古以来，只有贫贱者可以骄傲，哪有富贵骄人之理？国君一旦骄傲，就会社稷不保；大夫一旦骄傲，就会家族不保。楚灵王因为骄傲丢掉了国家、智伯瑶因为骄傲灭绝了家族，无数的案例，都在说明富贵之不足恃。而贫贱之士则相反，吃的是粗茶淡饭，穿的是粗布褐衣，无求于人，无欲于世，遇到了比较好的君主，高兴了就参与一把，言听计从，勉为之留。如若不然，则浩然长往，又有谁能阻拦？当年周武王能诛杀万乘之纣王，却不能屈首阳之二士，这说明贫贱才高人一等，不是吗？”姬击脸红脖子粗，恨不能在地下找个缝儿钻进去，连忙谢罪而去。

魏国邺令出缺了，翟璜建议：“必须派一个既强悍又明白的人去把守，非西门豹不可。”于是，魏文侯就任命西门豹为邺令。

西门豹到了邺城，才发现这地方满目萧条，人口稀少。于是他就先搞调查研究，问老百姓最不满的是什么问题，结果都指向为河伯娶妇这件事上。

据了解，当地的风俗是每年为漳河之神娶一个夫人，方保风调雨顺，否则河神发怒，就会洪水泛滥。这事由女巫操办，地方官员和乡绅协办。每年春耕时，由女巫指定河伯夫人，不过可以花钱买免。有女儿的，怕被选上，纷纷携女逃窜，所以当地人口越来越少了。

西门豹问道：“那你们这儿遇到没遇到过洪涝灾害？”老百姓回答说：“我们这里地势高，河水很难上岸，反倒是容易闹旱灾，常常颗粒无收。”

闹了半天，此地根本不存在水涝之灾，而是要抗旱。西门豹明白了怎么回事，十分气愤。不过，他还是很能沉得住气，表示自己尊重当地的民俗习惯。只是告诉老百姓说，等到再给河伯娶媳妇的时候，自己也会参加。

到了那一天，西门豹穿戴整齐，亲自到河边拜神。西门豹说：“大巫辛苦了。烦请把河伯的未来夫人请过来，让我先看一下。”女巫就让她的弟子把新娘子带过来。西门豹一看这女孩子颜色中等，就很严肃地对女巫以及三老说：“河伯乃尊贵大神，必须是非常漂亮的女孩才能配得上。这个女孩子长得一般，麻烦大巫去给河伯大神报告一下，就说：‘我们邺令会马上去找一个更漂亮的女孩子，后天送到府上。’”然后，命令吏卒抬起女巫扔到了河里。

这一突如其来的变故把所有的人都惊呆了。西门豹却静候河边，过了好久又说：“看来女巫年龄大了，做事儿不行，这么长时间都没个回话，让她的弟子去催一下。”于是，隔一段时间就命令吏卒扔下去一个，连续将三个弟子扔进了河里。

又等了一会儿，西门豹不耐烦地说：“这些女子传个话都不利索，还是麻烦三老去一趟吧。”当差的不由分说，立刻把三老扔到河里，而西门豹却恭恭敬敬地站在河边儿，向河水鞠躬。

约莫又过了一个时辰，西门豹缓缓地说道：“看来三老年龄大了，还是得请些有身份的人去报告一下。”那些廷掾（县令的属吏）、里豪（乡里的豪绅）终于明白西门豹的用意了。一群浑蛋合起

· 西门豹治邺。魏文侯时，西门豹管理邺（今河南安阳市北，河北临漳县西）那个地方时，经常拜会当地的长老，问民之疾苦。长老说：“苦为河伯娶妇，以故贫。”通过调查，西门豹了解到邺地的官绅和巫婆勾结在一起利用封建迷信为河伯聘娶媳妇以消除水患而危害百姓，便设计破除迷信，大力兴修水利，使邺地重新繁荣起来。

来欺负老百姓，这回遇到狠茬了，吓得一齐跪下来叩头哀求，把头都给磕破了。

众人一边磕头，一边撇清自己说："我们都是被那个女巫骗了，真的不是我们要干这件事的。"西门豹冷冷地说："今后再有人说要为河伯娶妇，就让他到河里头去报告河伯。"所有的人都说不敢了，再也不敢了。

不过，死罪可免，活罪不饶。西门豹随后逼迫廷掾、里豪退款，把女巫和三老搜刮来的钱财都还给老百姓。渐渐地，逃难的百姓又陆续回到家乡。

移风易俗之外，西门豹高度重视水利工程设施建设。他率领专业团队考察地形，凿出了十二条水渠，引漳河水入渠，既能减缓漳河的流量，又能灌溉更多的土地，这就是"西门渠"的由来。

魏国的事业蒸蒸日上，魏文侯越发觉得人才的重要，就对翟璜说："寡人听先生的建议，派乐羊伐中山，派西门豹治邺，他们都取得了很大成绩，寡人非常高兴。现在我们魏国的西部边界在大河之西，这个地方实在是太重要了，可以说是秦国侵犯我们的必经之路。爱卿想一下派哪位去才好？"

这一次，翟璜却沉思半晌才回答说："臣推荐一个人，姓吴名起，这个人可是真正的将才，目前已经从鲁国来到我们魏国了。"魏文侯问道："这个吴起是不是在鲁国杀妻求将的那个？我听说这个人贪财好色，性情残忍，我们能委以重任吗？"翟璜回答说："臣之所以推荐他，主要是他能为我们建立功勋，品行其实并不重要。"魏文侯不再多问，欣然同意了。

吴起是卫国人，小时候喜欢击剑玩耍，母亲责备他不学好，这吴起居然把胳膊咬出血来发誓，说要出去混出个人样来。母亲哭着希望他留下，吴起连头都不回就出门而去。最初，吴起到鲁国拜孔门高弟曾参为师，学习很刻苦。有一个齐国大夫很欣赏他，就把女儿嫁给了他。

曾参知道吴起家中尚有老母，见他出来游学六年，从来不回家看望母亲，就问怎么回事，吴起回答说："我曾经发过誓：'不为卿相，不入卫城。'"曾参非常不高兴地说："母安可誓也！"于是，曾参就打心眼里不待见这吴起了。后来母亲去世了，吴起也不回去奔丧，曾参干脆将吴起逐出师门。

而吴起也不在乎，转身学兵法去了。三年学成，得到鲁国相国的认可，被鲁穆公姬显任为大夫。后来，齐国与鲁国开战，吴起为求将，杀死自己的齐国妻子。于是，鲁穆公拜吴起为大将，率兵两万抵抗齐军。

吴起当上大将之后，整日与士卒同甘共苦，甚至亲自为士卒口吮脓血。士兵们感动不已，个个愿效死力。吴起此举让他的同时代人无法理解。

与吴起对阵的齐将田和听到这些举动，不由得嘲笑起来："将军必须让士卒敬畏，士卒才会出力气战斗。吴起这么带兵，当兵的怎么会听他的？如此看来我们可以高枕无忧了。"田和派自己的手下张丑去讲和，其实是想打探吴起是攻是守。

吴起将计就计，将精锐之士全隐藏起来，让齐将看到的都是老弱军士；然后又做出一副谦卑的样子，热情接待齐将。吴起请张丑喝酒，一喝就是三天。临别的时候，再三请求张丑，一定要向齐国统帅转达自己的善意。然而，张丑前脚刚走，吴起立刻悄悄地发兵，远远地跟在他后头行军。

张丑回去后报告田和，一是鲁国的军队都是老弱病残，再者吴起本人并不想和齐国打仗。于是，齐军就放松了警惕，鲁兵突然杀至，打了齐国一个措手不及，齐军大败。鲁穆公十分高兴，封吴起为上卿。

田和这才明白，这吴起乃是孙武、田穰苴级别的，这下齐国可遇到大麻烦了，必须想办法除掉吴起这个威胁。田和打仗不成，搞政治还是有两把刷子的。招数依然是离间之计。张丑请求将功折罪，被田和派去给吴起送礼。张丑带着金钱美女，偷偷送给吴起。吴起贪财好色，还真的就收了。张丑出了鲁国都城之后，故意泄露自己真实身份，这一来满世界都知道吴起受贿了。

鲁穆公准备追究吴起贪贿之罪。吴起害怕，孤身一人逃奔魏国，就躲在了翟璜家里。翟璜认识诸多能人异士不是没有原因的。吴起随即被姬斯拜为西河守。经过吴起训练的士兵，战斗力明显变强。吴起同时筑高城墙以抵抗秦国。正好赶上秦国内部动荡，吴起乘机兴兵袭秦，夺取了河西五城。这是秦国遭到的罕见的败绩。

四、田氏代齐

时间：东周 379 年

人物：田和

自从田常任相国开始，齐国政权基本上归田（陈）氏所掌握。田常死后，他的儿子田盘为相，反而变本加厉，把他的兄弟和宗族里的人都安排成了齐国各个都城的大夫，外面与三晋通好。田盘死后，儿子田白接着为相，田氏势力越加强盛，如日中天。

公元前 405 年，齐宣公吕积死亡。第二年，其子吕贷继位，史称齐康公。齐康公荒淫嗜酒，不勤于政，田和即位相国后，齐康公更加成为傀儡。

随后，三晋伐齐，攻入齐长城。齐长城，西起防门（今山东肥城西北），东至琅琊入海，是利用堤防连接山脉逐步扩建而成。这场战争持续两年，最后以三晋胜利而告终。是役，齐康公被三晋联军俘虏。公元前 403 年，齐康公被三晋之君带到洛邑一起朝见周天子，并由齐康公请求封三晋为诸侯。

公元前 391 年，田和嫌齐康公在眼皮子底下碍事，干脆将他迁到一个海岛上生活，只给他食一座城邑以奉其先祀。田和自立为齐君。

次年，齐师伐魏，取襄阳。不久，田和与魏武侯姬击等会于浊泽，魏武侯向周安王姬骄讨封。周天子迫于压力，不得不册封田和为齐侯，史称“田氏代齐”，田和就是田齐太公。田家当年也是给齐桓公打工的，经过十代人的努力，到了田和这里，终于把齐国换了主人。从此，齐国就不再是姜子牙和他后代的天下了。

公元前 384 年，田和卒，其子田剡继位，史称齐废公。

公元前 379 年，齐康公死后，田氏并其食邑。

五、韩相被刺

时间：东周 380 年

人物：聂政、侠累

战国时期，各国实力呈现此消彼长的态势。魏国人才济济，经常多得安置不下，时不时出现外溢现象。

三晋之一的韩国却因为大臣之间互相忌恨引发了一场血案，并引发了重大的政治灾难。

韩国初立阶段，贵族专政，韩氏贵族的地位不可动摇。这个时期，韩国的贵族代表是侠累（又名韩傀）。侠累不仅是韩国的相国，还是韩列侯姬取的亲叔叔。

韩列侯是韩国分晋以来的第二位国君，因为不愿受贵族掣肘而信任卫国人严遂，慢慢将严遂培植成自己的势力。这不但触及了韩氏贵族的利益，而且也违背了贵族当政的国策。所以，这两个人相当于当时韩国政坛的两大派系。

权臣相国侠累和近臣严遂渐渐发展到水火不容、势不两立。有一次，严遂在朝堂上痛陈侠累的数条罪状，而跋扈的侠累当众大声呵斥严遂。严遂只好拔剑自保退出朝堂，然后赶忙逃到了齐国避难。

严遂大恨，满世界寻找勇士，要去刺杀侠累。找来找去，找到了勇士聂政。这位春秋战国四大刺客之一的聂政出手不凡，虽然有很多士卒保护侠累，聂政仍然不费吹灰之力刺杀了侠累。侠累死后，聂政自杀，暴尸于市。聂政的姐姐聂嫈抚尸大哭，由于悲伤过度，哭死在聂政身旁。

直到韩昭侯姬武上台后，任用申不害为相，内政进行改革，外交谋求和平，慢慢积累了一些实力，让韩国跃升为一等强国。

六、楚国复兴

时间：东周 386 年

人物：吴起

魏文侯姬斯病重，只好把世子姬击从中山国召回。赵国乘虚而入，占领了中山国。这样，魏、赵两国出现了裂痕。

魏文侯临死前，召见吴起、西门豹、北门可等重臣，将姬击托付给他们。魏文侯去世，姬击继位，史称魏武侯。

魏武侯一上任即任命田文为相国。而吴起认为自己功劳最大，理应由他来当这个相国。走出朝廷，吴起直接拦住田文，说要请教几个问题："田先生，您知道我吴起的功劳吗？我希望今天能和你认真掰扯一下。"田文拱手回答说："请讲。"吴起问道："率领三军，舍生忘死，为国立功，先生你比我怎么样？"田文回答说："我不如你。"吴起又问："治官亲民，充实府库，先生你比我怎么样？"田文回答说："我不如你。"吴起接着又问："守西河让秦军不敢东犯，韩、赵不敢妄动，你比我怎么样？"田文再次回答说："我不如你。"吴起问：

“既然这三样你都不如我，为什么你的位置却排在我前头呢？”

魏武侯听说后，怀疑吴起有怨恨之心，就把他留在都城里。吴起害怕，逃往楚国。也就是从吴起开始，魏国的人才开始快速外流。

楚悼王熊疑早就听说过吴起的大名，一见到他就立刻以相印授之。吴起很感动，发誓以富国强兵为使命。吴起建议楚悼王：“楚国拥地数千里，可以组织起来百万大军，本可雄压诸侯、世为盟主的。之所以不能威慑列国，原因是养兵的办法不对。如今满朝冗官，消耗公帑。而真正的士兵却待遇极低，想让他们为国捐躯，有可能吗？我的方案是淘汰冗官，把军费都用于优待敢战之士！”楚悼王高度认同，完全接受了这个方案。

吴起的改革导致楚国官员利益受损，大家一致反对，好在楚悼王不听，坚持改革。就这样，吴起替楚国训练出一支精兵，北方诸侯都感觉到了压力。所以，楚悼王时代没有一个国家敢对楚国用兵。可惜的是楚悼王没过多久就死了，楚国贵族集体叛乱，联合起来杀死了吴起。楚国由此失去了宝贵的机会。历史再一次证明，既得利益集团是根本不考虑国家前途的。

七、威王称霸，赏罚分明

时间：东周 414 年

人物：齐威王、邹忌

齐侯田因齐僭称齐王，史称齐威王。齐威王似乎复制了楚庄王熊侣的故事，不光是喜欢酒色，还是个音乐爱好者，不修国政的时间长达九年。韩、魏、鲁、赵都出兵打过齐国，齐国屡战屡败，不知道这齐王心里是什么滋味。

有一天，有一个叫邹忌的齐国人，号称会弹琴，求见齐王。齐威王最喜欢结交音乐家，立刻接见，刚刚落座就把琴摆上来了。

邹忌先是讲了一番琴理，齐威王一听觉得这人理论水平高，再三请邹忌实操，弹上一曲。然而，邹忌把手放在琴上却不弹奏。齐威王说："先生既然精通琴理，为什么不弹呢？"邹忌回答说："如今大王作为君主却不治理国家，和我占着琴却不弹奏有什么区别呢？"齐威王立刻说："先生以琴理劝谏寡人，寡人明白该怎么做了。"于是把邹忌留在宫中，彻夜长谈。

邹忌劝齐威王节制酒色，分辨忠佞，减少劳役，全民备战，经营霸王之业。齐威王均表赞成，并且拜邹忌为相国。邹忌当上相国之后，经常考察各地方官员是否胜任。大家都说东阿大夫非常贤能，一提起即墨大夫都说不咋的。

齐威王就以同样的问题问自己身边的人，发现大家意见出奇的一致。于是就悄悄派人去调查，然后召东阿、即墨两太守入朝。

齐威王先把即墨大夫叫到跟前说："自从你去管理即墨，总有人说你的坏话。但我派人去调查，却发现管理得井井有条，你是真的优秀！"于是，加封他万家之邑。

随后又把东阿大夫召上来，对他说："自从你去管理东阿，总有人说你的好话。但我派人去调查，却发现田野荒芜，百姓饥寒交迫。前些日子赵军侵犯边境，你不去救援，却拿出大量的钱财来贿赂我的左右，让他们为你说好话。还有比你更坏的吗？”东阿大夫这才反应过来，吓得磕头如捣蒜，表示认罪。可这觉悟太迟了，齐威王命令武士架起大鼎，当场煮了东阿大夫。

齐威王九年不理朝政，一出手就干出个惊天动地来。不过，这事并没有完。齐威王命令自己左右出列，痛心疾首地说：“寡人把你们当作耳目，可你们却私受贿赂，颠倒是非，欺骗寡人。有臣如此，要他何用？可俱就烹！”大家吓傻了，全体跪下，一把鼻涕一把眼泪地哀求。齐威王很生气，挨个儿指着他平时最亲信的人，次第烹之。

随后，齐威王选拔贤才，改易郡守，出现了国内大治、诸侯畏服的大好局面。

这时候，诸侯各国经过兼并融合，大国变成了七个：齐、秦、韩、赵、魏、燕、楚。有一段时间，齐威王称霸。诸侯聚会时，齐国一直占据盟主席位。只有秦国，尽管实力一直在壮大，仍然被中原诸侯集体摒弃，视他们若西戎。

····本章小结······························

在战国初期，魏国、楚国、齐国都曾崛起过，但各国的变法并没有明确的方向目标。原因是自周王室贪利，认可乱臣贼子篡位夺权之后，中国社会已经变了性质。最初的变法者遇到了最强大的阻力，时代呼唤真正的变革。而其中是不是重视人才，决定了改革的成败，决定了大国的兴衰。

第十四章　各显其能见真章

一、商鞅变法，徙木立信

时间：东周 415 年

人物：秦孝公、卫鞅

几乎是在东海岸的齐威王田因齐即位的同一刻，西部边陲的秦孝公嬴渠梁颁布了求贤令。回望历史我们发现，正是此举极大地改变了历史进程。

秦孝公即位的时候，秦国因为偏远落后被中原诸侯集体蔑视。秦孝公深以为耻，于是痛下狠心，发布求贤令说："任何人，只要能献出奇计让秦国变得强大，寡人将授他大官，封他大邑。"他就不信招不到人才。

秦国已经沉寂很长时间了。不光是山东诸国不带他玩，魏国重用吴起的时候还夺过秦国五座城池。所以秦孝公知耻后勇，下决心要改变这种落后局面，开出的条件很是诱人。

卫鞅（就是后来的商鞅）是卫侯的旁支，长期研修法家理论，造诣颇深。卫国太弱，不足以展示他的才能，于是他就投奔了魏国的相国公叔痤。公叔痤推荐卫鞅做了中庶子，每逢大事儿，总要听听卫鞅的意见。卫鞅的建议往往正确可行，公叔痤准备将他推荐给魏王重用。

然而，公叔痤还没有来得及落实卫鞅的工作，就得了大病。听说相国病了，魏惠王亲自前往探视。不过，他真正关心的是谁来接替公叔痤执政。公叔痤回答说："我门下的中庶子卫鞅，虽然年轻，却是当世之奇才。他比我强十倍。"魏惠王却以沉默来应对，显然老相国临终遗言与魏王心里既定的人选不一致。

公叔痤明白了，于是又说："君主如果不准备重用卫鞅，那就一定要杀了他，不能让他离开魏国。否则他一旦被他国重用，必然会伤害我们魏国。"魏惠王点点头却又心不在焉地说："好的。"上车之后，魏惠王叹了口气："公叔痤临终昏聩到如此地步了？说话颠三倒四。"

魏惠王走了之后，公叔痤就把卫鞅叫到床头，把刚才的对话讲给卫鞅听，告诉他只能是先公后私："你赶快逃走吧，迟了就大祸临头了！"卫鞅却淡淡地说："君主既然不接受相国的建议委我重任，又怎么会听相国的话来杀我呢？"卫鞅没有丝毫的惊慌，也没打算离开。

卫鞅还想做最后的努力，大夫公子卬与卫鞅的关系不错，再一次向魏惠王推荐卫鞅，然而魏惠王根本没有考虑重用这么一个年轻人。如此，卫鞅知道魏国没有机会了。听到秦国招贤的消息，卫鞅就前往秦国。卫鞅先去求见秦孝公最亲近的大臣景监。景监和卫鞅一交谈，马上向秦孝公推荐了他。

秦孝公召见了卫鞅，请教治国之道。卫鞅就给他从伏羲、神农讲到尧、舜，卫鞅还没有讲完呢，秦孝公就已经睡着了。第二天，景监入宫值班，秦孝公一通训斥：“你推荐的那个客人，简直是个莫名其妙的妄人！说的话迂阔无用，你为什么要举荐给我？”景监回家就问卫鞅：“您为什么要扯这些迂阔无用的东西，浪费君主的时间？”卫鞅笑笑说：“我这是希望君主能行帝道，谁知道君主对这个不感兴趣。那么，你再帮我申请一次，我还有别的话要说。”

景监摇摇头：“我看君主很不爽，等五天吧。”过了五天，景监又向秦孝公申请：“臣推荐的那个客人，他的话还没说完，想再见您一面。”于是，秦孝公又召见卫鞅。这一回，卫鞅详细讲述了大禹和汤、武的故事。秦孝公不耐烦地说：“您可谓是博闻强识，然而社会变了，您说的没法用啊。”秦孝公挥挥手让他退下。景监候在门口，一看卫鞅就问：“今天怎么样？”卫鞅耸耸肩：“我今天重点讲的是王道，看来还是没有说到君主心里。”景监不高兴了，说道：“君主求贤如猎人出行，要的是立竿见影的收获。哪有这种不考虑当下，去效法远古帝王的？先生您算是没机会了！”

卫鞅却非常有信心地说：“我是怕君主想法太大，说低了不合适。我现在知道他要什么了，你再安排一次，我肯定能成。”景监却不相信了。第二天，景监入朝值班，根本就没敢再为卫鞅提申请。卫鞅知道了，遗憾地说：“唉，可惜了！你们秦君求贤之令闹了半天是装模作样，那我可就要走了。”景监连忙问：“先生你要去哪里？”卫鞅说：“这天下至少还有六个大国呢！就是秦国也会有人乐意推荐我的，我总能找到机会。”景监连忙说：“先生别急，再等五天，五天后我肯定再次申请。”

这卫鞅自信满满。天下大得很，不愁没人用我。好在景监识货，让卫鞅再等五天。卫鞅这样能起死回生、使弱变强的人，绝对是罕见的。这也是卫鞅为什么不急不躁的原因。

又过了五天，景监依然入宫值班，侍奉秦孝公饮酒。看见鸿雁从眼前飞过，秦孝公不由得停杯长叹。景监趁机问他为何叹息。秦孝公说："从前齐桓公曾经说过：'我自从有了仲父，就如同鸿雁长出了羽翼。'寡人下令求贤，已过数月，却没有看见一个奇才上门，寡人空有一飞冲天的志向，却无羽翼可以凭借，因此才会叹气。"景监立刻接上话茬儿说："臣的客人卫鞅，自称有帝、王、霸三术，前两次，他向主公所言的都是帝、王之事，主公认为不切实际，现在他还有'霸术'想要进献给主公。"秦孝公一听"霸术"二字，眼睛立刻亮了，再次让景监将卫鞅召来。卫鞅应召入宫，秦孝公问道："听说先生有助我称霸天下的良策，为何不早点告诉我呢？"卫鞅答道："不是臣不想说，而是这霸王之道实在无法与帝王之道同日而语。帝王之道，在顺民情；霸者之道，必逆民情。"卫鞅此言可谓是石破天惊，"说破英雄惊煞人"。果然，一下子就把秦孝公给震惊了。

秦孝公脸色大变，不由自主地用手抓住了剑柄，大声问道："难道霸主之道一定要违逆民情吗？"卫鞅回答说："琴瑟不调，就要改弦更张。不改变政策，是无法扭转国家颓势的。百姓常安于现状，很少考虑长期利益。当年管仲相齐，寓兵于民，要求士农工商，各守其业。一开始齐国百姓并不乐意，一直到改革成就显示出来，大家才承认，管仲乃是天下奇才也。"

这个例子一下子讲到秦孝公心里了。秦孝公急切地说："请讲讲具体的方术，可好？”卫鞅回答说：“国家不富，是不能打仗的；军事不强，是无法战胜敌人的。要想富国就必须注重农耕，要想强军就必须鼓励斗志。赏罚分明，令出必行，如此这般，国家不可能不富强。”

秦孝公一听十分激动：“太好了！这个方略我能实施。”卫鞅接着说：“这个富强之术，其实得有人会，没有这个明白人不行；有这么个人却不重用，不行；重用却被他人迷惑，三心二意，也不行。”秦孝公连连称是。说到这里，卫鞅却请求暂停。秦孝公正在兴头上，很惊讶地说：“寡人正准备详细询问您的方针，却怎么又不讲了？”卫鞅回答说：“我希望君主您能用三天时间确定一下，下决心要做了，我才敢把所有的方略告诉您。”卫鞅就这样退出了。

景监急了，出门就埋怨说：“好不容易得到君主的再三肯定，你却又要求君主熟思三日，难道你还想要挟君主不成？”卫鞅回答说：“这么大的事儿，你让君主怎么就能立刻下决心？不让他彻底想好、真下决心，中途变卦麻烦可就大了。”卫鞅明白，只有君主坚定不移，才能克服各种阻力，才能逆天改命。

但秦孝公不愿意再等了，第二天就派人去请卫鞅。而卫鞅也很干脆，直接谢绝了，说已经有约在先，三天之后才能见面。景监连忙劝说别这样，卫鞅说：“我第一次和君主相约就不讲信用，将来还怎么取信于君主呢？”景监这才明白。

到了第三天，秦孝公早早地派车来接。这一回，秦孝公情真意切地请教，卫鞅则详详细细毫无保留地把自己的想法和盘托出。彼此问答，一连三日三夜，秦孝公竟然不知疲倦。这是中国历史上最重要的一次会晤，可以说改变了中国历史的走向。

秦孝公随即任命卫鞅为左庶长，负责实施全面变法。卫鞅制定出变法条例后，怕老百姓不相信，就先在都城南门立了一根三丈长的木头，然后贴出布告，上面写着："把这根木头扛到北门，就奖励十金。"老百姓都来看热闹，大家不知道要做什么，没人敢试。卫鞅就让人把布告改了，把奖金增加到五十金。

终于有一个人站了出来说："秦法从来是罚得重、赏得轻，今天这个布告，肯定有讲究。纵然得不到这么多金子，估计怎么也得有些赏钱！"于是，这人就把木头扛到北门，满大街老百姓都跟着看热闹。卫鞅立刻让人拿出五十金，奖给这位勇士，然后郑重宣布："本左庶长不会失信于百姓的。"这一下就轰动了，秦国人人传说这件事，都知道了左庶长令出必行。卫鞅创造了一个"徙木立信"的范例，仅仅用了五十金就完成了自己的改革宣言。从此，秦国人都知道要变法了，国家是言而有信、令出必行的。此外，以前秦法从来没有重赏过普通人，从今以后底层老百姓也有机会了。

卫鞅变法的内容很多，最主要的是改变了土地所有制，消除了中间势力，将秦国变成了战争机器。为了表明变法的严肃性，卫鞅对议论新令的人，不管是赞成还是反对，一律发配充军。即使是一些官员私议新法，也被贬为庶人。这就是卫鞅对抗阻力的决绝方式。但是有一天，太子嬴驷也表态说变法不对，这一下把卫鞅逼到了死胡同里。

卫鞅大怒道："历来法令得不到执行，都是因为上层有人违反。太子是国君的继承者，不能处以重刑，但如果就这么不加惩处，那变法就无法进行。"卫鞅请示秦孝公，应该坐罪于师父。于是，秦孝公下令将太傅公子嬴虔劓鼻，太师公孙贾黥面。这两位可是秦国重臣，直接在脸上动刀子，相当于把这两位赶出政治舞台了。

这一下，再也没人敢以身试法。几年之后，整个秦国路不拾遗，粮食满仓，内无盗贼，全民皆兵，没人再敢私斗，士兵都盼着上战场杀敌立功。通过改革，秦国把其他诸侯远远甩在了身后。

秦国首战将矛头指向楚国，一战拓地六百余里。周显王姬扁听说秦国把楚国痛打了一顿，赶忙册命秦孝公为方伯。从此，秦国成为战国风云的主导者。

二、何必曰利

时间：东周 419 年

人物：魏惠王、孟子

听说卫鞅被秦国重用，魏惠王才明白自己犯了大错，后悔莫及，然后也开始花大价钱招徕四方豪杰。可惜，世间再无第二个卫鞅。

但是，上天好像是为了考验魏惠王，又把孟轲送到了魏国。孟轲乃孔子嫡孙的学生，也是圣人级的名人，后世敬称孟子。

对于孟轲的到来，魏惠王自然是热烈欢迎。但是刚刚落座，魏惠王就迫不及待地问："叟，不远千里而来，亦有以利吾国乎？"语气似乎有所着急，也不太友好，差不多就是直截了当地问："哎，老头！你这不远千里来我这里，是不是也有什么利国之道要告诉我呢？”孟轲对于君主这种没有礼貌的行为十分反感，干脆利索地顶了回去：“我说王啊，何必张口就谈利呢？实话告诉您，我这里也就只有仁义而已！”

孟轲大老远地跑到魏国来求见魏惠王，当然知道他最想知道的是如何才能国富民强，怎样对付周边虎视眈眈的齐、楚、秦这些列强。而孟轲却毫不顾忌魏惠王的需求和感受，大肆推销他的仁义道德。所以，两个人的对话完全是驴唇不对马嘴。所以，魏惠王大失所望，认为孟轲这样的老夫子实在是迂腐可笑，听了这话也就放弃了起用他的打算。但是，孟轲以及他的老师子思等实在太有名气，魏惠王也只能客客气气而又无可奈何地对孟轲说了一句：“那就只好这样吧！”而孟轲也没有一丝遗憾，毫无留恋地到齐国去了。

的确，对于急于建功立业的魏惠王来说，孟轲这样的道德标签不要也罢，他更需要的是庞涓、公子卬、龙贾这样的青年将领开疆拓土，需要的是有人替他开凿运河、修筑黄河长堤。

三、诸子下山

时间：东周 421 年

人物：鬼谷子、墨子、庞涓、孙宾、苏秦、张仪

卫鞅在秦国变法时期，中原还出现了两个巨子。一个叫王诩，是

谋略家、纵横家的鼻祖，因隐居在云梦山鬼谷，故自称鬼谷先生，后世敬称鬼谷子；另一个叫墨翟，古代思想家、教育家、科学家、军事家，墨家学派创始人，后世敬称为墨子。

墨翟不光是思想家，还有强悍的行动力。他不顾小家，发大愿，济人利物，拔其苦厄，救其危难，其思想在先秦时期影响很大，与儒家并称“显学”。

鬼谷先生同时精通算学、军事学、游说及神仙术，而其兴趣则是教授学生。他的学生中最有名的有齐人孙宾，魏人庞涓、张仪以及洛阳人苏秦等。孙宾和庞涓两人结为兄弟，学习兵法；张仪和苏秦两人拜了把子，学习游说。

庞涓学了三年兵法，听说魏王广招人才，十分心动。因为他是魏国人，想回去一展身手，就告别老师回国效力。临走的时候，孙宾送他下山，庞涓说：“我们是把兄弟。今后要同富贵，共命运。”两人洒泪而别。

庞涓走后，鬼谷先生专门拿出一套书来告诉孙宾说：“这就是你祖父孙武子所著的《兵法》十三篇。当年你祖父把它献给吴王阖闾，后来吴王不想让外人得到，所以失传了。我和你祖父有些交情，才得到了这个副本，上面还有我的一些注解，行兵秘密尽在其中。今天就正式转交给你。”孙宾不解地问：“老师您为什么只传授给我一人？”先生回答说：“高阶兵法乃是一把双刃剑，好人掌握了它有利于社会，恶人掌握了它将为害天下。庞涓品行不佳，我自然不能把这种东西传授给他。”原来如此，高阶兵法威力太大，需要道德相伴。

庞涓一回到故乡，就被魏国相国推荐给了魏惠王。刚一见面，魏惠王就问庞涓："我国东边是齐国，西边是秦国，南边有楚国，北边有韩、赵、燕国，目前势均力敌、难分上下。而赵国以前夺我中山之仇未报，不知先生有何良策？"庞涓答道："大王如果肯起用微臣，一定能使魏国战无不胜、攻无不克，兼并天下易如反掌。"庞涓急功近利，居然把你死我活的博弈视为自己能够完全把控的儿戏，不幸埋下了魏国失败的祸根。

不过，庞涓毕竟也是鬼谷先生的高足，练兵训武，拿小国开刀，屡屡得胜。小国诸侯，相约来朝魏国。齐国一看就派兵试探，结果也被庞涓堵了回去。有了一系列胜利的资本，庞涓开始有点飘飘然了。

某天，墨翟到鬼谷来探望老朋友，孙宾代老师招待，两人一起聊天，墨翟立刻喜欢上了这个年轻人。墨翟周游列国，下了山就转到魏国去了。魏惠王早就听说过墨翟大名，自然是隆重接待。魏惠王直接请教兵法，墨翟并不陌生，就简单给他指点了两下。

魏惠王非常想留墨翟做官，却被墨翟拒绝。不过，墨翟郑重地向魏惠王推荐了孙宾，说这位孙宾得到了其祖孙武的真传。魏惠王马上把庞涓召来问："听说你有一个同学叫孙宾，得到孙武独家秘传。将军你为什么没有给我推荐过他？"庞涓回答说："孙宾是齐国人。我怕他心向齐国，所以没敢向您推荐。"魏惠王说："'士为知己者死。'不是非要本国人，才可以为我们所用。"

然而，庞涓心里非常忌妒孙宾，生怕孙宾夺宠，但魏王有命，他又不敢不召唤孙宾，于是只能盘算着等到孙宾来后再生计害他。

孙宾临行前，鬼谷先生为他改了名字叫孙膑，并将一个锦囊交给他，一再叮嘱说："一定要到万分紧急之时，才能打开看。"

苏秦、张仪看到庞涓、孙膑都获得重用，很是羡慕，两人也来禀告老师，要下山去做一番大事业。鬼谷先生挽留说："以你们两位的聪明，如果潜心学道，可通神仙之境，为什么要入红尘，追逐那些浮名虚利呢？"没料到，两人同声回答："'良材不终朽于岩下，良剑不终秘于匣中。'我们既得先生真传，就应该去建功立业，名扬后世。"

神仙之事终归抵不过功名诱惑。鬼谷先生见留不住他们，就拿出两本书来，赠给两位学生。两人一看，原来是姜太公所著的《阴符经》。鬼谷先生说："你们虽然背过了，但并没有弄明白其中精髓。你们下山闯荡，如果遇到挫折，只需要再看看这本书，就会得到助益。"

四、围魏救赵，田忌赛马

时间：东周 423 年

人物：魏惠王、庞涓、孙膑、墨子、田忌

孙膑到了魏国，直接住进了好兄弟庞涓的府中，随后一同去谒见魏惠王。魏惠王自然是隆重接待，然后问庞涓："寡人想封孙先生为副军师，和你一同掌管兵权，你看怎么样？"庞涓回答说："孙膑乃我兄长，怎么可以当我的副手？不如先拜他为客卿，等有功之后，我当他的副手。"魏惠王深受感动，随即拜孙膑为客卿。

庞涓在对孙膑下手之前，心里还惦记着鬼谷先生赠送给师兄的那部《孙子兵法》。于是，庞涓设了一个圈套，派人伪装成孙膑的齐国亲戚与孙膑联络，然后诬告孙膑背叛魏国。魏惠王上当，处孙膑以膑刑。这刑罚十分残酷，就是把人的膝盖骨给“削”了。魏惠王就这样一步步作死，将最强大的魏国带进了死胡同。

孙膑残疾了，只能被庞涓养着。庞涓趁机请求孙膑把那本鬼谷先生注解的《孙子兵法》传给自己。孙膑很痛快地答应了。庞涓就赶忙给孙膑提供木简，让他缮写兵书。庞涓想等孙膑写完了书就给他断食。侍者觉得这位孙先生太可怜了，就偷偷地告诉了孙膑。孙膑这才知道自己落入陷阱了，绝望中忽然想起鬼谷先生临行前赠予的锦囊，赶忙拆开一看，只见上面写着“诈疯魔”三字。孙膑一下子明白了，就开始假装疯癫。

庞涓不信，让人把孙膑拖到猪圈之中，把屎和泥块扔给孙膑。孙膑拿过来就吃，庞涓这才相信孙膑是真疯了，慢慢放松了警惕，允许孙膑到处乱爬。孙膑的遭遇实在太惨，所以就被当作故事传了出去。

孙膑装傻成功，多数时间睡在猪圈里，有时就躺在外头大街上。不过，庞涓并没有完全放手，吩咐部下看管孙膑。

墨翟云游到齐国，住在田忌家里，听到孙膑被刖疯魔之事，认为自己有责任纠正这个错误，就把孙膑与庞涓的故事讲给田忌。田忌立刻禀告给齐威王田因齐。一听齐国才子被人陷害，齐威王马上说：“干脆我们发兵去抢回孙先生，你看怎么样？”田忌回答说：“墨翟先生已经设计好方案了，只需要依计行事就可以把他接回来。”

齐威王就派客卿淳于髡去魏国出使，名义上是给魏惠王送些茶叶，联络一下感情，实际上是去救孙膑。墨翟也派自己的学生禽滑厘装作从者随行。由于孙膑经常在外面过夜，所以救助行动很顺利。禽滑厘先悄悄接近孙膑，让他有个准备，然后趁着黑夜，把孙膑藏在车里，让手下王义穿着孙膑的脏衣服，披头散发，假扮孙膑。地方小吏按时禀报，庞涓根本不知道孙膑已经被换走。等到淳于髡辞别魏惠王归国，他们已经带着孙膑回国了。几天后，假扮孙膑的王义也脱身而返，只留下一堆烂衣服。庞涓听说了，也只是想孙膑是不是投井自杀了，根本没往别处去想。救援行动非常完美。

田忌亲迎孙膑于十里之外。齐威王请教了一通兵法之后，立刻要拜孙膑为官。孙膑推辞说："先不公开为好，等要用臣的时候，我会竭尽全力的。"齐威王就把孙膑安排在田忌家里，田忌真心诚意把孙膑供起来。孙膑想感谢墨翟师徒，可是他二人已经不辞而别了。

《孙子兵法》的智慧，并不是只能用于打仗，在生活中也有体现。齐威王闲暇的时候，常与宗族诸公子赛马。这游戏是有赌头的，田忌家的马不行，老是赔钱。

有一天，田忌带上孙膑观赛。孙膑发现赛马的实力差异不大，而田忌却连输三把。于是就悄悄地告诉田忌："我有办法让你必胜。"田忌一听，高兴地说："如能必胜，我现在就去请求大王，以千金为注。"孙膑说："你只管申请好了。"田忌就跑去求齐威王："臣输得太多了。我明天要来把决赛，每棚以千金为注，怎么样？"齐威王即刻答应了。田忌回来忙问孙膑："千金一棚，可不是开玩笑的！说说怎么能必胜？"孙膑告诉田忌："齐国的好马，基本上都在王家，所以要想每一局都赢根本不可能。三棚参赛的马有上中下之别，以下驷对上驷，以上驷对中驷，用中驷对下驷，即可三局两胜。”田忌听后赞叹道：“这也太妙了！”

田忌照计行事，把自己的下等马装饰成上等马，先输了第一棚，然后连赢两棚，算总账赢了千金。赢钱之后，田忌赶忙告诉齐威王自己是怎么赢的。齐威王佩服不已，更加敬重孙膑。这就是著名的“田忌赛马”的故事，说明实力不济依然可以靠智慧取胜。

• 田忌赛马。战国时期，齐国将军田忌和齐威王赛马，田忌依孙膑之计，赢了齐威王。田忌赛马是中国历史上有名的揭示如何善用自己的长处去对付对手的短处，从而在竞技中获胜的事例。

在魏国，魏惠王十分器重庞涓，对他恩宠有加，对他必然也有要求。第一件事，就是责成庞涓夺回中山。

庞涓建议说：“中山离魏国太远，与其跟赵国争夺这块飞地，不如就近切割赵国的土地作为补偿。臣请率兵直攻邯郸，以报赵国夺我中山之仇。”可见庞涓也并非平庸之辈。魏惠王同意了。但魏国君臣这算盘打得并不高明。

赵成侯赵种听到消息，马上派人以中山作为筹码向齐国求救。这利益足以打动齐国，齐威王想拜孙膑为大将。孙膑推辞了，建议委派田忌为大将，自己做军师，暗地里出谋划策，并不急着打出自己的旗号。田忌准备带兵去救邯郸，孙膑拦住了："赵将不是庞涓的对手，等我们赶到邯郸，邯郸肯定已经被攻下了。我们不如把军队埋伏在魏军回国途中，然后扬言要攻打襄陵，庞涓必定撤兵，这时候我们再进攻，肯定能胜。"田忌完全同意。

庞涓果真打下了邯郸，一边派人给魏惠王报捷，一边想乘胜进军，结果听到消息说，田忌率领齐军正在乘虚而入袭击魏国。庞涓大惊，只得下令班师。在桂陵这个地方，齐军早已布阵以待。庞涓不识阵法，一战就损兵两万。这时候，庞涓才意识到孙膑可能还活着，震惊之余，竟然完全丧失了战斗意志，带兵连夜逃回魏国去了。齐军轻松完成了救援赵国的任务，这就是著名的"围魏救赵"的故事。

魏惠王倒没有惩罚庞涓，虽然桂陵打输了，但毕竟还有夺取邯郸的功劳，允许庞涓将功折罪。

齐威王把兵权委任给田忌、孙膑，引发了邹忌的嫉妒。正在这时，庞涓派人拿着千金行贿邹忌，邹忌就进谗言于齐威王，说田忌有野心，要防着点儿。齐威王可能是年龄大了没了自信，居然派人侦察田忌。田忌于是请了病假，辞了兵权，好让齐威王放心。孙膑也辞去军师的职务。

没过几个月，齐威王去世。他的儿子田辟彊继位，史称齐宣王。齐宣王听说田忌和孙膑受了委屈，专门把他们请回来继续管理军政。

五、马陵之战

时间：东周 428 年

人物：齐宣王、孙膑、田忌、庞涓

三家分晋彻底完成之后，韩国实力快速增长，逐渐拉开了韩国和郑国之间的差距。公元前 385 年，韩国攻克郑国的阳城。公元前 376 年，韩哀侯韩氏（名字不详）继位后，灭亡郑国的时机已经成熟。公元前 375 年，韩哀侯举兵攻克郑国都城新郑，并迁都新郑。这大概是韩国的高光时刻。

由于韩、赵两国经常受魏国的欺压，两家经过商议决定共同起兵伐魏，约定灭魏之日同分魏地。

庞涓向魏惠王建议，先下手为强，只要先打残韩国，就可以挫败两家的图谋。于是，魏惠王调集了全国的兵力，派太子申为上将军，庞涓为大将，向韩国进发。这显然是不计后果的鲁莽行为。

韩哀侯连忙派人带着重金贿赂齐国，求齐国出兵相救。齐宣王田辟彊大集群臣，讨论救还是不救。相国邹忌的意见是不救，田忌、田婴则认为应该救，只有孙膑在一旁沉默不语。齐宣王问他："军师一言不发，是不是救与不救两个方案都不对？"孙膑回答说："是的。魏国自恃强大，前年讨伐赵国，如今进攻韩国，也时刻惦记着齐国，如果我们不救韩国，魏国就会更加强大，所以不救是不对的。但魏国刚开始进攻韩国，我们就去救，相当于我们替它承受打击，所以说救也不对。”齐宣王问：“那我们该怎么做？”孙膑回答说：“大王首先告诉韩国，我们齐国肯定会出兵救援，这样韩国就会全力以赴抵抗魏国。我们等到魏国疲惫的时候，再出兵救援，才是最佳方案。”齐宣王一听，鼓掌称赞，说就这么干。于是，齐宣王告诉韩国使者，齐国的救援很快就到。于是，韩国全力抵抗魏国。

韩、魏两国前前后后交锋了五六次，韩国军队都没有胜利，只好再次派出使者恳请齐国赶快出兵。齐国这时候才派田忌为大将、田婴为副将、孙膑为军师，率车五百乘前去救韩。田忌打算向韩国进发，孙膑连忙说：“不可，不可！解决纠纷之法，在于攻其必救。我们这一回直插魏都即可。”

田忌言听计从，立刻命令齐军向魏都进发。庞涓连战连胜，正要进军韩都，忽接本国警报，说是齐军来了，需要立刻回援。庞涓只得放弃韩国，赶回魏国。韩军也已经疲惫不堪，没有力气追赶了。

孙膑对田忌说：“三晋兵将悍勇，一向看不起齐军，我们正好因势利导，以示弱来诱敌。”田忌问：“怎么个诱敌法？”孙膑回答说：“减灶计即可。”田忌立刻照办。

• 《孙膑兵法》是战国时期孙膑创作的中国军事著作。《孙膑兵法》为研究我国古代军事思想提供了重要的资料。内容主要包括擒庞涓、见威王、威王问、陈忌问垒、篡卒、月战、八阵、地葆、势备、兵情、行篡、杀士、延气、官一、五教法、强兵等。

庞涓被怒火烧昏了头，认为齐军不搅和的话，自己早成功了。魏军本身确实强悍，所以当庞涓看到齐兵减灶，错误地认定齐国惧怕自己，居然选了精锐两万人，与太子申分为两队，不分昼夜以急行军的速度追赶齐军。他认为齐军已经被吓跑了，他要赶上去狠狠教训一下。

孙膑估算庞涓天黑能行进至马陵，就在马陵埋伏了一万弓弩手等候庞涓。马陵道路狭窄，两旁又多是峻隘险阻，孙膑命令士兵砍去一棵大树的树皮，露出白色的树干，在上面写上“庞涓死于此树之下”。庞涓当晚赶到，看到一棵树上写着字，就派人点火查看。一看到火光，齐军伏兵万箭齐发。庞涓自知败局已定，拔剑自刎。齐军乘胜追击，俘虏魏国主将太子申。经此一战，魏国元气大伤，从此一蹶不振，失去霸主地位，而齐国则迅速称霸东方。

齐相邹忌不好意思再当相国了，称病退休。齐宣王任命田忌为相国。齐宣王还要分封孙膑，孙膑却辞官不做，像他爷爷那样飘然而去，退隐鄄邑，设馆授徒，钻研兵法战策，著成《孙膑兵法》八十九篇，图四卷。

六、无盐报警，稷下学宫

时间：东周 430 年

人物：齐宣王、无盐君

胜利之后，齐宣王田辟彊命令将庞涓的首级悬示国门，以张国威。

这下子，把小诸侯们吓得够呛。韩、赵二君，因为感激齐国出手救援，亲自来齐国参拜齐宣王。三大国商议一起攻打魏国，魏惠王立马低头，表示臣服。齐宣王通知三晋君主一起到博望城开会，这份殊荣让他脸上十分有光。

齐宣王自恃其强，也开始放纵酒色。此外，齐国还开设了一个稷下学宫，聘请名流高谈阔论，却不修实政。这让田忌十分郁闷。

就在此时，无盐君出场了。其虽为女性，但长得宽额深眼，肤黑驼背项肥，大手大脚，头发枯黄。这人一张嘴更加惊人，说自己叫钟离春，40 岁了，找不到合适的对象，所以愿意嫁给齐宣王。大家觉得此人实在稀奇，赶紧报告给齐宣王。齐宣王也觉得有趣儿，召见了钟离女。一见面，这位女子直言齐宣王有四大过失，问他愿意不愿意听。齐宣王自然要装模作样地请教一番。

钟离春说："秦孝公重用了卫鞅，变法之后的秦国既富且强，不日就将出兵函谷关，与齐国一争高低。齐国现在是内无良将，外防松弛。大王身边要么是阿谀奉承之徒，要么就是空谈清客。而大兴土木，建造楼堂馆所，只能是耗尽民力国赋。这四大过失，导致齐国危如累卵。所以我才冒死上言，如果大王能够听进去，我就是死了也值得。"一个女子，对国际国内形势如此明白，世所罕见。

齐宣王闻听，幡然醒悟，立刻采取补救措施，遣散了稷下学宫的学者，并将钟离春立为正宫娘娘。

七、五牛分尸

时间：东周432年

人物：秦孝公、卫鞅

然而，魏国的悲剧还在继续。

卫鞅听到庞涓的死讯，知道机会来了，就向秦孝公嬴渠梁建议说："秦、魏是比邻关系，秦国之外有个魏国，就相当于人有腹心之疾，不是魏国兼并秦国，就是秦国兼并魏国，是一种势不两立的关系。今天魏国已经被齐国打败了，众叛亲离，我们可以趁这个机会伐魏。估计魏国抵抗不住，必然向东迁都。这样一来，我们秦国就可以依据河山险固的地形优势，向东压制诸侯，成就帝王之业！"秦孝公深表赞同。

魏国派出的领兵之人是曾经推荐过卫鞅的公子卬。卫鞅略施小计，就俘虏了公子卬。然后，秦军伪装成魏军，又很轻松地夺取了战略高地吴城。秦军长驱而入，直逼魏都安邑。无奈之下，魏惠王把河西的所有城池，全部献给秦军，以换取一时之喘息。

如此一来，魏国都邑直接暴露在秦军锋芒之下，魏惠王只好迁都大梁。自此，魏国改称梁国，魏国就这样退出了历史舞台。

秦孝公为了嘉奖卫鞅之功，封他为商君。于是，卫鞅也被称为商鞅。

功成名就之后，商鞅意气风发，手下人自然是马屁如潮。门客赵良忍不住喊道："千士之诺诺，不如一士之谔谔。"他劝商鞅急流勇退。赵良指出："您相秦八年，严刑峻法，各色人等，久含怨心。一旦君主先您而去，您就危若朝露。”商鞅正意气风发，没有接受这个劝告。

五个月后，秦孝公得病去世，大臣们奉太子嬴驷即位，史称秦惠文王。

商鞅变法，伤害了太多人的利益，所以他的敌人众多。最终在多股势力的合力夹击之下，商鞅被五牛分尸。

嬴驷的丞相叫公孙衍。他为秦国制定的战略是西并巴蜀，称王以号令天下。秦国命令各国都必须割地作为贺礼，谁敢不从，立刻出兵讨伐。

公孙衍制定的战略部分正确。秦国在合并巴蜀后，就有了富庶的粮仓，真正拥有了兼并天下的实力。但是，一味地征战且让诸侯割地，最终导致了天下共愤。

同一时期，楚威王熊商任用昭阳为相国，一举灭了越国。楚国地广兵强，实力大涨，足以与秦国抗衡。

本章小结

商鞅变法是战国时期最伟大的改革，奠定了中国后世几千年政治体制的基石。商鞅虽死，秦法未变。而错失商鞅的魏国，不光搞错了战略方向，还得罪了著名的军事家孙膑。诸多错误导致魏国接二连三的失败，魏国最终从大国的位置上掉落下来。齐国因为有了孙膑而战胜了强大的魏国，但也因此失去了彻底变革的机遇。风吹雨打之后，大国就只剩下了秦、齐、楚。

第十五章　合纵连横动天下

一、苏秦合纵

时间：东周 451 年

人物：苏秦

面对咄咄逼人的秦国，中原各国终于有了深刻的危机感，纷乱的政局催生出一位天才的纵横家。

话说苏秦、张仪两人辞别鬼谷先生下山后，张仪回到母国魏国，苏秦则回到洛阳家中。

可是，待在家里的苏秦总觉得无所事事，一心想着出游列国寻找机遇，就请求父母变卖些家财，给他凑些本钱。没想到，母亲、嫂子和他老婆一致反对。全家人都不明白这个老三要干啥，难道仅仅靠着耍嘴皮子就能获得富贵？这种事大家真的没听说过。弟弟苏代、苏厉也说："兄长何不就近游说周王？何必舍近求远呢？"

这就是中产人家的烦恼。因为无论是农耕或经商都能过得不错，所以就不愿意再冒风险。苏秦无奈，只好去求见周显王姬扁，结果白白在驿馆里待了一年。原因很简单，周王室早就成为摆设了。苏秦一气之下，把自己该分到的家产全给卖了，整治衣冠车马，带上仆人，满世界乱转。

苏秦到秦国的时候，商鞅已经死了。苏秦找关系见到了秦惠文王嬴驷。秦惠文王见面就问："请问先生有何指教？"苏秦就问："臣听说大王您要求诸侯都必须割地献给秦国，是真的吗？"秦惠文王回答："是的。"苏秦摇摇头说："秦国沃野千里、战士百万，以大王之英明、国力之强大，兼并诸侯，统一天下，易如反掌。怎么能坐等而得天下？"秦惠文王刚刚杀了商鞅，对游说之士非常反感，当即婉拒："孤听说，'毛羽不成，不能高飞'。先生所言，我是力不从心啊。这些事过些年再说吧。"

苏秦所言没有毛病，问题是来的时候不对。这秦国刚刚杀了商鞅，估计还没理顺关系。于是，苏秦统一六国的建议没被重视。秦国后来为这个错误付出了巨大代价。

但是，苏秦并没有放弃。他把历史上通过战争而得天下的战例汇编成书献给秦惠文王。苏秦转身又去巴结秦相国公孙衍，最终也没有获得推荐，公孙衍还因此落了个嫉贤妒能的名声。

苏秦在秦国滞留一年多，把钱花光了，只得自己担着行囊，灰溜溜回家。到家之后那待遇，苏秦自己是这样记录的："我把钱给赔光了，所以妻子不把我当丈夫、嫂子不把我当小叔、母亲不把我当儿子，这都是我的过错啊！"

困窘中的苏秦，翻检自己的书箱时，看到了那册《阴符经》，忽然醒悟道："鬼谷先生曾说：'如果游说不得志，只需细究此书，自然会有进益。'"苏秦开始闭关。从此之后，他天天拿着《阴符经》琢磨，昼夜不息。形容古人刻苦学习有一句话叫"头悬梁，锥刺股"，其中的"锥刺股"指的就是苏秦。苏秦发奋读书，经常读到深夜。一打瞌睡，就用锥子往大腿上刺一下，猛然间感到疼痛，清醒之后继续读书。

领悟了《阴符经》的精髓之后，苏秦开始将列国形势细细揣摩。一年之后，他感觉自己掌握了天下大势。苏秦非常自得地说："我苏秦有如此学识，以此游说各国君主，富贵于我如探囊取物。"感觉真是好极了。

这一回，苏秦没有直接出门，而是先当教师，学生就是两个弟弟，先给他们上课讲解《阴符经》。苏家兄弟确实天赋都很高，苏代、苏厉居然都有所觉悟。于是，两个弟弟拿出黄金，资助哥哥装备行头。这就是逻辑和道理的力量，苏秦最先说服的投资人是自己的两个弟弟。

苏秦判断，秦国统一天下的趋势最明显，所以还想再西去秦国试试运气。但转念又想："如果依然被拒，我还有什么脸面回家？秦王既然不听我苏秦的统一方略，那我就反其道而行之。"苏秦仔细构思了一套对付秦国的方略，目的是让其他强国联合起来实现自保。打定主意，苏秦掉头向东，直奔赵国而去。

然而此时赵肃侯赵语用的是自家的弟弟担任相国，苏秦没有机会。苏秦离开赵国，转投燕国，求见燕文公。不知道什么原因，很久都没见到这位历史上没有留下名字的北方雄主。没人帮忙通报，苏秦就去闯会，听说燕文公出游，苏秦就跪到路边请见。燕文公一听说是苏秦，高兴得不行，连声说道："我曾经听说，先生您曾以十万言献秦王，寡人羡慕得很。今天先生您可来了，真是燕国之幸运啊！"然后，把苏秦请回宫中求教。

功夫不负有心人，苏秦的主张终于有人愿意听了。苏秦说道："燕国是七大国之一，地方两千里，军士数十万。虽是如此，实力却不到中原大国一半。这么多年燕国没有经历战争，大王您知道是什么原因吗？"燕文公回答说："寡人没有想过。"苏秦说："这是因为赵国在你前头挡着呢。正确的做法应该是和赵国结盟，而不是割地去讨好远方的秦国，您说对吗？"

燕文公询问具体方略，苏秦建议燕国先与赵国结盟，然后把其他大国都联合起来，共同对抗秦国。这就是苏秦精心构思的"合从（纵）"方略。燕文公听得心动，拜苏秦为师，并立刻委派苏秦出使赵国。

赵肃侯听说燕文公把自己的老师苏秦给送来了，连忙降阶而迎，然后问："先生有何指教？"苏秦先夸赵肃侯虚心纳士，然后说："如今东方各国，只有赵国最为强大。地方两千余里，战士数十万，车千乘，骑万匹，粮食可支数年。秦国最忌怕的就是赵国。赵国南部以韩、魏为屏障。但韩、魏并没有高山大川可以固守，一旦秦军全力以赴，蚕食二国，等他们两国投降之后，灾祸就会降临赵国头上。"

这话说得清清楚楚，秦国一旦蚕食掉韩、魏两国，赵国就危险了。苏秦接着指出，最佳方案是六国联合起来。生存还是毁灭，就在取舍之间。

赵肃侯立刻同意，并恭敬地说："寡人年少，没有人告诉我这样深刻的道理。先生您既然准备联合六国抗拒秦国，寡人一定遵从！”赵肃侯给苏秦的待遇更高，直接佩以相印，赐以大第，任命他为“纵约长”，负责联合六国抗秦大业。

与此同时，张仪的经历比苏秦更为坎坷。因为张仪家没钱，根本没有机会见到魏惠王。后来看到魏国屡败，张仪就带着老婆到了楚国，成了楚相昭阳的门客。

楚国见魏国衰弱了，马上趁火打劫。昭阳率兵伐魏，夺取了七座城池。楚威王熊商就给昭阳发了一个特殊的奖品“和氏璧”。有这么一个宝贝之后，昭阳总是随身携带，片刻未离。在一次游玩中，大家都希望亲眼看一下这个宝贝，传看的时候，外面出现了群鱼跳跃的轰动景象，混乱之中，居然丢失了和氏璧。

昭阳很生气，挨个儿严查，要揪出盗璧之人。有人借机说张仪既穷且品行不端，盗璧的可能性非常大。昭阳就把张仪绑起来施刑，要他承认盗宝。结果，张仪被打得奄奄一息。昭阳见张仪宁死不招，只好放了张仪。

张仪老婆见张仪这副惨样，眼泪忍不住流下来，埋怨说：“咱们要是安居务农，哪会有这样的灾祸？”张仪却把嘴张开让老婆往里头看，然后问：“我舌头还在吗？”他老婆气得笑道：“在呢。”张仪安慰他老婆说：“舌头在，本钱就在，不会永远这么穷困潦倒的。”

这张仪是个乐天派。楚国没法待了，张仪又带着老婆挪回魏国老家去了。回到魏国后，张仪获得了某个神秘商人的资助前往秦国。此时，秦惠文王嬴驷正后悔失去苏秦，听说苏秦的同班同学张仪来了，即时召见，而且马上拜为客卿，一起商量怎么对付东方诸侯。

据传说，出手帮助张仪的人，全是苏秦安排的。可能是鉴于庞涓、孙膑反目为仇，史书的作者就把苏秦、张仪的关系设置成互助合作。他们俩虽然是对手，却相辅相成。

有了张仪在秦国唱对手戏，苏秦继续实施联合各国的计划就顺理成章了。他辞别赵肃侯前往韩国，见到韩宣惠王韩康就讲："天下的强弓劲弩，都是韩国生产的。韩国并非没有一战之力。但如果割肉喂秦，几次下来韩国的地就没有了。俗话说：'宁为鸡口，毋为牛后。'您愿意依附秦国，做人臣下吗？"韩宣惠王立刻跳了起来说："我愿意听从先生的指挥。"

"宁为鸡口，毋为牛后。"这个俗语被苏秦发扬光大，成为很多人的立身守则。

韩宣惠王也资助苏秦两千金，以支持他联合列国。苏秦随后到达魏国，游说魏惠王："魏国虽然只有千里，但实力尚存。如果向秦国割地称臣，则永无宁日。现在唯一的出路是六国联合起来，合力对抗秦国。臣今天是奉赵王之命，到您这里签约定盟的。"魏惠王回答说："寡人很蠢，就是因为不懂长期战略，导致接连失败。不敢不从命！"于是，也赠给苏秦金帛一车。

苏秦接着去游说齐宣王田辟彊，他说："齐国乃是天下最富庶的地方。而且秦军根本不可能触及齐国，为什么要臣服于秦国？希望大王能够接受赵国的建议，六国联合起来，互相救援。"齐宣王爽快地回答说："我完全同意！"

苏秦转身就去游说楚威王熊商，他说："楚国拥有土地五千里，乃是诸侯中最强大的。楚强则秦弱，秦强则楚弱。如果'合纵'诸侯就将倒向楚国，如果‘连横’楚国得割地给秦国，楚国选哪个？”楚威王连声说：“那肯定听先生的啊。”

这就是苏秦悟出来的揣摩之功夫。他把已有的资料汇总，然后分析，站在各国国君的立场上思考，最终设计出六国合纵的战略方针。

就这样，苏秦凭自己的三寸不烂之舌，把秦国之外的六国联合了起来。苏秦带着满满的外交成果，返回赵国。由于各国都派出使者相随，苏秦的威仪比于王者，沿路的官员望尘下拜，就连周显王姬扁都预先派人清扫道路。

苏秦回家探亲，嫂嫂也跪着迎接，不敢仰视，只因为苏秦“既富且贵”。苏秦不由得感叹道：“‘世情看冷暖，人面逐高低。’大丈夫不可无权，大丈夫不可无钱。”

赵肃侯封苏秦为武安君，召集齐、楚、魏、韩、燕五国之君齐聚赵国，六国结为盟国。这次会议的排序以国之大小为准：楚最大，齐次之，魏次之，次赵，次燕，次韩。在苏秦的建议下，六国一概称王。

苏秦致开幕词，对六王说道：“诸位皆为东方大国之君王，而那秦国不过是牧马贱夫的后代，诸位君王能以臣子之礼去向秦国磕头吗？”诸侯连声高呼：“绝不低头，联合抗秦。”

于是，六王歃血结盟，约定一国背盟，五国共击之。六王封苏秦为“纵约长”，兼任六国相国，总辖六国臣民。这一刻，苏秦达到人生巅峰。

二、张仪连横

时间：东周 452 年

人物：张仪、秦惠文王

得知六国合纵成功，秦惠文王嬴驷多少感觉有些后悔。最初，苏秦先找的他，谈论的是统一方略，却被他拒绝了。不过，秦惠文王就是秦惠文王，面对风云变幻的天下局势，他对相国公孙衍说："我们必须筹划一个方案，拆散他们的联盟。"

公孙衍建议讨伐赵国，以威慑各国。张仪认为不妥，六国刚签完协议，如果共同起兵，秦国将应接不暇。张仪建议先以大筹码诱惑魏国与秦国和解，再和燕国太子通婚，如此操作，六国互疑，联盟就会自动消解。

秦惠文王采纳了张仪的建议，先告诉魏王可以还给他七座城池。这魏王早被失败彻底压垮了，一听秦国示好，立刻就表友好。而燕国也失去了思考能力，表示乐意与秦国结成亲家。齐国之前为了结盟，还给燕国十城，一看燕国背盟，自然怒不可遏。合纵刚刚开始，六国就出现了难以弥合的裂痕。赵王一看局面混乱，就责成苏秦再去做诸侯的工作。苏秦只好离开赵国，去了齐国。

张仪闻讯，知道六国联盟实质上已经解散了，转脸就不承认之前答应给魏国的贿赂。魏襄王魏嗣派人去秦国索要城池，惹得秦惠文王直接翻脸，立刻出师伐魏，轻松攻下蒲阳，然后再以蒲阳还魏国。就以这样的方式，秦国玩弄魏国于股掌之中。

然后，秦惠文王又派张仪出马去劝说魏王，让他献地给秦国以求和平。

这时候，楚威王熊商死了，他的儿子熊槐继位，史称楚怀王。张仪派人给新楚王送信，重点讲的就是他当年被诬陷盗璧那个冤案。楚怀王一听就急了，当面责备昭阳说："张仪如此贤能，你不但不向先王推荐他，还把人逼走，怎么回事儿？"昭阳羞愧难言，十分郁闷。

楚怀王认为张仪执政秦国，对楚国构成了严重的威胁，就再次重申苏秦合纵之约，要大家联合起来，一起攻打秦国。

可是，关键时刻，齐国掉链子了。齐国的相国田婴去世后，他的儿子孟尝君田文继承了薛公这个爵位。孟尝君名气很大，他最大的特点是喜欢交朋友，而且来者不拒。

楚国重申六国联盟，号召大家一起伐秦。其他四国都同意出兵，齐国却犯了含糊。苏秦此时就在齐国，力主出兵伐秦。孟尝君却建议出工不出力，齐滑王田地觉得这个办法最好。

这个孟尝君的意见，似乎和前头孙膑的操作类似，但实质完全不同。孙膑的做法不是不干涉，而是让双方打疲惫了，自己再出手，以实现利益最大化。而这次的情况是，其他五国本来就没劲儿或不使劲，齐国再不使劲，那出征就没有意义了。由此可见，这个孟尝君只能算是耍了个小聪明。

韩、赵、魏、燕四王率领本国军队，与楚王集结于函谷关外，不过只是互相观望。秦国守将樗里疾看到五国联军在外面晃悠，不耐烦了，居然大开关门，请求一战。相持数日之后，樗里疾派兵偷袭楚军粮道，吓得楚军连忙撤走。其他四国之兵劳而无功，只得各回各国。

孟尝君磨磨蹭蹭耗到了五国解散的时候，都还没有到达秦国边境。于是乎，齐国君臣都觉得自己聪明，孟尝君获得重用。

主战派苏秦失宠后不久，被仇人刺杀身亡。一代纵横家如昙花一现般不幸陨落。

张仪听说苏秦死了，知道合纵战略失败了，告诉魏襄王魏嗣说，合纵根本不可行。一母同胞都会为钱财争斗不休，更何况不同国家呢？万一其他诸侯与秦国联手攻打魏国，魏国可就危险了。魏襄王感到害怕，忙问张仪怎么办，张仪的建议还是割地买平安。张仪仅靠嘴巴就能为秦国增加土地，秦惠文王非常满意，接着让张仪回国担任秦相。

三、燕国招贤，千金买马骨

时间：东周 453 年

人物：燕王哙、子之、齐湣王、燕昭王

燕王姬哙年老不问政事，国事皆决于相国姬子之。有人建议姬哙干脆把燕王“禅让”给姬子之，姬哙居然同意了。

可是，太子姬平等人不同意，联合将军市被发动内乱，中山国趁机攻城略地，燕国大乱。齐湣王田地抓住这个机会，立刻派兵十万，进军燕国。燕国人居然“箪食壶浆，以迎齐师”。齐军兵不留行，直达燕都，燕国百姓打开城门欢迎齐国大军。

然而齐军进城之后，却捣毁燕国宗庙，把燕国的国库抢劫一空，燕王和姬子之都死于战乱。

齐国居然准备灭绝燕国，这是绝对不可以接受的。燕国人又请回了原太子姬平即位，史称燕昭王。燕昭王继位之后，马上任命自己的老师郭隗为相国。敦隗传檄燕都，宣告燕国有新王了。结果，所有投降齐国者又瞬间叛齐归燕。

· 千金买马骨。出自《战国策·燕策一·燕昭王收破燕后即位》，说的是古代一位侍臣为君王买千里马，却只买了死马的骨头回来，君王大怒而不解，侍臣解释说，如果大家看见君王连千里马的骨头都肯用重金买回来，就会认为君王是真正想要高价买千里马，就会自然而然把千里马送上门来。后来果真如侍臣所言，不到一年就有几匹千里马被呈送上来。故事意指十分渴望和重视人才。

燕昭王回到燕都，一心惦记着要向齐国报仇。想来想去,唯一的办法就是招贤。燕昭王对相国郭隗说：“亡国之耻，夙夜在心。如果能找到贤人，帮我报仇，我愿意终身侍奉，请先生帮我。”

郭隗说：“我听说过一个案例，说是有一个君主，想买千里马，但很长时间都买不到。后来买马人花巨款买了一个死马的骨头，制造了一个轰动效应，让天下人都知道了君主愿意花大价钱买千里马，结果很快就买到了若干匹好马。”郭隗用这个案例告诉燕昭王，要想招聘人才，你自己满世界出去找，效率太低，正确的方法是，既要舍得拿出钱来，还要舍得花钱做广告，这样才有可能招到真正的人才。

于是燕昭王和郭隗君臣搭台演戏，真的在易水旁边建了一个高台，上面堆了很多黄金，来供奉四方贤士，起了个名字叫招贤台，更多人把这个高台叫作“黄金台”。

“黄金台”的广告一播出，燕王好士的消息迅速传播开来，各国不得志的能人志士纷纷赶往燕国。燕国聘用了很多客卿，一起讨论强大燕国的方略。当然，这也不是一天的事情，但总归是有了可能。

四、张仪欺楚

时间：东周 454 年

人物：张仪、楚怀王

这个时期，秦国最迫切的任务是要拆散齐国与楚国的联盟。秦惠文王嬴驷问张仪有什么好办法，张仪说：“这事不难，我只需凭借三寸不烂之舌，逮机会见到楚王，就能让楚王与齐国断绝关系。”秦惠文王非常高兴：“有劳先生。”

于是，张仪暂辞相印，跑到楚国去从事秘密工作。张仪之前在楚国待过，知道楚怀王熊槐最宠信一个叫靳尚的大臣。张仪先重金贿赂靳尚，然后再去拜访楚怀王。

关系铺垫到位，楚怀王隆重欢迎张仪，还很诚恳地请教："不知先生有何见教？"张仪开门见山说道："臣这次来，是为了恢复秦、楚两国的友好关系。"楚怀王说："寡人难道不愿意和秦国交好吗？但秦国没完没了地侵略别国，我们不敢亲近！"张仪回答说："今日天下真正的大国，也就是楚、齐与秦三个。秦国联合齐国则齐重，联合楚国则楚重。"

这话说得让人无法不信，假话要藏在真话之中说才有最大效果。当然随之就是假话了，张仪告诉楚怀王："我们国君倾向于和您联手，我自己也愿意做大王的仆从。现在的问题是，大王您现在和齐国联盟，这是我们秦王非常忌讳的。大王您要是能和齐国断绝关系，我们秦王愿意把商君所取楚国的那片六百里土地还给楚国，把女儿嫁到楚国。这样一来，秦、楚两国世为姻亲，共同称霸诸侯。"

楚怀王大为高兴，说道："秦国要是肯还给我们土地，我为什么要喜欢齐国呢？"楚国大臣们听说可以收回故土，都表示祝贺。只有一个人站出来说："不可，不可！依我看，这不是好事而是坏事！"说话人是客卿陈轸。楚怀王就问他："寡人不费一兵一卒，坐着得地六百里，大家都说好，只有你一个人说不好，这是为何？"

陈轸回答说："这显然是张仪的诡计。如果我们和齐国断交，而万一张仪不给我们土地，到时候，齐国又会埋怨我们，反而去和秦国联合，一旦齐、秦两国联合攻击楚国，我们楚国可就危险了！大王不如先派一个使者，跟随张仪到秦国接受土地，等拿到土地再和齐国断绝关系也不晚。”

大夫屈原同意陈轸的判断：“张仪乃反复小人，绝对不可信任！”靳尚却说：“不与齐国断交，那秦国怎么肯还给我们土地呢？”楚怀王点点头说：“张仪肯定不会欺骗寡人的。陈先生不用多言，坐视寡人受地好了。”

于是，楚怀王聘请张仪为楚国相国，随即下令关闭齐、楚两国通道，又专门派勇士辱骂齐国国君以表示自己的真心。一通操作之后，就派逢丑跟着张仪去秦国接收那子虚乌有的六百里土地。

齐王受辱大怒，当即与楚国绝交，转身与秦国结盟。

等了很久的楚国使者跑去问张仪要那六百里土地，张仪回答说：“我和楚王说的那个地，就是我自己的俸邑六百里，我愿意把它献给楚王。秦国的土地，皆百战所得，岂肯以尺土让人？”寸土不让，这个道理从古至今没有变过。

楚怀王此时才明白被张仪骗了，他恼羞成怒，主动出兵攻打秦国。秦国联合齐国大败楚国，尽取汉中之地六百里，这一战直接动摇了楚国根基。战败之后，楚怀王派使者再献二城以求和，秦国趁机提出换地。

楚怀王被仇恨糊住了眼睛，提出只要张仪的脑袋，而不要土地。嫉妒张仪的人很多，都说太划算了！秦惠文王直接拒绝了这一无理要求。张仪却主动站出来，说：“微臣愿往！”秦惠文王说：“楚王现在恼羞成怒，先生此去肯定被杀，所以寡人肯定不会派你去的。”张仪却坦然地说：“要是杀了我一个人，能为秦国换得几百里土地，我虽死犹荣！更何况，去了不一定死呢。”秦惠文王问：“难道先生有办法脱身？请给寡人说说。”

原来，张仪早就弄清楚了楚怀王听谁的话，知道楚夫人郑袖和嬖臣靳尚这两位都可以利用。张仪告诉秦惠文王说：“我只要打通他们的关节，就可以不死。大王您只要留兵汉中，做出继续进攻的势态，楚国肯定不敢杀我。”结果，还真的如张仪所料，张仪做通了楚王夫人的工作。郑袖对楚怀王说：“如果我们杀了张仪，惹怒秦王，他们肯定会增添更多的兵力来进攻楚国。怕是我们夫妇都没法保全。”靳尚也趁机建议：“不如把张仪留下，还可以作为与秦国讲和的筹码。”

楚怀王此时也不恨张仪了，又觉得还是土地重要，于是依旧高规格接待了张仪。张仪趁机指出服从秦国好处多多，楚怀王听信了他的说辞，竟然又把他放了。屈原出使回来，听说楚怀王把张仪放了，就劝谏说：“张仪如此欺诈，就是匹夫都会拼命，更何况我们伟大的楚王，必杀之。”

楚怀王一听，觉得是这么回事，于是又派人去追张仪，而张仪已经连夜奔驰回国了。张仪回到秦国之后，却做了一件非常有迷惑性的事情。他建议秦王说：“大王你应该割让汉中之半，还给楚国，并与楚国联姻，这样我就能以楚国为例，游说六国联袂事秦。”

楚怀王一见土地又回来了一半，反而认为张仪说话算数，高兴得忘乎所以。可见张仪对人心理把握之准。

秦惠文王高兴，封张仪为武信君。然后，派张仪带着大把的黄金白璧，去说服列国向秦国贡献土地。张仪先到东边见齐湣王田地说：“如今秦、楚两大国已成姻亲，结为联盟，三晋莫不悚惧，争相献地。如果秦国率领韩、魏、赵一起攻齐，齐国危矣！齐国不如先与秦国交好。”齐湣王一听，立刻表态愿意献地，并且厚赠张仪。

张仪又去游说赵王："如今秦、楚联姻，齐国已经献地，而韩、魏两国已经低头称臣，已经形成五国为一的态势。孤赵拿什么抵抗？所以我建议您，不如臣服于秦国。"赵王一听，也连忙答应了。

接下来，张仪去游说燕昭王："如今赵王已经割地，将成为秦国附属，一旦秦王命令赵国攻燕，这燕国怕就不再是大王所有了！"燕昭王一听就怕，连忙表示，愿献五座城池。

这就是张仪，连蒙带吓，出去转了一圈儿，居然说服三国诸侯割地求和。可惜的是，张仪回国途中，秦惠文王病逝，其子嬴荡继位，史称秦武王。

张仪在齐国忽悠的时候，让齐滑王以为三晋都已经臣服于秦国、献上了土地，所以齐王没敢反对。后来知道张仪是两边戏弄，齐滑王十分气愤。听到秦惠文王的死讯，齐滑王立刻变脸，派孟尝君致书列国，重新倡导合纵。诸侯们听说张仪和新晋秦王关系不睦，就纷纷背叛了连横政策，又恢复了合纵联盟。

五、三人成虎

时间：东周 460 年

人物：秦武王、甘茂

秦武王嬴荡是个彪形大汉，性子直率，喜欢与勇士角力，在当太子的时候，就非常厌恶张仪那套欺诈话术。而在秦国朝廷中，嫉妒张仪的人很多，不少人在秦武王面前说张仪的坏话，而齐国又派人来责备张仪。张仪感觉到了危险，就跑回老家去了。出任魏国相国一年以后，张仪病死在魏国老家。张仪之死，意味着纵横家时代的谢幕。

此时，秦国把执政称作丞相，以甘茂为左丞相、樗里疾为右丞相。秦武王与两位丞相商议："寡人欲一睹中原繁华，如果能打通三川，到洛阳一游，虽死无憾！你们二位谁能为我伐韩？" 樗里疾劝阻说："这一路崎岖险阻，劳师远征，臣以为此事不妥。"

秦武王不死心，又问甘茂有没有可能。甘茂说，这事需要先去大梁，约魏国一起伐韩。不知何故，魏王居然同意了。但甘茂回来却劝秦武王不要出兵。理由是此次出兵，要跨越千里险阻，时间很长，怕秦武王心血来潮，半途而废。

甘茂讲了一个"曾参杀人，三人成虎"的故事：鲁国有一个和孔门弟子曾参同名的人杀了人，有人就跑去告诉曾母说："曾参杀人了！"曾母一开始并不相信，但架不住三个人都说曾参杀了人，曾母最后竟然信了。甘茂讲这个故事用意很明显，就是担心秦武王中途动摇。

于是，秦武王给甘茂写了一个保证书，约法三章。甘茂这才带兵五万，去攻打韩国通往洛阳的通道。打通三川十分不易，时间一长，樗里疾建议撤兵，秦武王也不放心，下令甘茂班师。甘茂十分沉着，只是给秦武王写了一封信，提醒他不要忘记那封保证书。秦武王反应过来，马上增兵五万助甘茂攻城。在秦武王的支持下，甘茂终于攻下韩国的三川之地，为秦国打开了通往中原之门。

秦武王兴致勃勃地前往周王室拜访。周赧王姬延惊疑不定，急忙派人郊迎，还说要亲自接见。秦武王心不在焉，竟然拒绝了王室的召见，迫不及待地要去参观天下闻名的九鼎。他早就打听清楚了，九鼎就放在周王室太庙一侧。于是，他马不停蹄地来到周太庙，激动地走进侧室，终于看到了一字排列的九个宝鼎。

秦武王围着九鼎转了好几圈，赞不绝口。鼎的腹部分别刻有荆、梁、雍、豫、徐、扬、青、兖、冀等九个字，秦武王指着“雍”字鼎叹道：“这个雍鼎，说的就是我们秦国！我要把它带回咸阳。”说完，转身又问守鼎的小吏：“此鼎可曾有人能举起来吗？”小吏答道：“自有此鼎以来，从未有人能举得动它。听说每个鼎都有千斤之重，谁能举得起来啊？！”一听这话，争强好胜的秦武王非要和人比试一下不可。结果，大鼎脱手砸断胫骨，秦武王双眼出血，当晚不幸离世，年仅二十三岁。

本章小结

商鞅变法为大秦帝国奠定了政治军事基础，而占据巴蜀使得秦国获得了强大的经济基础。有了实力之后，秦国却犯了一个严重的错误，就是强制六国割地低头。而苏秦登场，在游说秦王以武力统一天下失败之后，居然设计出六国联合抗秦的合纵战略，迟滞了秦国统一大业。不过，秦国重用张仪也对应出连横方略，在某一时期，纵横家占据了历史舞台的中央。

第十六章　秦国战车不可挡

一、怀王被扣

时间：东周 464 年

人物：秦昭襄王、楚怀王

大力士秦武王嬴荡年纪轻轻就出事故死了。因为尚未生子，众臣推举其异母弟弟嬴稷继位，史称秦昭襄王。秦昭襄王在位期间，任用白起为将军，先后战胜三晋、齐国、楚国，攻取魏国的河东郡和南阳郡、楚国的黔中郡和郢都；发动长平之战，大胜赵军；攻陷东周王都洛邑，俘虏周赧王姬延，迁九鼎于咸阳，结束了周朝八百年统治。

秦昭襄王即位后，听说楚国将太子送给齐国做了人质，认为这是背叛，于是就派樗里疾为大将，兴兵伐楚。楚国不经打，再次兵败。连续的失败，导致楚怀王熊槐非常恐惧，举止失措。

这种情况下，秦昭襄王派人给楚怀王送信，说你把儿子送到齐国当人质，让我们秦国很生气，所以底下人忍不住要去攻打楚国，这真的不是寡人的本意。寡人希望举行会议，当面签订友好盟约，秦国将归还所侵占的楚国领土。希望您能按时参会，不然寡人没办法命令手下人退兵。

去还是不去？这是个问题。楚怀王连忙召集群臣商议。屈原明确反对："这秦国乃虎狼之国。他们骗我们已经不是一次两次了，大王不能去！"相国昭雎也说："屈原说得对！大王肯定不能去。我们只能备战。"

靳尚却说："如果大王不去参会，秦王一怒之下派兵伐楚，那可怎么办？"熊槐的小儿子子兰，娶了秦君女儿为妻，起劲儿劝父王前往："秦、楚互为儿女亲家，关系亲近得很。他们要是派兵来打，我们不也得求和吗？所以我觉得大王应该赴会。"

楚怀王实在是害怕，只得回复秦昭襄王，说自己将按时赴会。而且，为了表示诚意，楚怀王赴会并没带兵，只带了靳尚几个人伺候。

而秦昭襄王却做了认真准备，派白起引兵一万，埋伏在武关关内，打算劫持楚王。同时，又派蒙骜引兵一万，埋伏在武关关外，以防备楚国大军。

楚怀王单身赴会，没想到真的被秦国劫持到了咸阳。靳尚只身逃归楚国。直到此时，楚怀王如梦方醒，流泪不止。

秦国让楚怀王按照藩臣的礼节参谒秦王，楚怀王宁死不屈。秦昭襄王也没有继续纠缠虚礼，而是承诺只要楚国把前头曾经答应过的黔中土地割让给秦国，就立刻送楚怀王回国。楚怀王严词拒绝，秦昭襄王就把他扣留在了咸阳。

此时，楚国太子熊横作为人质尚在齐国。楚国相国昭雎连忙派使者至齐国，诈称楚王病逝，需要太子回国继承王位。齐滑王田地问相国孟尝君："能不能把楚国太子扣下，以换取淮北之地？"孟尝君回答说："此事怕是不妥。楚王并不是只有一个儿子，如果他们另立一个为王，于我们有害无益。"齐滑王一听知道这便宜占不到，只好礼送熊横回国。熊横回国后继位，史称楚顷襄王。之后，子兰、靳尚这些人依然受到重用。

秦昭襄王做了恶人却没得到好处，不由得恼羞成怒，派白起、蒙骜率军十万攻打楚国，夺下十五座城池。

而被扣留在咸阳的楚怀王度日如年，一直在想办法逃走。公元前297年，楚怀王成功逃走，秦国发觉后便关闭了通往楚国的道路。楚怀王又逃到赵国，但赵国不让他入境。无奈之下，楚怀王企图逃往魏国，但被秦国追兵捉住，送回了秦国。公元前296年，楚怀王在咸阳病逝。秦国把遗体送还楚国，"楚人皆怜之，如悲亲戚"。

二、胡服骑射

时间：东周465年

人物：赵武灵王

赵国强盛的道路上出现了一个特殊的人物赵雍，是赵国第六代君主，史称赵武灵王。

赵武灵王15岁继位的时候，发现赵国实力并不强大，可以说徒有王之名，而无王之实，外部还有诸侯环伺。所以，赵武灵王决定暂缓称王，令国人称自己为君，既可以避免树大招风带来的麻烦，又可以积蓄实力。

· 胡服骑射。赵武灵王推行胡服骑射，力行改革，改变了原来军队中宽袖的正规军装，后来逐渐演变改进为盔甲装备。赵武灵王决定改革的军装，因为衣短袖窄，类似于西北戎狄之服，所以俗称“胡服”。胡服改革减弱了华夏民族鄙视胡人的心理，增强了胡人对华夏民族的归依心理，缩短了二者之间的心理距离，奠定了中原华夏民族与北方游牧民族服饰融合的基础，进而促进了民族融合。

同时，考虑到赵国处于四战之地，特别是经常遭受游牧部落骑兵进犯，不变革只有死路一条。公元前302年，赵武灵王又决定实施一项重大改革，即“胡服骑射”“以胡制胡”。改革的主要内容是“着胡服”“习骑射”，下令全国人民抛弃长袍宽袖，改着方便灵活的胡服；放弃中原传统的兵车战术，转而改习骑马射箭，取胡人之长补中原之短。赵国常备训练都是逐猎，通过改革建立起了一支以骑兵为主体的强大军队，战斗力日益强大，成为战国后期唯一可与秦抗衡的强国。

可以说，改革后的赵国是秦国强大之后出现的最强横的对手。而魏国君臣当年并没有向西进军的胆气，可能是因为魏国在政治上并没有实施商鞅式改革，军事上也没有赵国这样脱胎换骨的革新。

然而，被梁启超认为是黄帝以后第一伟人的赵武灵王，却犯了一个致命的错误，导致以后赵国一系列的悲剧。为了专心致志对外开疆拓土，他早早地将权力禅让给了史称赵惠文王的年幼的儿子赵何，自己不再称王，而是使用了类似于后世所称“太上皇”的“主父”。

脱下王冠的赵武灵王没有忘记战胜秦国的终生大志，把自己伪装成“赵国使者”，跟随自己原来的重臣、如今要去秦国任职的楼缓，光明正大地去了秦国都城咸阳。沿途中，赵武灵王仔细查看秦国的山川形势，细细体会秦国的风土人情。进入咸阳后，赵武灵王陪同楼缓会见了许多秦国大臣，并在一旁观察秦国大臣的言谈举止。

更加戏剧性的一幕上演了。楼缓素来是亲秦派，入秦数年后曾经出任秦相。此次带着赵武灵王前来，也受到秦昭襄王嬴稷的高度重视。秦昭襄王在王宫隆重接待，宾主落座、对谈之间，敏感的秦昭襄王发现楼缓身后一名随从气度不凡。楼缓向来自傲，竟对身后的这名随从不经意间有屈顺之意。在与这个身材高大的中年男子的问答中，秦昭襄王发现他说话不卑不亢，胸怀与见识更是了不起。秦昭襄王在欣赏之余，也产生了一丝怀疑。睡到半夜，秦昭襄王越想越觉得不对，认定楼缓的这个随从绝非等闲之辈，一定是赵国的权贵之人借机来窥秦情。秦昭襄王派人请楼缓与这个随从再到王宫做客，来的却只有楼缓，不见随从。楼缓解释说，这个随从白日失礼，已被遣回赵国。

原来，在和楼缓一起从王宫出来的时候，赵武灵王已感觉到秦昭襄王对自己有所怀疑，便当机立断返回赵国。

三、屈原投江

时间：东周 471 年

人物：屈原

楚怀王熊槐在秦国吐血而死的消息传来，楚国人很憋屈，很愤怒，集体处于悲伤之中。

大夫屈原认为，子兰、靳尚应该对楚怀王之死负责，而这两位却依旧作威作福。眼看楚国新君旧臣贪于苟安，根本不想报仇雪恨，屈原又难过又气愤，屡屡进谏，劝楚顷襄王熊横选拔贤能，排斥奸佞，选将练兵，给先王报仇。

• 屈原投江。屈原（前 340—前 278），战国时期楚国诗人、政治家。因遭贵族排挤毁谤，被先后流放至汉北和沅湘流域。公元前 278 年，秦将白起攻破楚都郢（今湖北江陵），屈原悲愤交加，怀石自沉于汨罗江，以身殉国。

子兰知道屈原的意思，便让靳尚对楚顷襄王说：“屈原自认为与王同宗，却没有被重用，心中怨恨不已，因此常常对外人说大王忘记秦国的仇恨是不孝、子兰等不主张伐秦是不忠。”子兰表达得很准确，屈原实际上是在说，楚王不孝、子兰不忠。

楚顷襄王恼羞成怒，罢了屈原的官，把他流放至汉北和沅湘流域。屈原拒绝浑浑噩噩地活着，也不愿与这浊世同流合污，他无法眼睁睁看着自己祖先的江山社稷就这样消亡，听到楚国郢都被秦军攻破的消息，在极度苦闷、完全绝望的心情下，在农历五月五日这天毅然决然投汨罗江自尽。为了表达对这位伟大的爱国主义诗人的敬仰，后世在农历五月五日端午节这天赛龙舟、吃粽子以纪念屈原。

四、主父悲剧

时间：东周 475 年

人物：赵武灵王、赵章、赵何

赵武灵王赵雍胡服骑射改革，将赵国改造成了军事大国，有力量与秦国一争高低。后人假设，如果不是内政上犯了致命错误，还真的有可能改写历史。那么，赵武灵王究竟犯了什么错误呢？

公元前 299 年，为了专心对付秦国，赵武灵王执政二十七年后，把王位禅让给了最宠爱的夫人所生的儿子赵惠文王赵何，自己则当起了“主父”，以太上皇的身份统摄赵国军政。原太子、长子赵章比赵何年长十岁，性格强悍，体魄健壮，最为赵武灵王喜爱，曾多次随从赵武灵王出征，屡立战功。虽然赵章在无辜被废后毫无怨言，一如既往地孝敬主父，但赵武灵王在想起赵章的母亲、贤惠的韩夫人的时候，就会非常愧疚，想找个机会弥补一下赵章。

赵武灵王决定封赵章为安阳君，派田不礼为相。田不礼经常以立长乃天经地义、人间正道的说辞影响公子赵章。朝中许多大臣见赵章又受到了赵武灵王的厚爱，便暗中与赵章来往。赵章在田不礼不断煽风点火的影响下，称王之心死灰复燃，下决心夺回本应属于自己的王位。

公元前 295 年，赵武灵王打算把代郡分给赵章，让他也称王，而自己趁机收回赵惠文王的实权，重新亲掌朝政。赵武灵王把要立赵章为代王的想法同相国肥义说了。作为赵惠文王的老师，肥义当然不会同意，并以国无二主等道理来说明为什么不能立赵章为代王，同时暗示他重新执政的想法也非常危险。

肥义把整个事情的来龙去脉向赵惠文王讲了。赵惠文王明白了事情的严重性，与肥义商议对策，安排亲信拿着赵惠文王的兵符，准备随时起兵勤王。赵惠文王严控兵符，肥义则注意收集情报、统筹安排。

赵武灵王将讨封不成一事告诉了赵章和田不礼，两人十分怨恨赵惠文王与肥义。在父亲赵武灵王的默许下，赵章决定采取行动。

赵武灵王以在沙丘（今河北省邢台市广宗西北）选看墓地为名，让赵章与赵惠文王随行。赵惠文王没有办法，只得在肥义等人的陪同下随行。到沙丘后，赵惠文王居一宫，赵武灵王与赵章居一宫。

田不礼劝赵章马上动手，杀死赵惠文王，再控制赵武灵王，既而以奉赵武灵王之命的名义称王。于是，赵章借用赵武灵王的令符请赵惠文王到主父宫议事。肥义感觉不对，要赵惠文王按兵不动、加强防卫，他只身前往主父宫探听情况，相约如果自己不归即为事变。肥义进入主父宫后，果然觉得气氛异常，没有见到主父赵武灵王，却见到了赵章和田不礼。赵章与田不礼决定以快制胜，先杀了肥义，再遣使者去叫赵惠文王。赵惠文王见肥义未归，而使者又至，知道发生事变，怒斩使者，率军包围主父宫，与赵章和田不礼及其党徒展开激战。赵惠文王继位以来培植的党羽立即率军赶到沙丘参与平叛，很快就控制了局面。田不礼逃往宋国，赵章败退到主父宫躲藏起来。赵惠文王的军队攻入主父宫，诛杀赵章及其党羽，赵武灵王想要制止也没有人听。赵武灵王被围在内宫里，断粮断水三个月之久，被活活饿死，终年四十五岁。

赵惠文王终于坐稳了王位，任命公子胜为相国。这位公子胜就是战国四大公子之一的平原君。平原君有权有钱，复制了孟尝君的模式，蓄养门客数千人。

五、鸡鸣狗盗

时间：东周 476 年

人物：秦昭襄王、孟尝君、冯谖

秦昭襄王嬴稷耳朵里，总能听到孟尝君田文等人的故事和传说，就常念叨孟尝君。秦国谋臣建议："大王既然这么欣赏孟尝君，何不把他召来？"秦昭襄王说："他是齐国的相国。我召他，他肯来吗？"谋臣建议说："大王可以与齐国交换相国，共谋诸侯。"

有楚怀王熊槐的前车之鉴，孟尝君自然不想去秦国。但不知是什么原因，齐湣王田地不但没有接受秦国人质，反而催促孟尝君前往秦国。孟尝君只好虚张声势，带了门客千余人，浩浩荡荡，到咸阳拜见秦王。秦昭襄王当场表态，将择日拜孟尝君为丞相。秦国现任丞相樗里疾一通暗箱操作，把这事儿搅黄了。秦昭襄王就问樗里疾："那我们把孟尝君遣返？"樗里疾却说："不如杀了他。"

秦昭襄王就把孟尝君软禁起来。孟尝君打听到秦昭襄王最宠爱的是燕姬，就去向燕姬行贿求情。燕姬提出来的条件非常特殊，她只要一件狐裘，就是孟尝君礼单中那样的。迫不得已，孟尝君让门客装扮成狗夜入秦宫，偷盗出已经献给秦王的狐裘，再转送给燕姬。燕姬收了好处，就对秦昭襄王说情放了孟尝君。

孟尝君一行人拿到路条连忙赶路，到函谷关的时候已经半夜，城门已经上锁了，孟尝君担心追兵或至，恨不得一步跨出关外，就让一个门客模仿鸡叫，才得以提前出关。这就是著名的"鸡鸣狗盗"故事。

孟尝君认为自己能够逃离秦国，靠的是会鸡鸣狗盗的下客，他养的一堆上客整个过程中没有起到任何作用，说话中就带出这种意思，从此上客不敢再怠慢下客。

孟尝君回国后，齐湣王田地继续任命他为相国。这样，孟尝君门下食客更多了，据传最多的时候有三千人。其中，有一位特殊的人才，名叫冯谖。

这位冯谖什么事也不做，却天天闹着要高级待遇。一次，他被派去薛地收债，居然把那些还不起钱的债券都烧了，说是为孟尝君收买人心。不过，孟尝君当时并不知其中的好处。

话说，秦昭襄王放了孟尝君之后十分后悔，认为孟尝君执政齐国对秦国没有好处，就散布谣言说："孟尝君闻名于天下，大家光知道有孟尝君，不知有齐王。估计过不了多久，孟尝君就会篡权！"

秦昭襄王又派人去游说楚顷襄王熊横说："当时楚怀王在秦国的时候，其实秦王是想放他回国的，是孟尝君阻止不让放的。我们秦王现在很后悔，决定把女儿嫁给楚王，共同对抗齐国。希望楚王能同意！"这应该是秦王一石二鸟之计，目的是消除齐国与楚国联合的可能性。楚顷襄王居然没有记仇，满心欢喜地与秦国结了亲家。

流言蜚语效果显著，齐湣王果然开始怀疑孟尝君，就借机罢了他的官。门客们听说孟尝君不当相爷了，就纷纷散去。只有冯谖留下了，为孟尝君赶车，一起回到薛地。薛地百姓扶老携幼相迎，争相献上酒食。此时孟尝君才明白此前冯谖烧掉债券的价值。

冯谖告诉孟尝君："'人无远虑，必有近忧''狡兔三窟'，所以只有自己的封地是不够的。您借给我一乘车具，我去转转，肯定能让您重获重用，而且俸邑更多。"孟尝君十分信任冯谖，拿出车马金钱交给他支配。冯谖西入咸阳，求见秦昭襄王并劝道，秦国与齐国目前是互为雌雄，建议秦王派出使者，悄悄聘用孟尝君。

这时，秦相樗里疾已经病死，秦昭襄王正考虑请谁来当这个相国，听到之后也没有太多考虑，就派人带着礼物，大张旗鼓地去迎接孟尝君。

冯谖却申请先行一步，快马加鞭赶回到齐国，求见齐滑王说：“秦王已经派人前去聘孟尝君了！”齐滑王一打听这事儿是真的，立刻恢复了孟尝君的相位，为表示歉意，还增加了孟尝君的俸禄。

听说孟尝君重新当上了相爷，散去的门客很多又回来了。孟尝君接受不了，冯谖却说：“这荣辱盛衰，乃是世间常理。君不见那都市中的集贸市场，到了白天，人们都争着抢着挤进门，但是到了晚上，立刻空空如也，原因就在于没有需求就没有供给。富贵者自然多士，贫贱者自然寡交，这都是正常现象。您又何必怪罪这些人呢？”孟尝君连声称是：“明白了，我听您的。”于是，待客如初，并无二致。

六、伊阙之战

时间：东周 477 年

人物：白起、秦昭襄王、齐湣王

此时秦国战车依然滚滚向前。不甘坐以待毙的韩国和魏国联合起来攻打秦国，秦国派白起率兵迎击，大胜韩、魏联军，这一战斩首二十四万，取韩国土地二百里、魏国土地四百里。这就是著名的伊阙之战。

令人难过的是，随着各国实力增强，战争规模越来越大，此时的战争已经出现白热化状态，一次战役杀人已经达到几十万级别了。

胜利让秦昭襄王嬴稷产生了超然于众的感觉，他心里开始想着要称帝了，可又觉得独尊不妥，就派人去和齐滑王田地商量：“寡人准备自称西帝，作为西方之主；尊齐王您为东帝，主导东方。咱们两国平分天下，不知大王您意下如何？”

齐滑王咨询孟尝君的意见，孟尝君坚决反对：“秦国恃强凌弱让所有诸侯深恶痛绝，大王您千万不能效仿。”孟尝君没有迎合齐滑王，可能他已经意识到了，齐滑王也膨胀了。此时苏代从燕国出使齐国，齐滑王就此事向他请教。苏代回答：“大王可以接受秦国的建议，却不必急于称帝。”苏代的意见让齐滑王很高兴。

齐滑王接着问道：“秦王约我共同伐赵，您看这件事可行吗？”苏代说：“攻赵师出无名，而且土地归秦，对齐国没有任何好处。现在宋王无道，天下人称其为桀宋。大王与其伐赵，不如伐宋。打下的土地易于驻守，而且还有替天伐暴的美名，这可是汤王、武王才有的功业啊。”齐滑王听了，非常认同。

这苏秦的弟弟苏代也是明白人，话说得让人爱听。但问题的关键是苏代在为谁工作，他掺和的目的最大的可能是让齐王膨胀，以打爆齐国这个大气球。没办法，谁让齐滑王自己跳进了一个大坑呢。

本章小结

在秦国已经不再掩饰自己吞并列国的野心之际，楚国的领导集团最先失去了抗争的勇气。楚怀王被骗秦国、囚禁而死，而继承者并没有报仇的决心，导致小人得道、屈原自杀。只有深感威胁的赵国，在雄才大略的赵武灵王的铁腕推动下，开启了真正意义上的军事大变革——胡服骑射，赵国的骑兵成为秦国统一道路上最强大的抵抗力量。然而，赵武灵王却因为内政错误而被饿死，留下令人扼腕的悲剧。此时，齐国的孟尝君则开创了养士模式，成百上千的门客活跃在各国政治、军事的舞台上，形成了一种独特的国家治理模式。

第十七章　你方唱罢我登场

一、穷兵黩武

时间：东周 484 年

人物：宋康王、齐湣王

在战国时期的诸侯国中，宋国虽然爵位很高，但一直缺乏存在感，从来没有进入大国之列。最后还遇到个暴虐无道的末代君主宋康王戴偃，喜欢穷兵黩武瞎折腾，结果招来祸端，弄得国灭身死。

宋康王不光人长得好，而且力气很大，据说能把钢刀直接撅折。身处大争之世，宋国不可避免地也意识到了危机。但是为了生存，宋康王采取了一系列穷兵黩武的策略，加速了自己的灭亡。

为了对外征战，宋康王大规模征兵，且亲自训练，集结了十万劲兵。然后，向东讨伐齐国，夺取了五座城池；向南打败了楚国，拓地三百余里；向西打败了魏国，夺取了两座城池；还灭掉了滕国等小国。

一时之间，宋国风光无二，号称“五千乘之劲宋”。

客观分析，宋国战略空间十分狭小。但宋康王自认为是天下英雄，准备直接登上霸主的宝座。为此，宋康王大造声势，酒量如海、千石不醉和一夜御女数十都成了他夸口的资本。宋康王不光是不敬上天、自欺欺人，还强夺民女、罪恶昭彰。许多大臣出来劝谏，宋康王很烦，有时就直接将人射杀。于是，老百姓送给宋康王一个外号——“桀宋”。

看到宋国君主如此荒淫暴虐，齐湣王田地听从纵横家苏代的建议，派人到楚、魏联络一起攻宋，约定事成之后三分其地。

齐、楚、魏三国出兵伐宋，秦昭襄王嬴稷知道后很生气，扬言要救宋国。齐湣王便向苏代问计。苏代自告奋勇，说自己能让秦国不救宋国。齐湣王很高兴，就请苏代代劳。

见到秦昭襄王，苏代这样劝他：“别看齐王现在会同楚、魏两国伐宋，等他赢了之后，一定会翻脸不认账。楚、魏受伤，必然会依附秦国。这种局面才是对大王最有利的。”秦昭襄王听了，立刻就意识到这是最佳方案，决定袖手旁观，让他们几个先打起来。

齐、楚、魏三国联军，先是宣告天下，给宋康王列了十大罪状。联军所到之处，人心悚惧，三国先前所失之地的老百姓，立刻造反。联军所向披靡，直逼宋国国都。

临战时刻，强大的联军示弱于宋国，诱敌深入，抄了宋军的后路。此时天下虽大，已无宋康王容身之地，他一路狂奔逃了出去，最后死在魏国的温邑（今河南温县）。

如此这般，齐、楚、魏遂灭宋国，三分其地。爵位最高的公国宋国，就这样亡了。

楚、魏两国收兵回国。齐国果然翻脸，派兵追击楚军，夺取了本该楚国获得的土地。接着，齐国又向西对三晋开战，屡屡获胜。这一下把楚、魏给逼急了，只得转而依附秦国。至此，苏代所言全部应验。

齐湣王兼并宋国之后，变得十分膨胀，竟然派人通知卫、鲁、邹三国之君，要他们称臣入朝。三国无奈，各个乖乖服从。

这时，孟尝君苦苦劝谏。但齐湣王根本听不进去："寡人残燕灭宋，追楚击魏。现在鲁、卫已经称臣，寡人早晚兼并周王室，号令天下！"孟尝君再三劝谏，齐湣王却说："寡人哪里不如汤、武？只可惜你不是伊尹和姜太公！"说完，竟然又把孟尝君免职了。孟尝君心里惧怕，趁着齐国一次内乱跑到魏国，投奔了信陵君魏无忌。

二、折节下士

时间：东周 486 年

人物：魏无忌、侯嬴

信陵君魏无忌是魏昭王魏遬的小儿子，谦恭好士，待人接物都很周到。与孟尝君田文、平原君赵胜、春申君黄歇并称"战国四公子"。

魏国有一个著名隐士，叫侯嬴。魏无忌听说后，亲自驾车往拜，送上二十金作为见面礼。不料，侯嬴却谢绝了。魏无忌越发尊重侯嬴，专门为侯嬴举办了一次宴会，遍请魏国权贵，独留第一客位，然后亲自去请侯嬴。

侯嬴赤贫，却不要黄金，不过他愿意成全魏无忌，所以就上了车。可是走了半截侯嬴却说，要先去看看自己一个叫朱亥的屠夫朋友。

到了朱亥家，侯嬴故意和朱亥聊天消磨时间，就是为了考验魏无忌的耐心。侯嬴冷眼观察魏无忌，发现他脸色始终不变。这算是考试过关了。

魏无忌考试过关，侯嬴同意担任他的上客，随后推荐了朱亥。魏无忌常去拜访，朱亥却从来不回拜。这些做派充分凸显了魏无忌的“折节下士”。

这就是战国。各路人马粉墨登场，充分展现自己，构成了“百花齐放、百家争鸣”的人文奇观。

三、乐毅灭齐

时间：东周 489 年

人物：齐湣王、燕昭王、乐毅

公元前 301 年，田地即位，史称齐湣王。王座尚未坐稳，齐湣王就发动了垂沙之战，大败楚国。接下来，函谷关之战，齐国大败秦国。公元前 288 年，秦昭襄王嬴稷自立为西帝，同时尊齐湣王为东帝。公元前 286 年，齐国吞并富有的宋国。从此以后，齐湣王野心勃勃，天天惦记着要替代周天子。

而在此时，燕国正在磨刀霍霍。燕昭王自即位之后，励精图治，招揽人才，意图振兴伤痕累累的燕国，将来向燕国的世敌齐国报仇雪耻。魏国名将乐羊之后乐毅就是这时候来到燕国的。

乐毅才学出众，深通兵法，是战国后期杰出的军事家、战略家。乐毅曾被荐为赵国官吏，为了躲避赵国内乱，又到了魏国。听说燕昭王礼贤下士，即生向往之心。正巧一次乐毅为魏出使燕国，燕昭王十分恭敬地客礼相待，乐毅颇受感动，决意留在燕国。燕昭王随即任其为亚卿，委以国政和兵权。

在齐国和几个邻国打得不可开交的时候，燕昭王知道复仇的机会来了。此时的燕国，已经休养多年，粮草充足，士卒乐战，蓄势待发。燕昭王兴奋地召乐毅问道："我已经忍了二十八年了！先人之仇让我彻夜难眠。现齐王骄横残暴，内外离心，是上天赐给我们的机遇。我决心与齐国决一死战，先生您看我们该怎么做？"乐毅回答："大王如果决定讨伐齐国，就必须联合天下诸侯。"燕昭王表示同意，就派乐毅持着符节去游说各国。

秦王一听燕国要联合诸侯一起攻打齐国，立刻意识到这是天赐良机。因为秦国统一的最大障碍就是齐国，如果齐国联合诸侯，秦国是迈不动脚的。现在齐国成了天下公敌，秦国自然要积极参加。而三晋被齐国欺负了很多年，都非常乐意一起围攻齐国。燕昭王十分高兴，集结全国兵力，交给乐毅统领。秦将白起、赵将廉颇、韩将暴鸢、魏将晋鄙各率一军，组成一支豪华阵容的联军，按期到达指定地点。

于是，燕昭王任命乐毅为"上将军"，率领五国联军浩浩荡荡杀奔齐国。乐毅身先士卒，四国兵将无不争先恐后，杀得齐兵尸横遍野、血流成渠。秦、魏、韩、赵乘胜分路收取边城，而燕军志在报仇，在乐毅率领下长驱直入齐国腹地。齐国人望风而逃，燕军直逼齐国都城临淄。

齐湣王完全失去了抗争的意志，直接弃城逃之夭夭。卫、鲁、邹等附属国闭门不纳，齐湣王只得继续一路狂奔，到了莒城才喘了口气。

半年时间里，除了莒城与即墨两座城池，齐国其余的领土全部被燕国占领。乐毅吸取了当年齐国试图灭燕的教训，知道一口吞下会消化不了，并没有强攻，命令军队休整待命。他采取各种宽松的方案，取悦齐国百姓。乐毅认为齐国仅剩下两座城池，已经不可能翻盘了，想着用宽大的方法，让他们自动投降。

四、田单复国，火牛阵

时间：东周 491 年

人物：田单、王孙贾

五国攻齐，只有楚国没有参加“灭齐”的战争，齐湣王田地向楚国求救。

楚顷襄王熊横一看齐国开出的“献地”价码合适，就派大将淖齿率兵二十万，以救齐为名到齐国接收土地。显然，楚顷襄王是要割更大的一块肉。楚顷襄王对淖齿交代说："你此去可以见机行事，只要有利于楚国，可以相机行事。"

淖齿率兵见了齐滑王，就把楚军驻扎在莒城外面。齐滑王妄图借楚军力量抵抗燕军，立刻委任淖齿为相国。淖齿一看燕兵势盛，觉得自己救不了齐国，就将计就计通知乐毅，说自己准备杀死齐滑王，条件是一人一半瓜分齐国，另外就是希望燕国拥立自己为齐王。

对于乐毅而言，齐国不是打不下来，而是不好消化。于是，乐毅一看还有人愿意伸手火中取栗，而楚将提出的这三个条件对燕国没有任何坏处，立刻回复说完全同意。

淖齿残忍地挑断齐滑王的脚筋，挂在房梁之上。齐滑王痛叫了三天三夜才断气，下场实在悲惨。而淖齿此时的身份是齐国的相国，天下人觉得他这样做犯了"弑主"的大罪。

齐大夫王孙贾这时候只有12岁，父亲去世得早，家中只有老母。齐滑王曾因可怜他，给他封了官。原本王孙贾是跟着齐滑王出逃的，半路走失了。因为不知齐滑王下落，他就悄悄偷跑回家了。其母知道后大怒，责备王孙贾不忠。王孙贾羞愧难言，立刻辞别母亲，出门去找齐滑王，听到齐滑王人在莒城，就往那里赶，一到莒城就听到了齐滑王被杀的消息。

王孙贾一听怒火冲天，一把撕开衣服露出左肩，在街市上高呼："淖齿当了齐相却弑杀其君，此乃不忠。愿意和我一同讨罪的，请左袒！"街上的人看到了，说这孩子这么小，却有如此忠义之心，我们这些大人怎能落后？于是，竟有四百多人跟着要去为齐滑王报仇。

此刻，几十万楚军都屯扎在城外，淖齿只带着卫队占了齐宫。正当淖齿与女人喝酒戏要的时候，王孙贾率领四百多人打上门来，夺了卫兵的武器，抓住淖齿将其剁为肉酱，然后闭城坚守。楚军没了头领，立即作鸟兽散，一半逃散，另一半投降燕国。

齐世子田法章还活着，而且人就在莒城之内。大乱之中，田法章打扮成穷人投靠太史家当佣工。太史家的女儿偶然见到法章，一眼识破他不是普通人，问他到底是谁，田法章道出真情，两人于是约为夫妇。

即墨守臣病死了，大家拥立田单为将军。田单与士卒同甘共苦，把自己家人皆编于行伍之间，获得了所有人的拥戴。齐国的大臣也纷纷向莒城集结，田法章意识到自己该承担责任了，就出来响应。这位就是后世所称的齐襄王。这样，莒州和即墨两城，形成犄角之势，共同抗拒燕兵。乐毅围了三年都没有攻克。

于是，乐毅解除包围，想要使城中百姓感恩后投降。可是，燕国的上层无法接受乐毅的怀柔政策，认为只有用武力才能征服齐国。其代表是将军骑劫，此人喜欢谈兵，与太子是一派的。

骑劫对太子说：“乐毅能在六个月内攻占齐国七十多座城池，为什么几年时间却攻不下剩余的两座城？我看他是想自立为齐王！”太子把这些话对燕昭王讲了，燕昭王大怒说：“我们先王之仇，如果不是乐毅哪里报得了？就算他真的要做齐王，难道不成吗？”喝令左右打了太子二十大板，同时派使者到临淄要拜乐毅为齐王。乐毅感动得流下眼泪，并以死发誓，决不接受这个任命。

最终问题还是出在燕昭王身上。完成了自己灭齐的执念后，这位燕王被巨大的胜利冲昏了头脑，开始放纵自己、贪图享受。在食用了过多的金石之药后内热发病，年仅56岁在蓟城病逝。燕昭王死后，太子嗣位，史称燕惠王。

田单听说骑劫一直想替代乐毅，为此燕太子曾经被他老爹燕昭王打过竹板子。现在，燕国太子继位，田单知道机会来了，于是就连忙散布流言，说乐毅的坏话。燕惠王早就不耐烦乐毅了，派骑劫替代乐毅，召乐毅归国。乐毅害怕，直接跑回老家赵国去了。

骑劫上任伊始，就把乐毅的命令全改了，燕军全体表示不服。

· 火牛阵。周赧王三十一年（前284），齐燕战争中，齐国名将田单发明的战术。燕昭王时，燕将乐毅破齐，田单坚守即墨（今山东平度）。前279年，燕惠王即位。田单向燕军诈降，使之麻痹，又于夜间用牛千余头，牛角上缚上兵刃，尾上缚苇灌油，以火点燃，猛冲燕军，并以五千勇士随后冲杀，大败燕军，并乘胜连克七十余城。

机会就这样来了。田单加紧备战，想出各种招数来鼓舞斗志。同时散布流言，借骑劫的手恐吓齐人。于是齐人决心死战到底，恨不能生吃了燕人。

田单还派人给燕军行贿，说城里已经没有粮食了，再过几天就会投降。燕将都很高兴，全都呆呆地等待田单出降。

田单把城里的千余头牛全部集合起来，将牛角绑上尖刀，牛尾拖一个浸过油的扫帚。然后，选五千精壮的士卒五色涂面，拿着武器，跟随牛后，准备冲锋。到了晚上，把城墙凿开，把牛赶出来，用火烧绑在牛尾后的扫帚。牛群暴怒，直奔燕营，牛角兵刃，无人能挡。齐兵五千，跟在后头闷声斩杀，恰似几万神兵天将一样。

田单亲自率领城中老弱妇女一起敲打铜器，大声鼓噪。在这震天动地的声浪中，燕国兵将争相逃窜，自相践踏，死者不计其数。骑劫成了孤家寡人，刚一照面儿就被田单刺死，燕军如潮水般败退。田单乘胜追击，所过城邑得知齐兵得胜、燕将已死，瞬间又叛燕归齐。

胜利之后，田单迎接齐襄王田法章返回齐国都城。齐襄王封田单为安平君，又拜王孙贾为亚卿，迎莒地太史敫的女儿为王后，这位女主就是有名的“君王后”。

齐国复国，一切似乎又回到了从前。其实，经此磨难，齐国元气大伤，已经失去了与秦国争霸的可能。各国之间的平衡从此被打破，秦国成为最终的获益者。

五、完璧归赵，负荆请罪，将相和

时间：东周 492 年

人物：廉颇、蔺相如

秦国战车虽然随外部阻力大小而快慢变化，但前进的趋势已经不可阻挡。

环顾山东诸国，也就赵国还有点力量可以抗衡秦国。很大程度上，这与赵国有一位大将廉颇密不可分。老将军英勇善战，天下闻名，秦军多次试探，都被廉颇挡在境外。

同时，赵国还出现了一位重臣蔺相如。起先，蔺相如的地位不高，只是赵国宦者令缪贤的门客。

公元前 281 年，秦昭襄王嬴稷听说赵惠文王赵何得到了天下闻名的和氏璧，就派使者带着国书去见赵惠文王，说秦国情愿让出十五座城来换这块珍贵的和氏璧。

给秦国，怕璧没了，城不可得；不给秦国，又怕秦国借机生事。赵惠文王拿不定主意，只好召集大臣们商议。有人建议说："派一个有勇有谋的人，让他带着玉璧去秦国，得到十五座城，就把玉璧给他们。否则，就把玉璧带回来。这样才是两全之策。"

话是这么说，可谁能做到两全？没人敢接这差事。缪贤一看，机会来了，就建议说："臣有一门客叫蔺相如，这个人智勇双全，可以出使秦国。"蔺相如愿意出使秦国，并保证不辱使命。

秦昭襄王一听赵国真的把和氏璧给送来了，马上把大臣全叫来了，让大家都长长见识。蔺相如双手捧着和氏璧，恭恭敬敬地奉给秦王。

秦昭襄王饱看了一回，传示群臣，看来看去，就是没有给城池的意思。蔺相如心生一计，上前说道："玉璧上有个小瑕疵，请让我为大王指出来。"秦王于是就让左右把玉璧递给蔺相如。

蔺相如拿回玉璧，快速退到殿柱旁，睁圆双眼，大声对秦王说："大王派使者到赵国来，说是愿意用十五座城池来换赵国的玉璧。赵王诚心诚意派我把玉璧送来。可是，大王并没有交换的诚意。如今璧在我手里，大王要是逼迫我的话，我宁可把我的脑袋和这块璧在这柱子上一同撞碎，宁死不让秦国得到此璧！”蔺相如一边说着，一边对着柱子做出要撞的样子。

秦昭襄王非常担心和氏璧真的这么摔碎了，连忙说：“我怎么敢失信于赵国呢？”蔺相如趁机提出要求，请秦王隆重其事，斋戒五日，然后献璧。回到客舍，蔺相如马上让他的随从乔装打扮成一个商人，偷偷把和氏璧送回赵国。

五天后，秦王升殿，通知各国使臣都来参会，让大家都来看看赵国上贡了和氏璧，也让列国都学习学习。

可是，蔺相如进到大殿，却两手空空。蔺相如告诉秦王，和氏璧已经送回赵国了。秦王大怒，要杀蔺相如。蔺相如非常从容地说道：“秦国自穆公以来，从来不让人信任。远了说，有杞子欺郑、孟明欺晋；近了说有商鞅欺魏、张仪欺楚。如果大王真欲得璧，应先割十五城予赵，随一介之使，同臣往赵取璧即可。如果大王要杀我，那就请便，也让诸侯看看秦国是怎么为了获取和氏璧而诛杀赵使的。是非曲直由天下人评判吧！”

秦昭襄王与群臣面面相觑，想了想，觉得蔺相如说得好像很有道理，当着各国使臣又的确不好翻脸，只得自己找台阶说：“不过是一块璧而已，不应该为这件事伤了两家的和气。”最终，秦昭襄王让武士放了蔺相如，并礼送他回国。

赵惠文王一看，这么难的问题，蔺相如就这样解决了，就拜蔺相如为上大夫。

公元前282年，秦国派大将白起攻取了赵国两块地方。第二年，秦军攻占了赵国的石城；又过了一年，再向赵国进攻，结果赵国损失了两万多军队，但秦军的攻势也被遏制了。公元前279年，秦昭襄王想和赵国讲和，以便集中力量攻击楚国，就派使者到赵国约赵惠文王在西河外的渑池见面，互修友好。赵惠文王担心秦国再复制一次扣留楚怀王的故事，不敢去、不想去。

廉颇与蔺相如等人商议了一下，认为赵王如果不去赴会，就会让秦国人误会赵国害怕了。于是蔺相如表示，愿保驾前往。廉颇表示，愿辅太子守备。平原君赵胜建议，为了安全起见，还要再精选五千壮士扈从，以防不虞；再在三十里外，派大军屯扎，方保万全。

赵胜推荐田部吏李牧统领这五千精兵，随即讲了自己是如何发现李牧这个人才的。赵胜说道："李牧负责收取租税，有一次臣家逾期了，李牧就执行税法，接连杀掉臣家九个管家。臣一怒之下，就把他叫来训斥。李牧却告诉臣说：'国家所依靠的，就是法律。如果我今天宽松您家的税额，那么守法纳税的人就会越来越少。人们都不守法了，国家就会衰弱，一旦他国发动战争，赵国就会灭亡，那么您的家族还能保全吗？您作为最高领导人，如果能奉公守法，国家就会强，就可以长保富贵，这样难道不好吗？'由此可见，此人见识非常，所以我觉得他可以担任大将。"

廉颇送赵惠文王到边境上，请示说："如果大王逾期不归，请允许我仿照楚国样板，立太子为王，以绝秦人妄想。"赵惠文王无奈答应了。

于是乎，秦王与赵王就像兄弟一样，高高兴兴地开了一个和平会议。两个人饮酒兴浓时，秦昭襄王说："寡人私下里听说赵王爱好音乐，请您弹瑟吧！"赵惠文王虽不情愿，还是弹起瑟来。秦国的史官上前来写道："某年某月某日，秦王与赵王一起饮酒，令赵王弹瑟。"蔺相如上前说："赵王私下里听说秦王擅长秦地土乐，请让我给秦王捧上盆缶，以便互相娱乐。"秦昭襄王不答应。这时蔺相如向前递上瓦缶，并跪下请他演奏，秦昭襄王仍旧不肯。蔺相如说："在这五步之内，我蔺相如要把脖颈里的血溅在大王身上了！"秦昭襄王的侍从想要杀蔺相如，蔺相如圆睁双眼大喝一声，侍从们都吓得倒退。秦昭襄王不大高兴，只好随便敲了一下。蔺相如回头招呼赵国史官写道："某年某月某日，秦王为赵王敲缶。"秦国的大臣们说："请你们用赵国的十五座城向秦王献礼。"蔺相如也说："请你们用秦国的咸阳向赵王献礼。"直到酒宴结束，秦国也始终未能压倒赵国。赵国早已部署了大批军队保驾护航，秦国也不敢有什么过分举动。

回到赵国，赵惠文王感慨地说："我得到蔺相如，才体会到安如泰山的感觉。" 于是，封蔺相如为上卿，职位高于廉颇。

这一来，廉颇心里不平衡了，愤怒地说："我攻城略地，身经百战，而蔺相如只会耍嘴皮子，官却比我还大。他不过是个宦官的门客，我怎么能排在他后头？再让我碰着他，我一定要好好杀杀他的威风！"

蔺相如得知廉颇这种态度，有意暂避其锋芒，想方设法躲开廉颇。有一天，两个人在大街上相向而行，蔺相如连忙让车躲到巷子里头，等廉颇的车过去之后才出来。这么一来，底下的门客可就不干了，相约来进谏说丢不起这人。蔺相如告诉门客，自己连秦王都不惧，怎么会怕廉颇。他接着说："秦国之所以不敢攻打赵国，无非就是因为我俩一文一武精诚团结。如果我们玩个一山不容二虎，秦国人知道了，肯定会趁机攻打赵国。在国家利益面前，区区私人恩怨算不了什么。”众门客这才明白缘由，无不叹服。

· 将相和。战国时期，蔺相如因为“完璧归赵”与渑池会盟有功而被封为上卿，位在廉颇之上，廉颇很不服气，扬言要当面羞辱蔺相如。蔺相如得知后，尽量回避、容让，不与廉颇发生冲突。并说：“秦国不敢侵略我们赵国，是因为有我和廉将军。我对廉将军容忍、退让，是把国家的危难放在前面，把个人的私仇放在后面啊！”廉颇知道后，便脱了上衣，背着荆条去向蔺相如请罪。蔺相如见廉颇来负荆请罪，连忙热情地出来迎接。从此以后，他们俩成了好朋友，同心协力保卫赵国。后用“负荆请罪”指主动向对方赔礼认错，请求对方责罚。

过了几天，蔺氏的门客和廉颇的门客在酒肆中不期而遇。蔺氏门客集体谦让，于是廉氏门客越发骄傲。河东人虞卿来到赵国，正好看到了这一幕，也听到一些蔺相如讲过的话，认为这是个大问题，也是自己出头的机会，就去见赵惠文王，告诉赵惠文王：“如今大王所倚重的这两个人，水火不容，这绝对不是社稷之福。臣请求去说和他们二位，让他们齐心协力辅佐大王。”赵惠文王说：“甚合我意，赶快去办。”

虞卿先去拜访廉颇，见了面就使劲儿夸奖廉颇的战功，廉颇当然十分受用。虞卿接着又来了一句，说："论起功劳来，肯定没人比得过将军。不过论起度量来还得说是人家蔺先生。"廉颇一听就怒了，说："那个懦夫不过是靠耍嘴皮子获取了功名，有什么肚量？"于是虞卿就把蔺家门客所说的话转告给廉颇。老将军一听立刻明白了，很是惭愧，就请虞卿先去蔺相如那里通告一声，自己要登门道歉，随后脱去上衣，露出上身，背着荆条，由宾客带引，来到蔺相如的门前请罪。"负荆请罪"一词即来源于此。蔺相如与廉颇从此结为生死之交，也为后世留下一段"将相和"的佳话。

六、阏与之战

时间：东周 501 年

人物：赵奢

志在天下的秦国这一时期的军事战略就是不断进攻。公元前 279 年，秦国派大将军白起连续打击楚国。楚国接连战败，让楚顷襄王熊横失去了抗争意志，只好派太子到秦国做人质，以求得短暂的和平。

白起转身再去进攻魏国，魏国赶忙献上三城求和。这样，秦王封白起为武安君。随后，秦国把主攻的矛头对准韩国。这一次，秦王派遣胡伤率领二十万大军伐韩，进攻阏与，韩釐王姬咎连忙派人向赵国求救。

赵惠文王赵何召集群臣商议："要不要去救韩国？"蔺相如、廉颇、乐乘都说："阏与道路狭窄险要，难以救援。"平原君赵胜说："韩国、魏国与我们唇齿相依，如果不救，秦兵得胜后就该进攻赵国了！"

赵奢在一旁默不作声。赵惠文王会后单独问他，赵奢回答："我们要去救援的道路狭窄险要，形势就像两只老鼠在洞中撕咬一样，勇敢的一方才能取胜。"赵惠文王觉得赵奢的意见有道理，就派他率领五万大军，前去救援韩国。

赵奢率领人马，离开邯郸，只走了三十里，就下令扎营下寨。二十八天一动不动，每天就是让人挖沟增垒，就好像是带兵搞基础建设来了。

秦将胡伤听说有赵军来救，好多天却不见人来，就派人去打探。探子回报说："赵国是派了救兵，领兵的是大将赵奢。赵军出了邯郸城三十里就安营扎寨，不再前进。"胡伤不信，又派亲信去赵营中对赵奢说："秦国进攻阏与，早晚要攻下来的。将军如果想和秦军交手，就请快点发兵！"

赵奢回答："我们国君因为邻国危急，派我防备，我怎么敢和秦国交战呢？"又准备酒食款待使者，让他视察壁垒。秦军使者回去报告，胡伤十分高兴："看来赵军根本没有与我军打仗的打算。"因此，胡伤没有用借地理优势伏击赵兵的预案，专心致志进攻韩国。

赵奢送走秦国使者第三天，估计使者已经回到秦军，立刻派出最精锐的万人骑兵作为前锋，其他大军在后，日夜兼程，悄悄地通过了最险要的山道。到达韩国边境后，赵军并没有偷袭，而是距离秦军十五里再一次扎下营寨，摆明了要和秦军面对面打正规战。这种战法，其实比偷袭的杀伤力更大。

胡伤勃然大怒，留下一半人继续围城，自己带领另外一半人前来迎敌。然而，赵国是有重骑兵的。赵奢先抢占了高地，然后引领骑兵冲杀，直杀得天崩地裂，秦军狼狈逃窜。就这样，赵国为韩国解了围。胜利之后，赵王封赵奢为马服君，与蔺相如、廉颇并列。

赵奢的儿子赵括，自幼喜欢谈兵，家传《六韬》《三略》等书过目不忘，也曾与父亲赵奢交流，头头是道，对谁也不服。赵括的母亲高兴地说："我们儿子可谓是将门虎子了！"赵奢却谨慎地说："赵括不能担任大将。将来赵王不用赵括，才是赵国之福。"他母亲说："这是什么道理？"赵奢说："赵括自以为天下第一，这就是他不能当大将的原因所在。用兵打仗是关乎生死存亡的头等大事，为将者战战兢兢、博采众议，还生怕遗忘了什么。而赵括却大言无忌，如果让他有了军权，一定会刚愎自用，别人的意见都听不进去，赵国必败无疑！"

然而，父亲的谆谆教诲赵括并没有听进去，赌气对母亲说："父亲年纪越大，胆子却越来越小。"

两年后，赵奢病重，临终之前对赵括说："兵凶战危，乃是古人凝结而成的至理名言。你父我为将数年，直到今天临死了，才不用再担心失败的耻辱，死也瞑目了。你不是大将之才，切记不可妄自为将，败坏家门。"又嘱咐赵括的母亲说："他日赵王召赵括为将，你一定向君主详细转达我的临终遗言。丧师辱国，这不是小事！"

赵奢死后，赵括继承了马服君的职位。这件事情很重要，影响了后来的历史走向。

····本章小结····································

宋国采取穷兵黩武的策略，被齐、魏、楚三国联合起来灭掉。胜利之后的齐国开始膨胀，又引发五国联军灭齐大战。齐国虽然靠田单火牛阵复国，但已经彻底失去了争霸力量。平衡就这样被打破了，最终的受益者只有秦国。不过，秦国此时并没有明确的战略方向，当秦国兵锋指向赵国的时候，受到了迎头痛击。

第十八章　远交近攻皆鹰扬

一、范雎献计

时间：东周 505 年

人物：范雎、须贾、魏齐、秦昭襄王、虞卿

范雎是战国时期著名的政治家、纵横家、军事谋略家、战略家、外交家，被誉为“有谈天说地之能，安邦定国之志”，这样的赞誉诸子百家中并没有几个。

范雎是魏国人，虽然出身贫寒，但一直有很大的志向，且足智多谋、能言善辩。起先在魏国一直没能受到重用，只好先做了中大夫须贾的门客。

公元前 284 年，乐毅率领秦、燕、魏、赵、韩五国联军大举进攻齐国，此战魏国也积极参加了。后来田单破燕复齐，齐襄王田法章即位之后，魏王害怕齐国报复，同相国魏齐商议了一下，决定派须贾出使齐国，修复一下关系。这样范雎就跟着出了一趟国。

到了齐国，齐襄王责问须贾：“从前我们先王与魏国同伐宋国，可谓是同心协力。然而燕国侵略齐国的时候，魏国竟也派兵参加。我每次想起先王之仇恨，就痛彻心扉！现在你们又来虚与委蛇，魏国如此反复无常，让我怎么能够相信你们呢？”

齐襄王显然只是站在齐国的立场上看问题，须贾一时半会儿不能应对这个指责，范雎就从一旁代为回答说：“大王所言差矣！当年我们魏国遵从齐国的命令，一同伐宋。本来约好的是三分宋国，但齐国却背叛盟约，把宋国土地全占了，反过来还侵略我们魏国，所以是齐国失信于我们魏国。当年五国伐齐，并不是只有我们魏国一家，而且我们魏国并没有跟着燕国兵临临淄城下。如今大王您立志要光复前人的荣耀。我们魏王认为，齐桓公、齐威王的光荣必将会在齐国重现，所以就派使者来修旧好。现在大王只知道指责别人，不知道反省自己，怕齐国还会重蹈湣王之覆辙的。”

范雎对历史如数家珍，齐襄王听后一下就愣住了，马上站起来道歉说：“寡人错了！”退朝的时候，齐襄王恋恋不舍地盯着范雎看了很久。随后，齐襄王悄悄派人对范雎说：“我们国君钦慕先生的才能，想让先生留在齐国做客卿，希望您不要推辞。”范雎明确拒绝说：“我与魏国使者一同出国，却不能一同回去，如此无信无义，以后还怎么做人呢？”

范雎的拒绝让齐襄王更高看范雎，于是就派人给范雎送了黄金和酒肉。范雎坚辞不受，他知道这肯定是犯忌讳的。然而使者坚不肯去，范雎迫不得已留下了酒肉，没有收取黄金。

很快，有人将这件事情报告给了须贾。须贾认为范雎肯定是私通齐国了，回国后就将这件事报告给了相国魏齐。魏齐闻讯大怒，于是公审范雎。范雎被打得遍体鳞伤、血肉模糊，肋骨被打折、牙齿被打掉，几乎被活活打死。行刑的人报告说：“范雎断气儿了。”魏齐还不解气，让人把范雎扔到厕所里，往他身上撒尿。

范雎命不该绝，醒过来后范雎贿赂看守，说自己活不了了，只想死在家里，如能帮忙，将以重金相谢。看守就去报告魏齐，说是怕尸体臭了，需要扔出去。魏齐喝多了，就同意了。范雎回到家里，依然担心魏齐疑心，就让家中发丧，以此骗过了魏齐，自己却躲到把兄弟郑安平家里养伤。从此，范雎改名字叫“张禄”。

半年后，秦国使者王稽出使魏国，住在公馆里，郑安平假扮成驿卒侍奉王稽。他说话既得体又敏捷，让王稽觉得魏国能人真多。王稽私下里问郑安平：“魏国能人里头，还有没出仕的吗？”郑安平就借机推荐了张禄，也就是范雎。

王稽和范雎见面之后得知范雎很有思想，口才也好，说话富有逻辑性，而且对天下大势了如指掌。王稽兴奋地说：“先生您肯定不是普通人，能不能和我一同去秦国发展？”范雎回答：“我有仇人在这里，无法安身。如果您能带我去秦国，正合我心愿。”就这样，范雎逃离魏国去了秦国。

秦昭襄王嬴稷即位时，还是个少年，真正主事的是他母亲宣太后芈八子，太后重用的是自己的两个弟弟。芈八子的弟弟穰侯魏冉担任丞相，嫉贤妒能。而范雎对秦国的内政也比较熟悉，初进秦国就知道要避开魏冉。

王稽朝见秦昭襄王，复命完毕之后，又报告说："魏国有一个张禄先生，智谋出众，是天下奇才，他与我谈到秦国的形势时，说秦国之势危如累卵，他有策略能使秦国转危为安，但必须当着大王的面才肯说，所以我把他带回来了。"秦昭襄王说："说客往往喜欢夸大其词，先让他住在客舍中吧。"秦昭襄王说完，转脸就忘了，一年多的时间竟然没有接见范雎。

范雎只能忍着。直到某一天，听说秦国丞相正准备发兵攻打齐国，他才认为时机到了，自己该说话了。于是就上书秦王。大意是："羁旅之臣张禄，死罪，死罪！臣在客舍待命已经一年多了，如果您认为臣是有用之人，那么能不能给我一点点时间，让我有机会表达一下。如果认为臣是无用之人，那也没必要把臣留下。如果臣说得不对，您把臣的脑袋砍了都可以，但不能因为臣人微言轻，看轻推荐我的人啊！"

秦昭襄王早忘记还有这么个人、这么个事，看到范雎的信才想起来。于是，通知范雎在离宫相见。范雎是个有心人，知道机会难得，有没有戏就看这一回了。范雎先到，远远看到秦王车队过来了，却假装没有看到，故意挡在车道前头慢慢走路。

宦官上前让他靠边走："大王已经来了。"范雎故意说："秦国只有太后和穰侯，哪有大王？！"说完，仍然自顾自地往前走。正在这时，秦昭襄王到跟前问宦官说："为什么与客人争论？"宦官把范雎的话复述了一遍。秦昭襄王是明白人，一下就明白这位有话要说，就请范雎进入内宫，以上客之礼隆重接待。

秦昭襄王让左右的人退下，跪在席上问："先生有什么话教导我吗？"范雎却回答："啊，啊！"如此三次。秦昭襄王说："先生不肯教导我，难道认为我不配吗？”

范雎这才回答：“我哪里敢啊？不过我确实不知道该怎么开口。当年姜太公只是河边钓鱼的老翁，但遇到了文王，一席话就被拜为尚父，用他的计谋，灭商朝而有天下。而箕子、比干，其实是商纣王的亲戚，他们拿生命来劝谏，但纣王却一丝一毫都不愿意听，反而把他们或放逐或诛杀。说到底，这就是信任与不信任的差异。吕尚虽然是外人，但文王信任他，所以天下就归于周王家，而吕尚也享受封侯，世代传承。而箕子、比干虽是亲戚，但并没有得到纣王的信任，不光是自己身死受辱，也没有拯救自己的国家。而我只是一个外臣，但所谈的问题，却都是关乎兴亡，或关系到别人的骨肉。谈得不深，对秦国帮助不大；但要深了，又怕遭遇箕子、比干那样的灾祸，所以大王您三次询问，我都不敢回答，是因为不知道大王信不信任我？”

秦昭襄王马上又跪请说：“我之所以让左右的人退去，就是为了专心听从您的教导。上及太后，下及大臣，愿先生言无不尽。”范雎回答说：“大王让我知无不言，这也正是我的愿望！秦国兼并天下的目标久久不能成功，是因为秦国的战略出了问题。”

秦昭襄王一愣，立刻问道：“请说说哪里错了？”范雎回答说：“臣听说穰侯即将跨越韩、魏去攻打齐国，这显然是不正确的。齐国距离我们秦国甚远，中间还有韩、魏相隔。过去魏国就曾跨越赵国去讨伐中山国，好不容易打下了，很快又被赵国夺走。如今秦国去讨伐齐国，如果打不赢，那会成为奇耻大辱。即便打赢了，也白白便宜了韩、魏。所以，应该采取的战略是远交而近攻。由近至远，如蚕食叶，天下不难尽矣。”

范雎提出远交近攻、蚕食天下的战略，具体就是与远方的齐国和楚国搞好关系，先灭掉近处的韩国与魏国。秦昭襄王听得口服心服，立刻就拜范雎为客卿。之后，两人天天见面谈天说地。秦昭襄王完全接受了范雎，并雷厉风行，立即叫停了丞相穰侯对齐国的用兵计划。

范雎意识到秦昭襄王完全接受自己之后，瞅准一个机会，请秦昭襄王把所有人都支开，说有绝密级别的事情禀告。范雎异常严肃地告诉秦昭襄王："臣之前就听说过，人们只知道齐国有孟尝君，不知道有齐王；只知道秦国有太后、穰侯等，不知道有秦王。而王者，就是把握国家权柄之谓也，生杀予夺，是不容他人插手的。现如今，太后垂帘听政了几十年，太后的弟弟穰侯独相秦国，华阳君在一旁辅助。泾阳君、高陵君各立门户，甚至想杀谁就杀谁。当年齐国崔杼擅权，敢弑杀庄公；赵国的权臣擅权，能饿死主父。臣看到大王您孑然一身，独立于朝，深感恐惧啊！"

这些话如炸雷，一下子震醒了秦昭襄王。好在秦国各派势力均衡，大家还是得听秦昭襄王的。于是，秦昭襄王开始乾纲独断，罢免了魏冉的职务，让他回自己的属国做富翁去了，而且再也不许太后参与政事。

先破后立。收回权力的秦昭襄王拜范雎为丞相，封他为应侯。这意味着秦国将按照范雎的设计，实施远交近攻的方略。

首当其冲的自然是魏国，魏安釐王姬圉即位后，派中大夫须贾出使秦国。范雎听说须贾来了，就装出一副落魄的样子，来馆驿拜访须贾。这须贾倒也不是什么恶人，叫来酒饭招待一番。当看到范雎冻得发抖，须贾居然拿出自己的袍子送给范雎穿。就这个举动救了须贾的命，范雎一看须贾有这份态度，也就不准备杀他了。等到须贾知道范雎就是张禄、张禄就是范雎时，吓得心胆俱裂。

范雎这时候才把自己的遭遇报告给秦王。秦昭襄王一听，自己的丞相居然受过这样大的屈辱，一下子跳起来，发誓说："我一定要把这魏齐的脑袋给揪下来，为您报仇。"魏国本来就是秦国优先打击的对象，加之还有这般刻骨铭心的仇恨混杂其中，秦昭襄王把怎么对付魏国交由范雎自行掌握。

得到秦昭襄王支持后，范雎告诉须贾："我饶你狗命，回去告诉魏王，立马砍下魏齐的脑袋送来，把我的家眷送入秦国。否则我亲自带兵血洗大梁！"

须贾回到大梁，见了魏安釐王，一五一十地把范雎的要求都说了。这一下可把魏安釐王难住了，送家眷是小事，可要把自家相国的脑袋给砍了，这怎么张得开嘴？魏齐闻讯，不想让魏安釐王为难，连夜逃往赵国投靠平原君赵胜去了。

秦昭襄王说："先前赵国派赵奢救韩国，这仇还没有报。现在他们居然敢收留我大秦丞相的仇人，这次我要亲自去讨伐赵国。"秦昭襄王亲自率领二十万大军，任命王翦为大将讨伐赵国。大军出动，旗开得胜，连拔三城。

此时赵惠文王赵何已经死了，他儿子赵丹继位，史称赵孝成王。赵丹年幼执政，故由母亲、太后赵威后掌权。蔺相如已经病退，虞卿代理相国。靠着廉颇掌军，还能与秦国相持。

赵威后是齐湣王田地之女，和齐国太后即君王后是姑嫂关系。君王后是个合格的政治家，认为齐国不能坐视秦国蚕食三晋。听到秦王讨伐赵国的消息，君王后任命田单为大将，发兵十万去救赵国。

秦将王翦对秦昭襄王建议说：“齐国的救兵将至，不如我们先撤回去。”秦昭襄王有些为难：“不逮住魏齐，寡人怎么好意思去见应侯范雎？”于是，秦昭襄王派人去告诉平原君，只要献出魏齐，我们就马上退兵。使者去了三趟，平原君始终不肯答应。

秦昭襄王进退两难，于是就写了一封书信，向赵王谢罪，大意是：“寡人与赵君，乃兄弟也。我前头误听道路之言，说魏齐藏在平原君家里，所以才带着兵前来索要。现将所取三城还给赵国。寡人愿意恢复与赵国的友好关系。”

田单听说秦国退兵，就率军回齐国去了。于是，主动权又回到秦国手中。秦昭襄王回到函谷关，派人给平原君赵胜送了一封信，说自己仰慕已久，愿与平原君结为兄弟，请平原君来秦国做客。

这是一个重大的外交问题，所以平原君需要请示赵孝成王的意见，赵孝成王召开会议商量对策。相国虞卿说不能去。廉颇却说，如果不去，恐怕会让人家怀疑。如此一来，廉颇得罪了不少赵国上层人物。

赵孝成王也认为不好拒绝，就让平原君与秦国使节一起西入咸阳。平原君一到，秦昭襄王立即将其扣留。然后给赵孝成王修书一封，上面写道：魏齐的脑袋早晨到秦国，平原君晚上就能回赵国。不然的话，我还是要兵发邯郸城下，亲自来取魏齐的脑袋。而且，平原君也甭想再出函谷关！

赵孝成王见信，大惊失色：“我怎么能为了别国的亡臣，而失去我们赵国的栋梁？”赵孝成王派兵包围平原君家搜查魏齐。由于有人通风报信，魏齐趁着黑夜溜到了相国虞卿家。虞卿为了魏齐，当即决定辞掉相国一职，于是就给赵王留下一份辞职信，和魏齐一起逃出赵国，投奔魏国的信陵君去了。

这一来，给信陵君出了个大难题。这魏齐本来就是魏国的相爷，这里头还有虞卿的面子，所以信陵君半天没有出来接见虞卿。虞卿这才明白，这帮公子哥不会为朋友抛弃富贵的，于是大怒而去。

魏齐走投无路，还牵连了这么多朋友，只得拔剑自杀。魏齐在不经意间得罪了不该得罪的人，于是这世界离他远去，最终连个容身之地也找不到了。虞卿从此看破红尘，退出江湖隐居著书，最终为后世留下一本《虞氏春秋》。

二、安抚齐楚

时间：东周 508 年

人物：范雎、君王后、黄歇、楚考烈王、荀卿（荀子）

范雎大仇得报，一心一意为秦国筹划远交近攻之策。秦昭襄王嬴稷完全认同范雎的方略，派出使者和齐国、楚国建立友好关系。

范雎对秦昭襄王说："我听说齐国的君王后贤能而有智谋，应当去探试一下。"于是，秦昭襄王命使者将一个玉连环献给齐国，说："齐国要是有人能解开这个玉连环，本王愿甘拜下风！"齐国大臣无人能解，最后，还是君王后命人用金锤砸断了玉连环。她对使者说：

“你回去告诉秦王，老妇已经解开这个玉连环了。”金锤砸碎玉连环，这就是解答，这就是意志的体现。使者回来如实汇报。范雎说：“君王后果真是女中豪杰，不可冒犯。”于是，秦国就与齐国结盟，承诺互不侵犯。

前面说过，楚国连败之后，非常害怕，就把太子熊完送到秦国去当人质，而秦国一下子扣留了熊完十六年。按照秦国的远交近攻战略，楚国应该是结交的对象，所以熊完在秦国并未遭受苦难。

楚国太傅春申君黄歇一直陪太子待在秦国，他得到消息说，楚顷襄王熊横已经重病不起。于是就向秦国提出申请，请求放熊完回国即位。

秦昭襄王说：“可以让太傅黄歇先回去探问楚王的病情，如果真的病重，再回来接太子。”黄歇听说太子不能与自己一同回去，就明白秦王又想玩一出趁火打劫的把戏。于是，黄歇决定自救，让熊完装扮成楚国使者的车夫，与楚使者一起回国。半个月之后，黄歇才去报告秦昭襄王，说太子不辞而别，请秦王治罪。

秦昭襄王大怒说：“楚人竟狡诈到如此地步！”然后，把黄歇关起来，准备杀他。范雎劝说道：“我们现在还是要搞好与楚国的关系，不如放他回去。”秦昭襄王一听就明白，此时不是解决楚国问题的时候，转而厚赐黄歇，送他回国。由此可见，秦昭襄王和范雎非常清楚，远交近攻是既定战略，执行战略一定要彻底，不能为其他事情转移大方向。

楚顷襄王死后，太子熊完继位，史称楚考烈王。黄歇当上了相国，被封为春申君。

此时，南方的富裕已经显性化了。春申君养客三千，其上客皆以明珠为履，远远把北方比了下去。作为相国，春申君任上也做了一些努力，向北兼并了邹国、鲁国，重用了荀子，实行变法，楚国又有了新气象。但是，究其实质，楚国之所以能过上太平日子，是因为秦国将楚国作为远交的对象，致力于解决韩、魏、赵这三国去了。

三、长平之战，纸上谈兵

时间：东周 510 年

人物：赵括、白起

公元前 260 年，秦昭襄王嬴稷搞定了齐国、楚国之后，开始对韩国下手，派出时任左庶长的大将王龁率军伐韩。

王龁出兵，割断了韩国的上党郡与韩国的联系。上党郡太守冯亭投降赵国，将秦国到嘴边的战利品送给赵国，以转移秦国的矛头。

冯亭派人去赵国进献地图。赵孝成王赵丹闻讯大喜，觉得这是天上掉馅饼的事情。可是，待到赵王拜廉颇为上将，率兵二十万来援上党时，上党已经失守。冯亭只好带领残兵败将投奔赵国，与廉颇一起在长平固守。秦军和赵军相持四个月，廉颇只守不战，王龁无可奈何，只好派人报告秦王。

秦昭襄王问范雎该怎么办。范雎说：“廉颇打仗很有经验，知道秦军远道而来，不能持久，想拖垮我们，而后趁机攻击。这个人不除掉，我们无论如何也攻占不了赵国。要除掉廉颇，必须用反间计。”范雎派出自己的心腹门客去贿赂赵王左右，让他们散布流言：“如果让赵括为将，秦兵根本无法抵抗。廉颇又老又胆小，坚持不了多久就会投降。”

赵孝成王听信了流言，真的派人前往长平督促廉颇出战。廉颇坚持“坚壁”之谋，不同意主动出击。赵孝成王认为廉颇确实是老了，又听左右都说赵括精通兵法，就召见赵括，问他：“爱卿能为我击败秦军吗？”赵括回答说：“秦国若派武安君白起为将，我还得费劲儿筹划一番。至于那个王龁，根本不值一提。”不知道从未打过仗的赵括的自信是从哪里来的，但赵孝成王居然真拜了赵括为上将。

赵括的母亲听到消息后，连忙上书劝谏说：“赵括只是读了几本他父亲留下的兵书，根本不知变通，不是将才，恳请大王千万不要委派他去领军！”赵孝成王召见赵括的母亲，亲自询问原因。赵括的母亲回答说：“赵括的父亲赵奢为将，每次所得的赏赐，全部分给手下；从接受命令的那天起，就住宿在军中，不再过问家事，与士卒同甘共苦；遇到事情，总是广泛征求意见，不敢自专。而今赵括刚刚当上将军就傲慢无比，手下人不敢仰视；他把大王赏赐的金帛，全部拿回家中。这样岂能当好将军？而且赵括父亲临终之时，曾经明确告诫过我：‘如果赵括为将，必然会导致赵国战败！’臣妾多少年来牢记在心，请大王更选良将，切不可重用赵括！”可惜，这番肺腑之言赵孝成王根本没有听懂，反而对赵括母亲说：“寡人已经决定了，要用赵括为将。”赵括的母亲当即表示：“大王您要是不听臣妾之言，如果战败，您不要按军法连坐我们一家。”赵孝成王表示同意。

秦国君臣又花钱又费劲儿，其实就在等待这个机会。听说赵括已经取代廉颇，就立刻起用武安君白起，而且增加了兵力。白起上任之后，并没有亮出旗帜，而是先示弱，一步一步诱导赵括不断远离根据地。与此同时，白起派出两路军马，绕到赵军之后绝其粮道；再派大将截击赵军，将赵军分割。

关键时刻，赵括依然盲动冒进，没有收缩战线返回老营，赵军因此失去了最后的逃命机会。等到万事俱备，秦军亮出了武安君的大旗，赵括瞬间没了主张，赵军完全丧失了战斗意志。

秦国君臣都意识到这是一场大决战，于是白起请求秦王御驾亲征。秦国动员了一切有生力量，赵括被秦军围困了四十六天，最后粮草断绝，赵括突围不成，中箭而亡。

杀死赵军主帅之后，白起竖起招降旗，赵军四十万人不战而降。之后，白起又害怕降兵兵变，决定杀降。他命令秦国军队将赵国降军全部活埋，只留下年纪尚小的二百四十名士兵，放他们回去宣扬秦国之威。

长平之战，秦国军队前后斩杀赵国士兵及赵上党民众四十五万人，赵国上下一片震惊，家家户户全是哭号之声。从此以后，赵国元气大伤，再也无力单独和秦国全方位对抗。好在赵孝成王后悔没有听从赵括母亲的话，没有诛杀赵括一家，反赐下粟帛以慰之。

四、毛遂自荐，脱颖而出

时间：东周 513 年

人物：秦昭襄王、范雎、白起、毛遂

面对这巨大的灾难，赵孝成王赵丹遍问群臣：“谁能阻止秦军的进攻？”群臣没有一个敢回应的。平原君回家，问遍了门客，也没有敢吱声的。恰巧苏代此时在平原君家做客，他对平原君说：“如果派我去咸阳，肯定能让秦兵停止攻赵。”平原君马上报告赵王，赵王连忙拿出大把金钱，资助苏代去秦国游说。

· 毛遂自荐。毛遂是战国时代赵国平原君的门客。秦兵攻打赵国，平原君奉命到楚国求救，毛遂主动请求跟着去。到了楚国，平原君跟楚王没谈出结果。毛遂挺身而出，向楚王陈述利害，楚王才答应派春申君带兵去救赵国。后来用“毛遂自荐”比喻自己推荐自己。

苏代直接去拜见应侯范雎，开门见山地说道：“武安君白起用兵如神，前后夺取过七十多座城池，杀敌近百万，即便是伊尹、吕望也没有建立这样大的功勋。如今他又乘胜围攻邯郸，赵国必然灭亡。而赵国一旦灭亡，秦国就可以成就帝业，那么武安君就是秦国的第一元老，如同伊尹在商朝、吕望在周朝的地位。丞相您虽然一向显贵，但也不能不排在他的后面。”

范雎深受触动，连忙请教苏代：“那我该如何是好？”苏代说：“您不如准许韩、赵两国用割地的方式来向秦国求和。这样功劳就成了您的，同时又解除了武安君的兵权，您的地位就能稳如泰山了。”

范雎居然真的按照苏代的意见办了。白起连战皆胜，正想着乘胜追击，一鼓作气拿下邯郸，忽然接到班师的命令。他知道这是范雎搞的把戏，心中大恨。回国之后，白起满世界宣传：“自从长平战败之后，那邯郸城里是一夜十惊，如果我军乘胜攻城，不用一个月就能够打下邯郸。”

秦昭襄王嬴稷听后，非常生气地说：“白起既然判断邯郸是可以打下的，为什么不早些告诉我？”于是，秦昭襄王再次派白起伐赵。但是不巧的是白起生了病，只好改派大将王陵前去攻打赵国。

这时，赵国再次起用了廉颇。老将军这回不光是严防死守，还拿出全部家财招募敢死队，时不时在夜里偷袭秦营。王陵率军十万伐赵，并没有取得白起所说的胜利，反而屡吃败仗。

秦昭襄王心里着急，等白起刚刚病愈，就希望他去替代王陵。白起拒绝前往，并解释说：“邯郸城其实是非常难打的。以前说它好打，是因为赵国的精锐全军覆没，大败之后，已经吓破了胆，如果我们乘胜追击，就有机会拿下邯郸。现在已经过去两年了，他们已经缓过来了，而且廉颇是赵括不能相比的老将军。其他诸侯如果发现秦国要灭赵国，都会产生危机感，必然会重新打起合纵的旗帜，共同救援赵国。臣认为，如此形势之下，秦国根本无法获胜。”

秦昭襄王心急火燎，坚决要求白起出征。白起仍然拒绝，秦昭襄王只好增兵十万派王龁替代王陵。然而，王龁打了五个月也未能如愿。最后，秦昭襄王命令白起出征，可是白起说自己病重无法出征，范雎请求仍称病不起。几个月后，秦军战败的消息不断传来，秦昭襄王更加迁怒于白起，命他即刻动身不得延误。白起只得带病上路，行至杜邮（今陕西咸阳任家咀村），秦昭襄王与范雎商议，派出使者赐剑命其自尽。

七十多岁的战神白起举剑自刎前，仰天长叹：“我对上天有什么罪过，竟落得如此下场？”想了想又感慨道：“我本来就该死！长平之战，赵军降卒几十万人，我用欺骗的手段把他们全部活埋了，这就足够死罪了！”

而这时候，秦昭襄王已经骑虎难下，非要攻下邯郸不可。赵孝成王知道命悬一线，唯一的机会就是请求各国诸侯前来相救。

平原君主动选择去游说最远最难说服的楚国，决定在门客中选文武兼备的二十人一同前往。没想到文者不武、武者不文，选来选去，只选了十九人。平原君叹息道：“我养士几十年了，真要选几个有用的人竟然如此之难！”

话音刚落，一位名叫毛遂的门客自告奋勇地说：“我愿意跟随公子走一趟。”平原君却有点看不上毛遂：“身处这动荡时代，贤能之士就好比装在布袋里的锥子一样，立刻会脱颖而出的。如今先生待在我的门下已有三年，我却闻所未闻，说明先生于文武之道并无特长。

我觉得您还是留下来吧！”毛遂回答说：“如果公子您能够早一天把我放在布袋里，整个锥子早就扎出来了，岂止是露出一点儿锋芒呢？”平原君听他出语不凡，就同意带他去了。这就是成语“毛遂自荐”“脱颖而出”的出处。

到了楚国，楚考烈王熊完接见了平原君，宾主一起回顾了合纵的历史。楚考烈王说：“合纵这事儿如同捏干沙成团，实在困难。”这楚考烈王扯来扯去，从早晨说到中午，一味强调困难，就是不触碰实质问题。

毛遂一看这么长时间了，还没有谈出个结果来，就按剑沿着台阶走了上去，对平原君说：“联合抗秦之利害关系，两句话就能说清楚。这么简单的事情，从早晨到中午，犹未议定，这是为什么？”

楚考烈王一听就生气地问：“这位是什么人？”平原君回答说：“这位是我的门客毛遂。”楚考烈王很不高兴地说：“寡人正在和你家主议事，你一个门客怎么就敢插嘴？”于是就毫不客气地吼他下去。

毛遂不但没有下去，反而走前几步，手按剑柄，大声地说：“合纵涉及天下所有人的利益，所以，人人都可以发表自己的观点。我家主人就在跟前，你凭什么呵斥我？”

楚考烈王意识到自己不太冷静，再看毛遂手不离剑的样子，只好放缓语气问他：“那你说说你的观点。”

毛遂沉着地说：“楚国有土地五千余里，所以楚国文王、武王早早称王，至今依然雄视天下，所以才被大家推为盟主。自从秦国崛起之后，接二连三打败楚国，导致怀王囚禁而死。此后是屡战屡败，被逼迁都。这盖世仇冤，就是三尺童子也会觉得羞愧，难道大王就能容忍吗？今日我们讨论合纵事宜，是为了楚国，而不是为了赵国。”

毛遂几句话说服了楚考烈王。于是，楚考烈王与平原君当场歃血为盟，立刻命令春申君率领八万楚军救赵。

平原君感叹地说：“毛先生三寸之舌，强过百万之师！我一生号称阅人无数，毛先生这样的贤士就在眼前，却差点儿失之交臂。从今以后，我再也不敢评判人才了。”

与此同时，魏安釐王姬圉也派出大将晋鄙率兵十万救赵。秦昭襄王听说诸侯来救，就亲往邯郸督战，并且派人告诉魏王：“秦国攻下邯郸，那是早晚的事儿。诸侯谁敢救援，我必定移兵先去打他！”赤裸裸的威胁令魏安釐王感到害怕，连忙派使者追上晋鄙，告诉他千万不要真打。春申君黄歇一看，总不能为了救赵国自己去单挑秦国，也立刻屯兵，观望不进。

这样一来，秦国在赵国的战场上与多国形成僵持局面。

五、奇货可居

时间：东周 514 年

人物：吕不韦

秦昭襄王嬴稷的一个孙子叫嬴异人，此时正在赵国当人质。秦国太子嬴柱有二十来个儿子，不过都不是太子妃华阳夫人所生的。嬴异人的母亲早已去世，所以在赵国当人质，时间一长，大家都忘了还有这么个人。

秦、赵两国开战，赵孝成王赵丹想起来还有这么个人质，一生气就想杀了嬴异人。平原君劝谏说："异人并不受宠，杀他没有任何好处，只会白给秦国多一个借口，还会断了以后讲和的通道。"嬴异人这才免于一死。

不过，赵孝成王从此不再供着嬴异人，还派人日夜看守，弄得异人没车没钱，过得十分落魄。就在这时，中国历史上最著名的商人出场了，他就是吕不韦。

吕不韦父子通过买贱卖贵成了富翁，偶然间知道了有一个叫嬴异人的秦国人质待在邯郸城，吕不韦暗地里感叹道："这真是奇货可居啊！"他决定要做这个大买卖。这就是成语"奇货可居"的由来。

吕不韦回家问父亲："种田能有几倍利？"他父亲答道："十倍。"吕不韦又问："贩卖珠玉呢？"他父亲答道："百倍。"吕不韦问："要是扶立一个人为王，帮他坐了江山，又是几倍的利呢？"他父亲笑了："难道还能有这样的机会？这可是千倍万倍的利，无法估量啊。"

吕不韦成功说服了父亲同意投资异人。接下来，吕不韦花钱结交看守异人的赵国官员，打通关节，见到了异人。吕不韦悄悄告诉异人，说自己愿意帮助异人回国。异人听了当然高兴，并且表示会积极配合。

接下来，吕不韦以商人的精明和算计为异人设计了一整套方案。首先是通过乡情、亲情打动华阳夫人，使她接受异人为养子，即先提高自己的地位，然后再想办法回国。

嬴异人畅想美好未来，激动地对吕不韦说："倘若我做了秦王，我一定与你共享秦国。"

吕不韦先拿五百金悄悄送给异人，让他打点赵国的看守，然后又花五百金买了一些奇珍玩好，自己带着直奔咸阳。吕不韦发挥商人信息灵通的优势，打听到华阳夫人之弟阳泉君熊宸甚被朝廷信任，便扮作一个珠宝贩卖商人引起他的注意，并严肃地说："我看大人不日将有灭身之祸，难道还有闲情逸致收藏珍宝吗？"

阳泉君大惊失色，连忙问："我犯了什么罪？"吕不韦回答说："请恕小人直言，大人无功于秦国，只是您的姐夫、太子安国君嬴柱为取悦于华阳夫人向秦王推荐，大人才得重用。如今大人权倾朝野，富压群臣，公卿侧目，诸侯不平。小人常听人说，以色貌之美取人者，必以色貌之衰弃之，一旦您的姐姐华阳夫人色衰爱弛，大人将何以容身于朝廷？"

阳泉君连忙问："那现在我该怎么办？"吕不韦不慌不忙地说："我这里倒有个方案，可以让你安如泰山，不知道你想不想听？"阳泉君急切地请求指点迷津。吕不韦说："秦王年事已高，而太子又没有嫡长子，如今王孙异人贤孝天下知名，但是被遗弃在赵国充当人质，日夜想着回国。如果您能说动姐姐将异人收为养子，将来姐夫继位之后再将他立为太子，则异人无国而有国，夫人无子而有子，一旦为主，秦国之政还不全凭您的姐姐及大人主持？"阳泉君感激地说："我肯定照您说的办！"

接下来，吕不韦如法炮制，说动了华阳夫人的姐姐。华阳夫人一直为子嗣和恩宠发愁，正瞌睡有人适时送来了枕头，立即对弟弟阳泉君和吕不韦的话照单全收。经过一番枕头风，太子嬴柱同意华阳夫人的提议，决定收异人为养子，接他回国。

吕不韦回到赵国后，不惜重金打通关节，带着异人仓皇逃回秦国，由于事出紧急，连异人的夫人赵姬和儿子嬴政都没有来得及带上。回到秦国后，吕不韦让异人穿着楚国的服饰去见华阳夫人，华阳夫人见异人穿着母国楚国的服饰颇为感动，专门给异人改名为子楚，又撺掇安国君立子楚为嗣子。

公元前 251 年，在位五十六年的秦昭襄王去世，太子安国君嬴柱继位，史称秦孝文王，并册封华阳夫人为王后，封子楚为太子。匪夷所思的是，嬴柱正式即位三天就去世了。很快，嬴子楚即位，史称秦庄襄王，他册封华阳夫人为太后，加封吕不韦为相国，封号文信侯，并派人到赵国接回赵姬和嬴政母子。日后，嬴政成为中国历史上第一个皇帝——秦始皇。

六、义不帝秦

时间：东周 515 年

人物：鲁仲连

公元前 260 年，秦昭襄王嬴稷派白起在长平前后击溃赵国四十万军队。随后，秦军继续向东挺进，围困了邯郸。危急之中，赵孝成王赵丹只好泣血恳求魏国救援部队参加战斗。但魏国的将领惧怕秦国，徘徊不前。

魏国大臣给魏安釐王姬圉出了一个主意，说是目前情况下，只有秦国最为强大，要不赵王带头尊秦王为帝，估计秦王一喜，戴上高帽子，问题就全部解决了。大家都低低头，不是可以避免祸端吗？

魏安釐王本来就胆小，觉得这样最好，派了辛垣衍作为特使，去赵国商议这个方案。赵孝成王赶忙召开大会商讨对策，可是面对危局，谁也拿不出真正的解决方案。胆量、勇气、智慧，似乎随着战败一起消失了。

齐国人鲁仲连是一个闲云野鹤般的人物，由于热心帮人排难解纷，颇有名气。他长于阐发奇特宏伟、卓异不凡的谋略，却不肯出山做官任职，愿意保持高风亮节。此时，鲁仲连正好在赵国游览，听到魏国提出“尊秦为帝”这样的主张，觉得自己有责任棒喝他们一声，就去求见平原君：“我听说，您准备尊秦为帝，有没有这回事？”平原君无奈地回答说：“我已经是惊弓之鸟，魂魄俱丧，哪里还有什么方案？这是魏王派辛垣衍将军提出的方案。”鲁仲连批评说：“您是天下闻名的四大公子之一，难道要把自己的命运交给魏国来的客人吗？辛垣衍将军在哪里？你把他叫来，我直接把他给骂回去！”

平原君私下和辛垣衍商量，说能不能和鲁仲连开会商量商量。辛垣衍听说打擂台的是著名的鲁仲连先生，连忙推辞说不用见了。不过，在平原君的坚持下，鲁仲连和辛垣衍还是坐到了一起。鲁仲连直截了当地指出：“魏国君臣根本没搞清楚尊秦为帝的危害，如果知道就肯定会主动援助赵国的！”

鲁仲连说："如果各国尊秦为帝，只会让秦国更加肆无忌惮。我鲁仲连宁蹈东海而死，也不会低头去当他的奴仆！"鲁仲连又分析道："如果魏王、赵王认可秦王为帝，就意味着秦王有烹醢魏王的权力。当年纣王碎九侯、煮鄂侯、囚文王，就是实施天子处置诸侯的权力。不仅如此，如果秦王真正为帝，就有权力更换诸侯手下的大臣，生杀予夺。如此这般，魏王能安然无恙吗？将军你能保住自己的爵禄吗？"

一席话点醒梦中人。大家都已经自立为王了，怎么能让秦王来生杀予夺呢？辛垣衍突然站起身来，对鲁仲连施礼感谢说："当初认为先生是个普通人，我今天才知道先生是天下杰出的高士。我要即刻回去告诉君主，以后不要再提尊秦为帝的事了。"

秦军主将听到这个消息，下令把军队后撤五十里。恰好信陵君魏无忌夺得了晋鄙的军权率领军队来援救赵国，准备攻击秦军，秦军也就撤离邯郸回去了。

于是，平原君非要封赏鲁仲连不可。鲁仲连再三辞让，最终也不肯接受。平原君只好设宴招待他，酒酣耳热之际，平原君起身向前献上千金酬谢鲁仲连。鲁仲连笑道："杰出之士之所以被天下人尊敬，是因为他们能替人排除祸患、消灾免难，解决纠纷而不取报酬。如果收取酬劳，那就成了生意人的行为，我鲁仲连是不忍心那样做的。"言毕，鲁仲连辞别平原君，继续做自己的游客去了。多年以后，许多人都在传说鲁仲连跑到东海隐居起来了。

七、窃符救赵，义不独生

时间：东周 515 年

人物：魏无忌

秦昭襄王嬴稷忙乎了这么长时间，觉得主动退兵太没面子，可思来想去也的确很难攻下邯郸，只好这样耗着。

赵国君臣只有寄希望于魏国将军晋鄙，而晋鄙总是说魏安釐王姬圉不同意进攻。平原君只好苦苦哀求信陵君魏无忌。信陵君多次恳请魏王下令，让晋鄙发兵。

魏安釐王却说："赵国不肯低头自然是勇气可嘉，但总不能让别人去为它火中取栗吧？"所以始终不同意发兵。

信陵君没有办法，决绝地说："我绝不能辜负平原君。我要去赵国，死也要和他们死在一起！"信陵君拿出自己的全部家当，凑了百余乘车骑，告知所有门客准备向秦军进攻，以死明志。

门客中愿意一同赴死的多达千人。路过都城大梁东城门时，信陵君魏无忌去向老朋友、隐士侯生辞别。信陵君以为侯生会有什么表示，结果，侯生只是说了一句："公子勉之！我已年老，不能跟从你去，不要见怪，不要见怪啊！"信陵君无法接受，越想越不对，念叨着："我今天去赴死，而侯生却无一语，也不阻拦，很怪异！"于是，他就让大家先停下来，自己一个人返回去见侯生。侯生一看他终于回来了，告诉他说："公子你这点人去冲击秦军，如同以肉投饿虎，有什么意义？”信陵君羞愧地说：“我只是觉得义不独生。请问先生有什么办法？”

侯生出了个主意，建议通过魏王所宠爱的如姬偷盗兵符。而此事之所以可行，是因为信陵君为这个如姬报过父仇。如姬曾经说过，愿意为信陵君“赴汤蹈火，在所不辞”。

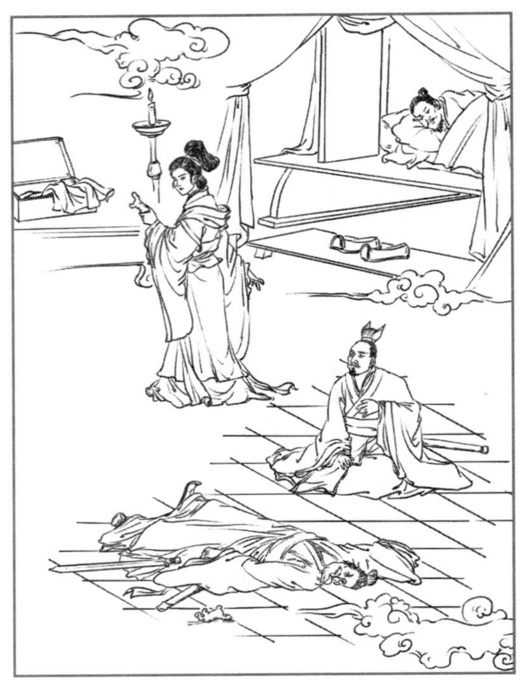

· 窃符救赵。魏安釐王二十年（前 257），秦国围困赵国都城邯郸，赵国求救于魏国，魏国惧怕秦国，不敢出兵救赵。情急之下，信陵君魏无忌听取侯嬴之计，以国家利益为重，置生死于度外，借魏王姬妾如姬之手窃得兵符，夺取了魏国兵权，不仅成功击败秦军、救援了赵国，也巩固了魏国在当时的地位。

如姬趁魏安釐王喝多睡熟了，把兵符偷了出来，派小宦官颜恩送到信陵君手里。侯生叮嘱说：“古人说，‘将在外，君命有所不受’。最大可能是公子即便拿出兵符，晋鄙不信，他会想办法拖延，再派人请示魏王，这事情可就露馅了。我的老朋友朱亥，乃是天下少有的大力士，公子可以带他同行。晋鄙如果服从那就好，如果不听，就让朱亥击杀之。”交代完了之后，侯生说：“我老了，不能远涉，只能以魂魄送公子远行！”于是拔出剑来，自刎于车前。

信陵君拿着兵符赶到赵国，见到晋鄙说：“大王有令，特遣我来代为领军！”

晋鄙合符之后，心里仍不相信：“这等军机大事，本人还是要再去请示大王，方敢交接军权……”话没说完，只听朱亥厉声喝道：“你胆敢抗拒王命，你想反叛吗？”说着，从袖子中抽出四十斤的大铁锤，冲着晋鄙当头一击。晋鄙猝不及防，登时气绝。

信陵君侥幸夺下军权，精简魏军，留下精兵八万。他身先士卒，率领宾客及魏军冲向秦营。平原君亦开城接应，大战一场。秦军仓促应战，王龁折兵一半，秦王只得传令解围而去。

魏安釐王十分恼火，信陵君知道自己已经深深得罪了魏安釐王。击退秦军、保存了赵国之后，他派部将率领军队回归魏国，而自己和门客留在了赵国。

八、合纵末路

时间：东周516年

人物：范雎、春申君

这次失败对秦国而言是罕见的，更糟糕的是范雎推荐的八拜之交郑安平以及最早推荐范雎的王稽，被魏国包围之后全都投降了。这在秦法中是不可饶恕的。

按照规定，应侯范雎作为推荐者也应该连坐。所以，范雎“席藁待罪”，也就是跪在稻秆编成的席子上请罪。

秦昭襄王再三抚慰范雎，让他复职继续工作。大臣们议论纷纷，秦昭襄王直接下了一道命令：“再有谈论这件事的，即刻斩首！”

公元前256年，秦国派大将赵摎攻打韩国，攻占了阳城（今河南登封），斩首四万人。紧接着攻打赵国，攻占了二十几个郡，斩杀及俘虏九万人。

周赧王姬延非常恐慌，密谋联合各国，再订立合纵盟约攻秦。此前，楚考烈王熊完听到信陵君大破秦军的消息，感觉非常不爽，因为春申君黄歇劳而无功，白白跑了一趟，啥也没有得到。楚考烈王叹道：“平原君提倡合纵看来是可行的。寡人要是有信陵君这样的将军，哪里用得着整天担忧秦国的入侵？！”春申君非常惭愧，建议楚考烈王乘胜追击，联合列国一起攻打秦国。这是山东诸国最后的努力，楚国发起并领头，与五大国定好条约，约定日子一起出兵。此时的三晋已经被蚕食得差不多了，基本上没有战斗意志，齐国直接拒绝参加。闹到最后，只有燕、楚两国响应周天子号召。两国军队苦苦等了三个月，也没有看到其他国家派兵，只好自行散去。

秦昭襄王一看，合纵根本组织不起来，下令秦军立即起兵攻打周天子。周赧王毫无防守能力，就想跑到三晋躲藏。西周君建议说：“秦国有统一天下之势，三晋不久之后也会并入秦国，大王您到时候会再次受辱。不如直接投降秦国，应该能得到当年宋国那样的分封。”周赧王想想也没有更好的办法，干脆直接投降了秦国。不久，周赧王郁愤而终。

九、功成身退

时间：东周516年

人物：蔡泽、范雎

周赧王五十九年（前256），历史在秦国战车的隆隆轰响中，终于迎来了一个重要的转折点。

这一年，秦军攻取韩国的阳城、负黍，周王室下面的西周国岌岌可危，惧怕之下与东方各诸侯联合，率领天下的精锐部队攻打秦国。秦昭襄王嬴稷大怒，下令攻打西周国。西周君跑到秦国，叩头认罪，把全部三十六邑、三万人口都献给秦国。而秦王将西周君绑在柱子上游街示众，贬为平民，极尽侮辱之后又将其放回西周。

同年，名义上的周天子、周赧王姬延郁愤而终。王朝国权已为西周君与东周君把持，西周君据洛阳，东周君据巩邑。其后不久，西周文公姬咎逝世，西周一地的民众纷纷向东方逃亡。秦军搬走九鼎和其他珍宝，并且未立新王，西周灭亡。

秦国直接把九鼎搬回秦都咸阳，然后告诉各诸侯国都必须来朝贡称贺，胆敢不来的就出兵讨伐。迫于秦军的威压，六国低头臣服。然而，这依然不是秦昭襄王所要的，他要的不是九鼎、不是臣服，而是全天下。而征服天下除了战争，别无选择。

有一天，秦昭襄王在朝堂上长吁短叹说："现在武安君白起被诛，郑安平背叛，而强敌环伺，内无良将，我感觉很不安。"这显然是对范雎的不满。秦王要的是天下，要的是白起那样能冲锋陷阵攻无不克的大将军，而范雎当年却把自己的官位放在首位，这一念之私迟滞了秦国统一的时间表。王与相之间的差异就这样显露出来。范雎听得明白，心里惴惴不安。

这时候，燕人蔡泽走上了历史舞台。此人博学善辩，自视甚高，深谙月满则亏的道理，整天驾着一辆破车，四处游说诸侯，不过始终没有得到重用。听说秦国丞相范雎举荐的郑安平、王稽都犯了重罪，蔡泽判断出范雎一定急于卸担子，立刻赶往咸阳推销自己。

住店之后，蔡泽对店主人说："你一定要拿出好酒好肉把我伺候好了，等我做了丞相，必定重重地酬谢你。"店主人惊诧地问："客官是什么人，怎么肯定自己能做丞相？"蔡泽说："我姓蔡名泽，是天下最能说善辩之人，如今特来求见秦王。秦王只要见到我，就一定会赏识我的辩才和见解，赶走应侯让我来当丞相，相印会立马挂到我的腰上。"店主人觉得这人太狂，就把它当笑话讲给别人听。结果，一传十、十传百，传到该听的人耳朵里了。

果然，应侯的门客听到后报告给了范雎。范雎不信这世界上还有比自己能说的："上到三皇五帝传说，下到近代百家学术，我可以说是无所不知、无所不晓。蔡泽这无名之辈，凭什么口出狂言能让秦王夺我相印？"于是，范雎派人去找蔡泽。店主人对蔡泽说："你有麻烦了！你放言说要替代应侯为相，现在相国府派人来召你了。你要是去了，必遭大辱。"蔡泽一听笑了："我去见应侯，他肯定就会直接把相印让给我。这下好了，都不需要去见秦王了。"

蔡泽穿着普通的衣服去见范雎，而范雎故意端坐不动。蔡泽长揖不拜，范雎也不请他坐下，而是声色俱厉地问道："外边传说的那个准备替代我做丞相的就是你？”蔡泽从容地回答：“正是！”范雎接着狠狠地说：“我倒要看看你能说出个什么花样来，竟敢说要夺我相位？”

蔡泽说：“唉，先生您怎么到现在了还没有明白？这就像春、夏、秋、冬四时更替一样，成功了的就可以退休了，让年轻的上来。依我看，您现在是该退下来了。”范雎说自己就是不退。

蔡泽劝道：“您说人这一辈子，趁着身体强壮、手足便利、头脑聪明的时候，将意志道德施行于天下，是不是就算是人人敬慕的豪杰了？”范雎答道：“对啊。”

蔡泽接着说：“如果已经把自己的志向实施于天下，然后安乐长寿、颐养天年，把拥有的平台传承给子孙，世世不替以至永远，这是不是就是人们所说的吉祥如意呢？”范雎回答说：“是的。”

蔡泽接着问：“如果像秦国的商君、楚国的吴起、越国的文种那样，虽然事业成功了，却不得其死，以悲剧收场，先生您是不是也愿意呢？”范雎心中暗想：这个人口舌确实厉害，很会阐明利害、循序渐进。如果我现在说不愿意，恐怕就落入他的话术圈套了。于是，范雎说：“有何不可？这恰恰是我追求的。想那商鞅辅佐孝公，大公无私，变法图强，为秦国拓展千里疆土；那吴起辅佐楚悼王，废除贵戚培养战士，兼并吴越，北拒三晋；那文种辅佐越王，转弱为强，最终灭掉吴国，一雪国耻。这几位英雄，虽不得其死，或有冤屈，然而，大丈夫追求的就是杀身成仁、视死如归，功在当时、名垂后世，我当然是诚心向往，有何不愿？”一番话说得大义凛然，不过此时范雎虽然嘴硬，但已经双腿发软，站不起来了。

蔡泽继续说："君主圣明，臣子贤能，这是国家之福。父慈子孝，这是家庭之福。作为孝子，谁不愿意有慈父关爱？作为贤臣，谁不愿有明君指引？比干倒是落了一个忠诚的名义，但殷商依然灭亡了；申生很孝顺，但国家却长期混乱。他们死得很惨，却并没有弥补君父的错误，为什么呢？就是因为他们的君父既不是明君，也不是慈父。商君、吴起、文种都因不幸而死，绝对不是他们想用一死来求得后人这样的赞誉吧？比干被剖心而微子选择了离去，召忽自杀而管仲选择了生还，那么，微子、管仲的名声难道排在比干、召忽之下吗？所以，大丈夫活在这个世界上，身名俱全为上等，名气虽大但没有保全身体的只能算是中等，丧失名誉、苟且偷生的属于下等。"

这一段话说得范雎胸中爽快，不知不觉离开了自己的座位，移步下堂，口中不住称善。

蔡泽还没有说完："您自问一下，您为国家建立的功勋和策划的谋略，比起商君、吴起、文种这几位来如何？"范雎回答说："这个我比不过。"

蔡泽缓缓地说："如今秦王对功臣的亲信程度，怕不能说是超过了秦孝公、楚悼王、越王勾践了吧？而先生您的功绩，又不能说是比得过商君、吴起、文种，然而您的禄位和富有远远超过了他们三位，这种情况下依然没有想到应该急流勇退。请您认真想一想，他们这三位都不能免祸，难道您就能确保安全吗？就像那翠鹄犀象，难道说它们就该死吗？它们之所以摆脱不了危险，是因为总被诱饵所惑。苏秦、智伯那样的聪明人并不是无法自我保护，而是死于贪婪。先生您出身平凡，居然能在毫无背景的情况下知遇秦王，封侯拜相，富贵已极，既报得了仇，又报得了德，可以说是功成名就。如果到现在依然贪恋权势，还想着进，不想着退，恐怕您不可避免会遭遇苏秦、智伯之祸。谚语有云：‘日中必移，月满必亏。’您为什么不现在归还相印，推荐一个贤能之士来替代自己？如果您推荐的那个人颇有贤能，那么推荐者自然会越发受人尊重，您看上去放弃了荣耀，其实是卸下了担子。这样您就可以游山玩水，乐享松柏常青，而子子孙孙也能继承应侯的爵位和封地，其中孰轻孰重不难判断，何必要整天面对这不可知的恐惧呢？”

范雎听完，深深施了一礼，感激地说：“我接受您的教诲！”第二天上朝，范雎就向秦王报告说：“有一个客人刚从山东来，名曰蔡泽，此人有王佐之才，通达时变，完全可以担任管理秦国的重任。臣见过的人多了，没有一个能超过这位的，就是我自己也远远不及此人。臣认为这样的贤能不能被埋没，所以赶忙来推荐给大王。”

于是，秦昭襄王接见了蔡泽，问的也是怎么兼并六国。蔡泽一条一条给予解答，完全符合秦昭襄王的想法，秦昭襄王就拜他为客卿。范雎却想着直接卸掉相国的担子，秦昭襄王没有同意。范雎决心已下，干脆来个卧床不起。秦昭襄王只得拜蔡泽为丞相，封刚成君，替代范雎。范雎回到自己的封地，不久就因病而死。

范雎退了，秦昭襄王老了，所以秦国暂时风平浪静。但在这时，燕国和赵国却不知死活地掐起来了，原因也很让人无语。

十、不作不死

时间：东周 516 年

人物：燕王喜、栗腹、廉颇、李牧

自燕昭王复国之后，燕国连续几代君王都短命。此时传至燕王姬喜。而赵国的相国平原君赵胜也死了，赵孝成王赵丹委任廉颇为相国。

燕王本来是要和赵国结盟的，就派自己的相国栗腹代表自己去悼念平原君，同时签订友好条约。没想到栗腹非常贪婪，觉得自己是给赵国送好处来了，希望赵孝成王能多给点钱。赵孝成王没给多少，栗腹很不高兴。

回到燕国，栗腹反而向燕王建议说："赵国自长平战败后，青壮年都死得差不多了。现在他们的丞相去世，廉颇又老了，如果出其不意出兵攻赵，就能灭掉赵国。"燕王不敢轻信栗腹的话，就把昌国君乐闲召来询问意见。乐闲回答说："赵国由于四面受敌，因此举国尚武，民风彪悍，不可轻易出兵。"

燕王却听不进去反对意见，决定以五倍兵力伐赵。手下的大臣们集体奉承燕王，一起说："天下哪有五个人打不过一个人的道理！"

于是，燕国发兵三十万，分成三路推进。燕军气势很足，想着赵国已经被秦国打趴下了，他们只要再踩上一只脚，就能把赵国变成燕国的疆土。

赵国得知消息，廉颇与李牧各领兵五万迎敌。这两位可都是真正的大将。廉颇先示弱，第一次只派了几千疲惫不堪的士卒出战。燕军这边，栗腹亲自出阵，一个回合下来，赵军溃败而走。栗腹大喜，指挥燕军追逐不舍，这一去中了廉颇的埋伏，燕军大败，廉颇生擒栗腹。与此同时，李牧那边也取得了胜利。

廉颇乘胜追击，围困燕都。最后，廉颇在燕国国都外将燕国相国栗腹砍头示威，燕王只好跪下求和。

····本章小结······························

死里逃生的范雎为秦王献上远交进攻的方略，一下子理顺了统一天下的顺序。唯一能够抗争秦军的赵国在关键时刻犯了致命错误，换上了纸上谈兵的赵括，导致秦、赵决战提前来临。白起一战坑杀赵军四十万人，彻底打掉了赵国的有生力量，为秦王一扫六合奠定了基础。后来魏公子无忌虽然窃符救赵，但只是为赵国争取了短暂的喘息时间。范雎一念之私延迟了秦国统一的时间，不过他自己晚年急流勇退，为纷乱的战国政坛留下一段佳话。

第十九章　浓墨重彩著春秋

一、周朝祀绝

时间：东周 521 年

人物：秦庄襄王、吕不韦

公元前 251 年，秦昭襄王嬴稷死了。他活了七十五岁，在位半个世纪，是秦国统一中国的关键人物。

之后，太子嬴柱继位，史称秦孝文王。仅仅三天，嬴柱也死了。有人怀疑是客卿吕不韦下了毒，不过这个推测很难成立，因为此时吕不韦已经进入主流社会，不可能再冒这种风险。

这样，吕不韦投资扶持上来的嬴异人继位，史称秦庄襄王。按照吕不韦的安排，嬴异人立赵姬为王后，立嬴政为太子。

丞相蔡泽聪慧过人，一看新上来的秦王有自己中意的人选，马上主动让位。于是，吕不韦顺理成章当上了丞相，被封文信侯。

吕不韦商贾出身，内心深处十分羡慕贵族。大权在握、富甲天下之后，吕不韦效仿战国四公子养士，其规模也是三千余人。

公元前249年，东周文公与诸侯密谋攻打秦国，嬴异人获悉，命吕不韦率军攻灭东周国，迁东周君于阳人聚（今河南汝州市西），不绝其祀，以阳人地赐周君，奉其祭祀。至此，存续了近八百年的周王朝终于成为一个精神存在。

二、短暂辉煌

时间：东周522年

人物：魏无忌

秦国战车依旧隆隆向前，他们先打韩国，后打赵国，攻城略地，所向披靡。然后，兵锋再次指向魏国。还是既定国策远交近攻，先把跟前的三晋蚕食掉，然后再收拾外围的三个。

魏国屡屡战败，如姬给魏安釐王姬圉提了个建议："秦国之所以这么频繁地进攻魏国，是因为信陵君不在国内。信陵君天下闻名，能够借到诸侯的力量。大王只要肯派人去赵国请他回国，让他合纵列国，一起抵御秦国，蒙骜之辈怎么敢来侵犯我们！"

魏安釐王其实特别不待见自己这个弟弟信陵君魏无忌，但眼下实在没有办法，只能接受这个建议。于是魏王就派小宦官颜恩为使，拿着相印去赵国请信陵君。

这个颜恩就是当年给信陵君偷送兵符的人。幸亏魏安釐王没有惩罚这个家贼，这回又派上用场了。信陵君心里其实特别恨自己的哥哥："魏王把我扔到赵国已经十年，如今事到临头了才来召我，压根就不是真想让我回去！"一气之下，信陵君在自家门口贴了个告示："敢和魏王使者联络者死！"结果，颜恩到赵国半个月了，就是见不着他。

颜恩只好请博徒毛公和卖浆薛公出马。这两位都是赵国的隐士，赵国的平原君养了几千人却不知道本国有这样的高人。信陵君一到赵国，就去拜访，与他们交情十分深厚。

二公见了信陵君说："听说公子准备回魏国，我们二人特来送别。"信陵君很惊讶地问："哪有此事？"二公表示惊异，问道："秦军包围魏国都城，事态紧急，公子你没有听说吗？"信陵君不以为意地说："听说了。但我离开魏国十年，如今已经是赵国人了，魏国与我何干？"

二公齐声曰："公子，你怎么能这样说！公子之所以被赵国重视，并且闻名于诸侯，都是因为你是闻名于世的魏国公子。很大程度上，公子能让天下士人集聚门下，也是因为你背后有魏国在支撑。如今秦国攻魏日急，而公子居然不把它当回事儿！假设秦国攻破大梁，夷灭你魏家先王之宗庙，公子你又有什么脸面寄食于赵国？公子即便厌恶现在的魏国君臣，难道也不在乎祖宗的祭祀吗？"

二公的话还没有说完，信陵君已经听得直冒冷汗，诚恳地说："你们批评得对！我差一点儿成了天下的罪人。"信陵君立刻吩咐手下人收拾行李，自己去向赵孝成王赵丹辞行。

赵孝成王说："公子前头率魏军保全了赵国，现在公子要赴国难，我一定竭尽全力。”赵王知道，此时各国只有抱团才能多活几天，于是派赵军十万救援魏国。燕、韩、楚三国都对信陵君有信心，各派大将带兵来到魏国，并且表示听从指挥。只有齐国觉得这件事情与自己无关，拒绝出兵。

信陵君回到魏国，和十年未见的哥哥魏安釐王重逢，不禁相对落泪。魏安釐王任命信陵君为上将军，让他做魏国军队的最高统帅。信陵君率领五个诸侯国的联军在黄河以南大败秦军，使秦国将领蒙骜战败而逃。联军乘胜攻至函谷关，扎下五个大营，在关前耀武扬威一个月，秦军紧闭关门，不敢出关。

这次合纵攻秦的胜利是战国时期山东诸国取得的最为辉煌的胜利，使信陵君威名远扬，震动天下。各国与秦国打仗很少赢，而信陵君两次抗秦都取得了重大胜利，这显然不是运气而是真本事。于是，各国愿意花大价钱购买信陵君兵法。信陵君让门客把各种兵书战册都认真研讨一番之后，编撰出一部名著，叫作《魏公子兵法》。

蒙骜与王龁败回秦国，向秦庄襄王请罪。秦庄襄王认为，这次失败的主要原因是寡不敌众，便宽恕了他们。

武的不行，就来文的。战败之后，秦庄襄王写信给信陵君，真诚地邀请他来秦国。由于有了前面那么多的教训，信陵君自然不来。一看这招不灵了，刚成君蔡泽建议说：“当年，信陵君窃符救赵，深深得罪了魏王。这次是因为我们围困甚急，魏王不得已才把他召回去的。再者，信陵君为了夺取军权，锤杀了晋鄙。这些都可以利用起来。大王派人去魏国散布流言蜚语，魏王肯定会疏远信陵君，也会剥夺他的兵权。信陵君只要不管事儿了，天下诸侯之联合也就会随之解体。到时候我们再用兵，应该就没什么困难了。”

在秦国的操弄下，魏王和信陵君兄弟二人很快又反目成仇。信陵君请了病假，交回权力，从此心灰意冷，每日沉迷酒色。

三、权倾天下

时间：东周 523 年

人物：吕不韦、廉颇

公元前 247 年，在位仅三年的秦庄襄王死了。吕不韦扶太子嬴政即位，此时他才十三岁。

吕不韦当上了丞相，功成名就，大权在握，自比姜太公，号为尚父。吕不韦得知信陵君已经完全颓废了，再次用兵伐赵，大将蒙骜、张唐攻下了晋阳。过了两年，吕不韦再派遣蒙骜、王龁攻韩。王龁说：“我曾经被赵国打败，后来又在魏国吃了败仗，承蒙秦王赦罪，这次我将以死来报答。”王龁率领他自己的私属千人敢死队，直接冲向韩营，只求一死。韩军被这一击彻底搅乱了阵脚，蒙骜趁势带领大军冲锋，大败韩师，夺取了韩国十二城。

而面对秦国无休无止的蚕食鲸吞，各诸侯国并没有团结合作、一致对秦。非但如此，赵国与魏国居然又发生了战争，加速了它们灭亡的步伐。

廉颇在攻克了魏国城池后，正要乘胜前进，忽然传来了赵孝成王赵丹的死讯。继位的是赵丹的儿子赵偃，史称赵悼襄王。

这位新赵王宠幸一位叫郭开的大臣。郭开是一个奸佞小人，曾在地位不高的时候巴结廉颇，被廉颇当面臭骂一通。所以，郭开和廉颇结仇很深。赵偃继位之后，郭开终于熬出了头，就煽风点火说："廉颇真的是老了，已经做不成什么事儿了，这回伐魏，这么久了都没有什么进展。"

赵悼襄王听信谗言，派乐乘去代替廉颇。乐乘本是燕国将领，与乐毅、乐间父子同族，曾击败秦国将领王龁，后投靠赵国为将。

廉颇听说自己的军职即将被乐乘代替，禁不住怒火冲天，率军攻打乐乘。乐乘落荒而逃，廉颇也不得不离开赵国，投奔魏国大梁。但魏王并不信任和重用他，搞得征战四十年的老将军十分郁闷。

四、合纵休矣

时间：东周 524 年

人物：庞煖

公元前 243 年，信陵君魏无忌去世，魏国从此失去最后支撑的顶梁柱。秦国获悉消息，立刻派大将蒙骜攻魏，一次夺取二十座城池。

刚刚继位的魏景湣王姬增长叹："如果信陵君还在，一定不会让秦军这样横冲直撞、为所欲为。”可惜，这觉悟太迟了。

面对秦国的威胁，魏国意识到还是得联合赵国。赵悼襄王赵偃也感觉秦国的威胁太大，认为应该联合起来。

然而，燕王姬喜依然惦记着要报赵国围困都城的仇，听说廉颇离赵奔魏，赵国新上任的将军庞煖年近八十，燕王又产生了复仇的想法。燕国新任相国剧辛也看不起新上任的赵国大将、年迈的庞煖，迎合燕王说：“庞煖绝对无法和廉颇相提并论，更何况秦军已经占领晋阳，赵人肯定是精疲力竭，我们趁这个机会进攻，定能一雪前耻。”

燕王派剧辛率领十万燕军伐赵。赵偃赶忙召庞煖商议。老将军建议说：“剧辛是个老将，肯定看不起我们。我们可以让李牧从代郡向南截断燕军后路，臣带领一军迎战，让他们腹背受敌，这样就可以打败燕国。”赵悼襄王欣然同意。结果，燕军被赵军两面夹击，大败而归，剧辛自杀。剧辛曾是最早接受燕昭王黄金台求贤召唤的老前辈，最终由于轻敌而败于已经处于弱势的赵军。燕王只得再次向赵国伏罪乞和。

借着胜利的东风，庞煖想做最后一次努力，建议赵悼襄王说：“燕国已经搞定，我们应该趁着这个机会，合纵列国，攻打秦国。各国只有团结起来，才有可能保证我们自己的安全。”在赵国大将庞煖的倡导下，除了齐国，另外五国再次联合起来。五国都派出人马，共同推举春申君黄歇为上将，分兵五路攻打秦国的渭南，但是打了很久没有打下来，只好暂时将其包围。

秦国丞相吕不韦派将军蒙骜、王翦等五员大将，分兵对付五国，已经形成僵持局面。王翦向吕不韦建议说：“五国联军竟然攻不下我们一个城池，由此可知他们实质上非常无能。三晋长期与秦国作战，相互间比较熟悉，而楚国远在南方，已经有三十多年没有打过仗了。我们不妨把五路大军中的精锐合并到一起，专打楚国，楚国肯定无法支撑。只要把楚军击破，其他四国就会望风而逃。”吕不韦表示赞同。

不料，秦军重点打击楚军的消息泄露，楚帅春申君黄歇闻讯大惊，立刻传令全速撤退，一夜奔跑五十里。庞煖得知楚军居然被吓跑了，叹了口气说：“合纵之事从此休矣。”

五、楚都南迁

时间：东周 525 年

人物：春申君、楚考烈王、李园

春申君临阵脱逃，把其他四国气得不轻，一起派使者前来问罪。他们要求楚国君臣回答：“楚国作为联军之首，为什么在不通知大家的情况下就撤军回国？我们需要一个答复。”黄歇脸红脖子粗，支支吾吾答不上来。

被吓破胆的黄歇，只是建言楚王迁都以避秦国。至此，楚国已经四次迁都了。所以有人写诗道：“周为东迁王气歇，楚因屡徙霸图空。”

楚国不但没有振作，反而更快地衰败了。楚考烈王熊完在位已久，却一直没有儿子。春申君对此非常忧虑、着急。春申君的门客中有一个叫李园的，他的妹妹非常漂亮，李园先是把妹妹许给春申君做侍妾。李妹怀孕之后，春申君又把她送给了楚考烈王。

李妹很快得到了楚考烈王宠信，并在王宫中产下一子熊悍。楚考烈王十分高兴，立李妹为王后，立熊悍为太子。这样一来，李园当上了国舅，受到楚王器重。

这时，有人警告春申君要警惕李园，提醒他预防无妄之灾。春申君大笑说："李园一个文弱之人，而且对我一向很恭敬，你是不是想多了？"

没过几年，楚考烈王去世，李园抢先入宫，吩咐秘不发丧。李园埋伏在宫中的刺客杀死春申君，将他的头割下丢到戟门外。同时，李园又派人灭了春申君全族。在李园兄妹的操作下，年仅六岁的太子熊悍继承王位，史称楚幽王。

李园自己则取代春申君，成为楚国的新令尹。然而，李园除了懂得篡权之外，于治国理政完全是个外行，楚国从此开启了亡国倒计时。

六、秦国平叛

时间：东周 526 年

人物：吕不韦、樊於期

吕不韦一想起五国联军进攻秦国的事情就生气，认为罪魁祸首是赵将庞煖。为报此仇，公元前 240 年，吕不韦派蒙骜同张唐督兵五万伐赵。三日后，又派长安君嬴成蟜会同樊於期率兵五万为后继。

樊於期认为这是吕不韦针对长安君的阴谋。樊於期对嬴成蟜说："你哥哥并不是先王的骨血，只有你才是真正的秦王血脉。"于是，两人决定造反。

樊於期发表檄文，他想的是，只要把这个真相告诉秦国人，万众就会响应，一起支持他造反。不料，秦国人全体袖手旁观。

樊於期的叛乱导致秦国伐赵的前军大败，名将蒙骜被庞煖射死。庞煖虽然取得了胜利，不久也因为伤重不治而亡。如此一来，赵国就失去了擎天柱石。

吕不韦又委任王翦为大将，率军十万，去讨伐长安君与樊於期。王翦在阵前问樊於期说："国家有什么对不住你的地方，为什么要诱骗长安君造反？"樊於期回答说："秦王政乃是吕不韦的儿子。我们这些大臣世受国恩，怎么可以坐视嬴氏江山被吕氏篡夺？"王翦回答说："太后怀孕十月而生下当今的国君，国君是先王的亲生儿子，这是毫无疑问的。"

樊於期造反理由不充分，所以当王翦阵前宣布不追究大家的罪责，樊於期手下的士兵立刻作鸟兽散。最后，樊於期只身逃亡燕国，长安君嬴成蟜自杀身亡。

七、神童甘罗，十二拜相

时间：东周 527 年

人物：秦王政、吕不韦、张唐、甘罗

几年后，秦王嬴政长大成人，身长八尺五寸，英伟聪明，志向远大。而且，嬴政非常有主见，国家大事并不全由太后、吕不韦做主。

吕不韦在平定了长安君的叛乱之后，就惦记着给蒙骜报仇，于是召开大会讨论伐赵国事宜。蔡泽建议说："赵国与燕国乃是世仇，燕国目前依附于赵国，并非其本心。我请求出使燕国，让燕国向我们秦国送人质来建立联盟，共同伐赵。"嬴政同意，派蔡泽出使燕国。

这蔡泽的确是能说会道之人，见了燕王姬喜就说："如今我们秦王要报五国联合进攻秦国那个仇，但我认为，燕国与赵国乃是世仇，跟着赵国一起出兵肯定是不得已，大王您若是肯送太子到秦国做人质，再请一个秦国的大臣做燕相，那燕国和秦国的关系，就比胶漆还要牢固。我们两国一起攻打赵国，您要向赵国一雪前耻，则易如反掌。"

燕王真的派太子姬丹到秦国做人质，再请秦王派一个人来担任燕相。吕不韦倾向于派将军张唐去，张唐托病不愿意去。吕不韦就亲自登门去请，张唐推辞说："臣屡次带兵伐赵，赵国人肯定非常恨我。如今我去燕国，必须路过赵国，所以我不能去。"吕不韦再三强迫，张唐还是坚决不去。

吕不韦很憋气地回到府中，独坐堂上，闷闷不乐。他的门客中有一个叫甘罗的，乃是秦国左丞相甘茂之孙，当时只有12岁，看见吕不韦闷坐，就问了一声："您是不是有什么不痛快的事儿啊？"吕不韦不耐烦地说："你个小孩子懂什么？也来问我？"

甘罗说："您花钱费劲养那么多门客，不就是希望他们能为您分忧解难吗？君有心事却不让臣知道，我就是想为您效忠也没有机会啊。"吕不韦一听暗暗称奇，就把自己想让张唐去当燕相而张唐不干的事情说了。甘罗张嘴就来："这么个小事儿，您不早说，您让我代表您走一趟，肯定能搞定。"

• 甘罗拜相。甘罗（约前256—？），战国末期下蔡（今颍上县甘罗乡）人。战国时期秦国名臣甘茂之孙，著名的少年政治家。甘罗自幼聪明过人，小小年纪便拜入秦国丞相吕不韦门下，任其少庶子。甘罗12岁时出使赵国，使计让秦国得到十几座城池，甘罗因功得到秦始皇赐任上卿（相当于丞相），封赏田地、房宅。其后事迹史籍无载。

吕不韦一听，十分生气，连叱几声："去，去！我亲自去请他都做不到，你个小孩子就能说动他吗？"

甘罗说："过去项橐7岁就能做孔子的老师，现在我12岁了，比项橐还大5岁，您先让我去试一试，没有效果再斥责我也不晚。您怎么能看不起人，动不动就给人甩脸色看呢？"吕不韦意识到这孩子不寻常，连忙说道："你这孩子如果能让张唐去燕国，我封你一个卿位。"

甘罗去见张唐，开口就问："您觉得您的功劳，和武安君相比怎么样？"张唐说："我连他的十分之一都不如。"甘罗接着问："那么应侯范雎与咱们现在的丞相谁权力大？"张唐回答说："文信侯权力更大。"

甘罗说："当年应侯想派武安君带兵攻赵，武安君不肯去，应侯一怒，武安君就死了。如今，文信侯亲自来请您去燕国做相国，您却执意不肯，我不知您将身死何地啊！"张唐悚然变色，立马明白自己犯了多大的错误，赶忙说："那我就听你这个童子的意见前往燕国吧。"

张唐赶忙让甘罗代自己向吕丞相承认错误，并立刻准备行囊前去上任。然而，甘罗却告诉吕不韦说："张唐其实是听我那么一说，不得已才答应去燕国的，但心里头实际上是很怕赵国的。我请求借五乘车马，先去赵国为张唐开路。"吕不韦完全认可，就去向秦王嬴政请示，报告说："甘茂的孙子甘罗，虽然年少，但不愧是名门之后，非常聪明善辩。前些日子，张唐称病，不肯相燕，让甘罗一说就立刻成行。他现在请求先去赵国为张唐开路，希望大王您能批准！"

嬴政一听还有这事儿，立刻召见甘罗。一见面，嬴政就喜欢上了这个少年，问道："你见了赵王准备怎么说啊？"甘罗回答说："这个得察其喜惧，相机进言，随机应变，不能是预先定好的。"

嬴政一听，立马同意。因为这是张扬秦国实力的好机会，就给甘罗派了十乘豪车、上百仆人，浩浩荡荡地出使赵国，也让沿途诸侯看看秦国的威风。

赵悼襄王赵偃正担心秦、燕两国合起来对付赵国，一听报告说秦国使者来了，赶忙出城二十里去迎接甘罗。看到甘罗小小年纪说起话来却清楚明白，赵悼襄王暗暗称奇，便十分客气地请教甘罗：“先生您今天屈尊到我们这个小国来，有何见教？”

甘罗问：“大王听没听说，燕太子姬丹已经到秦国做了人质？”赵悼襄王回答说：“听说了。”甘罗又问：“大王听没听说，张唐准备去燕国担任相国？”赵王回答说：“也听说了。”甘罗接着说：“燕太子姬丹到秦国做了人质，这是燕国保证不欺秦国。张唐去燕国担任相国，表明秦国不欺燕国。燕、秦两国互相友好信任，那赵国是不是就危险了？”

眼看自己的说辞已经吸引了赵王，甘罗分析说：“其实秦国的真正目的是扩大河间的领土，大王不如割河间五城给秦国。如果这样，我就回去告诉我们秦王，请他终止张唐之行，不再和燕国亲近，而是和赵国建立友好关系。而你们赵国可以向燕国进军，秦国不会去救燕国。如此一来，你们赵国得到的岂止是五座城池？”

甘罗这主意出的，听起来好像赵国占了多大便宜似的。但赵悼襄王明白，这对赵国而言是个可以接受的方案。于是，赵悼襄王说就这么定了，并马上给甘罗送上黄金、白璧，当然还有五座城池的地图，让他回去向秦王报告。

甘罗回国回禀秦王，嬴政高兴地说：“河间的疆土，靠你这个孩子就拓展了。你的智慧要比你的身材大得多啊！”

这样一来，就不用再派张唐去燕国了，秦国君臣坐在家里等着好事上门。赵国确认了秦国不会帮助燕国，就派李牧伐燕，夺取了三十城，赵国留下十九城，把另外十一城送给秦国。这说起来都是甘罗的功劳，于是秦王嬴政封甘罗为上卿，后人传说的“甘罗十二为丞相”就是这段故事。可惜的是，这位小神童后来的事迹史籍就没有记载了。

····本章小结································

商人出身的吕不韦，靠着投资嬴异人嬴政获得了巨大的权力，还灭掉了周王朝。这个举动促使六国诸侯真正联合起来，在信陵君魏无忌的率领下，赢得了对秦国作战的胜利。然而，政治并非只决战于战场，秦国人先使用离间计废掉了魏无忌，然后以重金贿赂赵国权臣罢黜了大将廉颇。楚国则出现了政变，进入衰亡模式。就在这时，秦国也出现了内乱，不过被大权独揽的吕不韦轻松化解了。

第二十章　千古一帝秦始皇

一、嬴政加冠

时间：东周 532 年

人物：吕不韦、嫪毐、秦王政、茅焦

秦国出尔反尔，这一下苦了燕国的太子。姬丹在秦国做人质，本来是为了与秦国建立联盟关系，没想到秦国却把燕国出卖了。这样一来，姬丹的地位非常尴尬，有心想逃回去，又怕出不了关，简直是度日如年、如坐针毡。

传说吕不韦掌权后和太后旧情复燃。有一段时间，他出入宫闱，毫无忌惮。等到秦王嬴政长大了，才有些顾忌。面对太后的不时宣召，吕不韦有些无奈，就将天赋异禀的嫪毐伪装成宦官送进宫中。

太后与嫪毐如同夫妻，同宿同住。两年之中，太后竟然跟嫪毐连生二子。更要命的是，太后还答应嫪毐，异日王崩，就让私生子继位秦王。太后身边的人都知道，但没人敢乱说。

太后对嫪毐由爱生宠，请嬴政予以封赏。嬴政孝顺母后，封嫪毐为长信侯。许多人一看嫪毐地位上升，便一窝蜂地跑去依附，嫪毐身边很快聚集门客千余人，声势甚至超过了文信侯吕不韦。嫪毐骤然富贵，越加骄横起来。

秦王冠礼大典之后，群臣庆贺，大家赌博饮酒。到了第四天，嫪毐与中大夫颜泄对赌，连连失利，两个醉鬼竟然大打出手。挨打之后，喝多了的嫪毐气急败坏，瞪着眼睛大骂道："我乃是今王之假父也！你一个穷鬼居然敢跟我较劲儿？"

颜泄反应过来，这祸事惹大发了，转身就往外跑。正好遇到嬴政从太后那里喝完酒要出宫。颜泄一下子趴到地上使劲儿磕头，哭着喊着说自己该死。

秦王嬴政是一个非常有心机的人，一看这事儿肯定不对，就一言不发让人把他扶至自己宫中，屏退左右后才问他怎么回事。颜泄知道这是自己唯一的活路，就将嫪毐和自己打架、自称假父的话讲了一遍，然后又禀告说："嫪毐实际上不是宦官，经常和赵太后行男女私乱之事，已经与太后生了两个儿子，就藏匿在太后宫中。而且，嫪毐私下还对太后说，大王去世之后，就让他们的儿子继位。"

一席话如晴天霹雳，嬴政听后怒火万丈，立刻以兵符调集禁卫军前来护驾。

嫪毐酒醒之后，也知道自己捅了天大的娄子。但他不愿意坐以待毙，就借太后玉玺调集宫廷卫士包围秦王宫，想杀嬴政。没有想到，嬴政勇气十足，直接站在高台之上，问这些军士为什么要包围王宫？

军士们说："长信侯嫪毐传令说宫中有贼人，要我们前来救驾。"嬴政说："长信侯就是贼人！生擒嫪毐者，赏钱百万；杀之献上首级的，赏钱五十万；杀嫪毐一名死党，赐一级爵位，不论尊卑。"

军士们一听，立马散了一半，另一半反戈一击，跟随嬴政与嫪毐的宾客厮杀起来。周边百姓闻听嫪毐造反，也来助力。于是，嫪毐很快就被活捉了。

嬴政很快就掌控了局势，亲自带兵到太后宫中搜索，搜出嫪毐的两个私生子。嫪毐被判车裂之刑，连坐宗族。嫪毐死后，嬴政把他两个年幼的弟弟装进麻袋里活活摔死。同时，嬴政狠了狠心，把太后囚禁到咸阳城外的离宫去了。

嬴政虽然轻松平定了嫪毐之乱，但心中的怒火并没有熄灭。回到咸阳，第一件事就是要杀了吕不韦。不过他并没有轻举妄动，而是先征求大家的意见。

吕不韦执政多年，当朝的大臣们平时与吕不韦都走得很近。于是乎，大家都说："吕不韦辅佐先王有功，况且嫪毐一事也无证据，还是不要把吕不韦连坐为好。"就这样，吕不韦被饶了一命，但被免去丞相之职。

特别诡异的是，这年的夏初，咸阳居然下了一场大雪，冻死了很多人。天呈异象，民间议论纷纷："这都是秦王囚禁太后，子不认母，所以天降异象。"一个名叫陈忠的大夫进谏说："作为人子不可以这样对待母亲，大王应该将太后接回咸阳，以尽孝道，这样就可以改变天象。"

嬴政大怒，让人扒了陈忠的衣服，摁在蒺藜上一举将其捶杀，还把尸体摆到宫殿前暴尸。随即，嬴政又张榜公布："谁再敢拿太后的事情劝谏，这就是下场！"

然而，令普通人无法理解的是，秦国大臣竟然前仆后继前来劝谏。嬴政则毫不手软地杀戮，前前后后居然诛杀了二十七人，尸积成堆。这二十七人都是嬴政平日亲信之臣，如今连杀二十七个都不停手，可见他实在是太生气了。

沧州人茅焦此时正好出游咸阳，住店的时候发现全秦国的人都在议论这件事，他敏锐地意识到自己的机会来了。茅焦气愤地说："儿子怎么可以囚禁母亲，这不是天地反覆了吗？"然后，让店主人给自己准备热水："我要洗个澡，明天早晨我就去宫门口劝谏秦王。"一起住店的客人都笑道："人家那二十七人可都是大王亲信的重臣，他们进谏大王尚且不听，还一个接一个地被处死了，你一个布衣凑什么热闹？"

第二天早上起来，茅焦吃了一顿饱饭，准备起身出门。老板一看他真的要去，好心好意拽住他的衣服，结果茅焦不顾衣服被撕破，执意要去。到了宫门口，茅焦大声喊道："臣是齐国人茅焦，有事儿上谏大王！"嬴政派内侍出来问："客人所谏的是什么事儿？与太后有关吗？"茅焦回答说："臣正是为此事而来。"内侍回去报告说："这个客人还是为太后的事情而来。"嬴政说："你去给他指看那些尸体，告诉他不要找死。"内侍出来告诉茅焦："客人你看不见那边上的一堆死人吗？为什么不怕死非要来说这件事儿？"茅焦回答说："臣听说，天上有二十八星宿，降生人间就是正人君子。现在已经死了二十七人了，还缺一个，所以我来就是凑这个数的。古圣先贤谁人不死，我又有什么可怕的？”

茅焦故意做出一副视死如归的样子，成功地吸引了嬴政的注意。于是，内侍又去禀报。嬴政听了怒不可遏：“这狂夫故意违反我的禁令！来人，在殿前支一个大锅，我要煮了他，看他怎么去凑足那二十八个数？！”

内侍赶快去招呼茅焦，茅焦故意磨磨蹭蹭，走得非常慢。内侍催促说：“你倒是快点走啊！”茅焦说：“我见到大王，马上就会被处死，你让我多活一会儿行吗？”内侍也觉得是这么回事儿，但还是想不明白，这人为啥要主动赴死呢？活着难道不好吗？于是，不由得心生怜悯，伸手扶着他往前走。

茅焦到了阶下，叩头施礼之后开口道：“臣听说，‘健康活着的人，其实不用讳言死亡；拥有国家的君王，也不用讳言亡国。这是因为即便你讳言国家灭亡，也不会因此就不灭亡了；讳言死亡，也不会多活几天’。涉及生死存亡这样的大事，其实就是明主心里整天要琢磨的，现在我不知道大王是不是愿意听我说上一说？”

茅焦根本没有和秦王讨论孝顺不孝顺的问题，而是要和秦王讨论一下事关秦国生死存亡的大事情，这一下子就说到嬴政心里去了。嬴政的脸色稍微缓和了一点：“你有什么想法，就说说吧。”茅焦接着说：“忠臣是不会阿谀奉承的，明主是不会违反常理的。君主做错了而臣不言，那就是臣子辜负了君主；如果臣下进忠言而君不听，那是君主辜负了他的臣子。现在大王犯了严重的错误，但大王却不自知，微臣想说一些逆耳忠言，而大王却又不想听，臣恐怕秦国从此危险了。”

嬴政不由得倒吸了一口凉气，思索了半天，脸色又平和了一点说：

“你要说的是什么事，我愿意听你讲一讲。”

茅焦问道：“如今形势下，大王是不是想着把天下掌握在手中？”嬴政说：“是的。”茅焦接着说：“如今天下人之所以高看秦国，并不是仅仅因为秦国的威力强大，同时也认为大王乃是胸怀天下之雄主。所以，忠臣烈士已经开始向秦国集结。然而，如今大王车裂假父，给别人造成了不仁的印象；扑杀两弟，得到了不友的名声；把母亲囚禁于咸阳城外，在所有人眼里又成了不孝；你把那些进谏的大臣杀掉，陈尸阙下，这完全是桀纣级别的暴行。你既然想得天下，却完全按照自己的好恶恣意妄为，如此操行，怎么能让天下人臣服？当年舜帝对自己那完全不讲理的后母都能尽孝道，所以才从普通人升为帝王；桀杀龙逢，纣戮比干，难道没有任何缘由吗？问题是，当普通人认为君主杀戮忠臣的时候，天下人都会背离他的。我今天来进谏，自知必死，怕只怕臣死之后，不会再有人进言。到那时候，必定会怨谤爆发，忠臣不语，中外离心，诸侯背叛。可惜，大秦帝业即将成功之时，却败在了大王手中。臣的话已经说完，请把我煮了吧！”

茅焦指出的恰恰是政治之精髓。能不能悟到其中三昧，是非常考验智慧的。茅焦指出，你贵为秦王，要是还想着一统天下，就必须做出样子来。即便是你觉得自己做得都对，这个该杀，那个该关，但还是不能恣意而为。比如说，这些亲信在你秦王眼里其实是不忠，但问题是，外人不这么看，老百姓怎么能懂这样的道理？他们看到的就是你不仁不友不孝、不讲道理，你不能认为你有权力就可以随心所欲地杀戮。事实上，大家要的是能够共同遵循的规则，如果大家理解不了，就不能随意去做。说句难听话，你就是假做，也得做。最后，茅焦特别指出，秦国先人们几百年的奋斗眼看就要成功，目标就在前面，如若功亏一篑，实在可惜啊！

一番话让嬴政觉得茅焦见识非同一般，而且完全是在替自己解套。嬴政是个聪明人，很快平静了下来，恭恭敬敬地让内侍帮助茅焦穿上衣服，请他坐下，感激地对他说："我知道，是上天派你来开我茅塞的。我怎么敢不恭敬地聆听呢？"

嬴政终于知道了，即便作为最高统治者，也不可以随心所欲地发泄自己的愤怒。随后他命令有司，把那二十七人的尸体好好收殓，用大夫之礼仪一起葬于龙首山，墓碑上写着"会忠墓"。"会"的意思就是集中，"会忠"的意思是这里埋的全是忠臣。

嬴政非常感谢茅焦，因为茅焦告诉了他政治的精髓，就是一定要找到最大的共识。同时，嬴政认为茅焦是个好老师，立即拜茅焦为太傅，让他负责皇子们的教育。

接下来，嬴政对吕不韦不再客气。公元前 237 年 10 月，嬴政免去了吕不韦的相国职务。等到把太后迎回咸阳，又把吕不韦遣出京城，迁往洛邑的封地居住。

然而，吕不韦并不是一个合格的政治家，到了封地仍然不知道韬晦。又过了一年多，各诸侯国的使者络绎不绝，前去洛邑问候吕不韦。这让嬴政非常不安，就写信给吕不韦说："你对秦国有何功劳？秦国封你在河南，食邑十万户。你与秦王有什么血缘关系？而号称仲父。你与家属都一概迁到蜀地去居住吧！"吕不韦想到自己今后的处境可能更加艰难，尤其担心日后被杀受辱，就在全家流放蜀郡途中饮鸩自尽。

二、兼并之策，《谏逐客书》

时间：东周 535 年

人物：嬴政、李斯、韩非、尉缭

吕不韦死后，秦王嬴政依然意气难平，下令将吕不韦的门客全部赶走。被驱逐的人中，就有大名鼎鼎的李斯。李斯是楚国人，是著名的荀子荀卿的学生，属于学识渊博之人。此前通过吕不韦的推荐，已经被秦王拜为客卿。

李斯被赶出咸阳城外，心有不甘，在途中给嬴政写了一份表章。李斯在表章中写道："臣听说，泰山不拒尘土，故能成其高；河海不择细流，故能就其深；王者不却众庶，能成其德。当年秦穆公成就霸主，辅佐他的人，由余来自西戎，百里奚来自大宛，蹇叔是宋国人，熊豹、公孙枝是晋国人；孝公用卫鞅，变法图强；惠王用张仪，拆散了六国联盟；昭王用范雎，明确了兼并战略。秦国这四位著名的君主，都是依赖外来的人才获得成功的，可见宾客并没有辜负秦国。大王您现在下令逐客，这些人将离开秦国，必然会被敌国所用，到那时再想让他们效忠于秦国，就不可能了。"这就是历史上著名的《谏逐客书》。

秦王看到李斯的表章，立刻意识到自己犯了极大的错误，迅速废除逐客之令，并派人驰车追赶李斯，一直追到骊山之下，才把李斯接回咸阳，官复原职，任用如初。

重新获得重用的李斯建言秦王："当年，秦穆公成就霸业的时候，诸侯尚众，周王室依然是天下共主，所以那个时候诸侯争霸，并不能采取兼并的方式。但自从秦孝公变法以来，周王室已经被抛到了一边，诸侯兼并他国已经成为常态，所以秦国之外，只剩下六个大国，秦王将这些诸侯视作仆从附属，也不止一代人了。以今日秦国之强大、大王之贤明，扫荡诸国，如拂灶尘！如果我们不趁此机会，成就这盖世功业，一旦等诸侯缓过劲重新联合起来，我们可就后悔莫及了！”因此，李斯建议，直接并吞六国，第一个目标是先灭掉韩国。战略有时候就是一句话。

这时候，韩非来秦国了。韩国公子韩非，学的也是法家理论，也是荀卿的学生，还是李斯的师弟。他对自己的才华非常自负，希望能被秦国重用。于是就向韩王申请，愿意出使秦国，以求息兵。韩非见到秦王，献上自己的著作，有《说难》《孤愤》《五蠹》《说林》等书。嬴政读了，觉得这是个大才子，准备拜为客卿。

李斯表示反对，对嬴政说：“各国诸侯家的公子，肯定是站在自己的立场，很难为他国服务，现在我们秦国正在攻打韩国，韩王在危急时刻，才派遣韩非来到秦国，他们会不会使反间之计？公子非不可用。”李斯出手毒辣，立即将韩非置于死地，韩非在狱中被逼自杀。

韩王听到韩非的死讯，十分恐惧，上表申请为秦国附庸，内附称臣。韩国彻底投降了。

嬴政有一天和李斯议事的时候，又想起韩非，对他的死表示惋惜，言下之意有批评李斯的意思。李斯对秦王说：“臣保举一人，他姓尉名缭，大梁人氏。此人精通兵法，才能胜过韩非十倍。”

韩非之死，有人归结为李斯嫉贤妒能，其实是带有预设立场的。

如果李斯真的忌妒韩非，那么如何解释他又推荐了尉缭呢？韩非是个书生，对李斯的权力基本上不构成威胁；而实操层面，尉缭是远高于韩非的。

不过尉缭比较自信，他不是来做臣子的，而是当顾问、当军师的。嬴政以宾客之礼招待尉缭，呼为先生。尉缭对嬴政的建议是："如今，各诸侯国皆弱于秦国。它们分开就容易被各个击破，联合就很难对付。历史上三晋联合起来智伯就灭亡，五国联合起来齐湣王就完蛋，大王不可不虑。"尉缭说话很讲究分寸，并没有举秦国被联军围攻的案例。

嬴政问："具体要怎么操作？"尉缭回答说："诸侯的国策，都集中在少数重臣手中。而这些重臣基本上都是贪财享乐之辈，很少有为国家竭力尽忠的。大王只要不吝宝贝，重金贿赂这些人，让他们为我们工作，估计有超过三十万金，就可以把他们消灭干净了。"

嬴政于是拜尉缭为太尉，其弟子皆拜大夫。弟子们带着大把金钱潜入各国，贿赂重臣，打探情报。

嬴政又向尉缭请教兼并天下的顺序，尉缭建议说："韩国第一，其次是赵国和魏国。三晋之后是楚国，最后是燕国、齐国。"嬴政又问："现在韩国已经向我们称臣，而赵王也刚刚和我们签订了和平条约，出师无名怎么办？"尉缭曰："那就先打魏国。魏国肯定要向赵国求救，赵王有一个宠臣叫郭开，此人贪得无厌，臣派弟子王敖去贿赂郭开，让他撺掇赵王救魏。赵必出兵。我们就用这个借口，移兵击赵。"嬴政心悦诚服，完全赞同。

三、一己之私；廉颇老矣，尚能饭否

时间：东周 536 年

人物：郭开、廉颇

尉缭的弟子王敖负责贿赂郭开，嬴政给他批了五万金，让他随便花。王敖贿赂郭开，效果立竿见影。郭开一鼓捣，赵王果然出兵，秦国顺势移兵伐赵。

赵国最后的希望在于召回居住在魏国大梁的老将廉颇。然而，郭开与廉颇有仇，最怕廉颇再回来掌权。郭开建议赵悼襄王赵偃："大王您先派人去看一下廉将军，如果他还不老，再召他也不晚。"

赵悼襄王就派内侍唐玖前去慰问，顺便考察考察。郭开转身去贿赂唐玖，让唐玖帮忙设法添油加醋污蔑廉颇。唐玖见到廉颇，发现老将军身体很好，回国的积极性也很高。但唐玖已经收了郭开的贿赂，总得为郭开出力。所以，唐玖回到邯郸对赵悼襄王说："廉将军虽然年老，但仍能吃肉，饭量也还不小。只是他的脾胃有些毛病，和我坐在一起只一会儿工夫就解了三次大便。"赵悼襄王叹息着说："战斗中哪能解便？廉颇果然老了。"就这样，没有召回廉颇。

这就是"廉颇老矣，尚能饭否"的来历。这唐玖也算是能说会道之人，他前半截儿说的是真话，说的是廉颇饭量依旧，只是加了一点酱油醋，就废掉了廉颇。可惜，赵悼襄王被自己人出卖了。

廉颇的结局也让人感叹不已。他似乎就是为打仗而生，几十年没有出过大错，是顶级的将军。后来楚王听说廉颇在魏国不受重用，派人请廉颇，廉颇真的去了楚国，虽然当上了将军，但楚军不如赵军，廉颇难有作为，郁郁不得志而死。

这时王敖还在赵国，他问郭开："你难道不担心赵国亡国吗？为什么不劝赵王召回廉颇呢？"郭开的回答很有代表性，他说："赵国之存亡，乃是全赵国人的国事。而廉颇却是我的大仇人，我怎么能让他重返赵国呢？"

王敖知道他根本不会替赵国操心，又试探地问他："万一赵国被灭了，你会到哪里去呢？"郭开说："我会在齐国与楚国之中选一个。"王敖这时候就指点了他一句："目前的形势是，秦国将吞并天下。"王敖明确指出，赵国完蛋之后就轮到齐国和楚国了，到时候还得跑，这不是折腾吗？还不如直接一步到位。所以，王敖说："为你着想，不如托身于秦国。"郭开认为王敖说得对。

于是，王敖打开天窗说亮话了，告诉郭开："兄弟我就是秦国太尉尉缭的弟子，受秦王之托来见相国，既然咱们意向一致，那就拜托了。"王敖又送给郭开七千金，对他说："秦王把万金托付给我，为的就是结交赵国的将相。现在我把钱全部交给你，以后有事，我就来找你。"郭开保证说："我得了秦王这么多馈赠，如果不知恩图报，那还是人吗？"

就这样，郭开把赵国给卖了，而且卖得很便宜。王敖回秦国，归还国库四万金。向秦王报告说："我用一万金拿下了郭开，用一个郭开拿下了赵国。"

秦王得知赵国不用廉颇，知道阻力消除了，就催桓齮进兵。惊恐之中，赵悼襄王得病而亡。没有良将，君主被吓死了。

四、灭韩残赵

时间：东周 540 年

人物：李牧、燕太子丹、郭开

在乱世之中活着本来就不易，此时赵悼襄王赵偃还要坚持把王位传给幼子。赵悼襄王死之前，居然废掉太子赵嘉，改立自己宠爱的倡后所生的赵迁为太子，还委任郭开为太傅。郭开教学生声色犬马，师生关系非常好。赵悼襄王死后，赵迁继位，史称赵幽缪王。

而在这时，秦国将军桓齮乘着赵国国丧袭击赵军，再次逼近邯郸。关键时刻，赵幽缪王起用李牧做大将军。赵幽缪王向李牧咨问如何抵抗秦国，李牧回答说："秦军连续胜利，他们锋芒正锐，不易对付。大王得同意我随机应变，我才敢接受任命。"赵幽缪王同意，但又接着问："咱们的兵力够用吗？"李牧回答说："进攻不够，守则有余。"赵幽缪王说："我让赵葱、颜聚各将五万，听您指挥。"

李牧是真正的军事家，知道此时的赵国只能守不能攻。所以，无论压力多大，他始终坚守不战。

桓齮说："我们使计策调动他。"于是分兵一半儿，袭击甘泉。赵葱请求救援。李牧却说："敌人攻哪，我们救哪，这是被敌人所调动。我们不如直接去攻打他的老营。"于是，李牧分兵三路，夜袭秦营。

秦军的留守部队没有想到，这李牧不去救甘泉，反而来打自己，直接溃败。败兵报告给桓齮，桓齮连忙返回，李牧趁势又打了一个漂亮的运动战。桓龄大败，逃回咸阳。嬴政大怒，将桓龄废为庶人，再派大将王翦、杨端和分两路伐赵。

在秦国当人质的燕太子姬丹听说秦军大举伐赵，明白燕国危在旦夕，偷偷派人给燕王送信，让他提前备战，同时让燕王诈称有疾，请太子归国。燕王马上派大使来到秦国，请求放太子回国。嬴政却说："燕王不死，太子是不能回国的。要想让他回国，除非是乌鸦变白、马头长角才可以。"万般无奈，姬丹为了回国，自毁容貌，装扮成仆人，千辛万苦才混出函谷关，返回燕国。

李牧对抗秦军的方针依然是坚守。秦国两路人马，无法前进一步，嬴政知道这不是将军们的问题，再次派出王敖到前线军中。王敖告诉王翦："你只管与李牧做出缓和的姿态，剩下的事情交给我来办。"王翦派人去赵营讲和，释放缓和烟雾弹。

王敖转身找到郭开，告诉他："你现在的任务是告诉赵王，就说李牧与秦国私下讲和，意在自立为王。让赵王撤换掉李牧，这将是你的大功一件。"就这样，赵王以赵葱代替李牧。而赵葱当上大将军后，立刻杀了李牧。可怜一代名将就这样被奸臣郭开所害。李牧的士兵一看将军被害，一夜逃散。秦军瞬间满血复活，半路设伏，一战杀死赵葱，随后围攻邯郸。

此时的秦国已经彻底撕下伪装，赤裸裸地要灭掉各个诸侯。公元前 230 年，秦国派了一个叫内史腾的人率军灭了韩国。战国以来的割据状态被打破了，东方六国只剩下了五国。

随后，秦军再次包围邯郸，赵幽缪王还想着再求邻邦来救自己。郭开说："韩王已到秦国做了属臣，燕国、魏国自顾不暇，谁还能再来救援赵国？依我之见，不如全城归顺，这样您至少还能有个封地。”

赵幽缪王非常犹豫。郭开偷偷写信，建议秦王亲自出征。于是，嬴政亲自率兵来到邯郸前线。赵幽缪王一见秦王旗号，吓得两腿发软，在郭开的劝说下立马投降。不过，赵悼襄王赵偃的大公子赵嘉逃到代州，自立为代王，重新竖起赵国旗帜。

秦军占领赵国都城邯郸，秦王封郭开为上卿。赵幽缪王这才明白郭开把自己卖了，长叹说：“要是李牧在，秦军怎么会吃到我们邯郸粮仓的粟米呢？”赵幽缪王从高高在上的君王，变成了阶下囚，而且还是被自己最信任的人出卖了，只能埋怨自己，暗地里伤心流泪。

秦军班师回咸阳。郭开家里金子太多，就向嬴政申请回去搬家，嬴政笑而许之。但是，在赴秦国途中，郭开被盗贼所杀。强盗口口声声说自己是李牧的门客，生怕别人不知道是谁把金子取走了。

五、荆轲刺秦，图穷匕见

时间：东周545年

人物：燕太子丹、荆轲

燕太子姬丹逃回燕国，心中充满仇恨，拿出所有钱财招募宾客，要向秦国报仇。秦将樊於期本来藏匿在深山中，一听姬丹要向秦王嬴政报仇，也来投奔，姬丹待樊於期为上宾。

太傅鞠武劝谏说：“秦国乃是虎狼之国，他们正在蚕食诸侯，诸侯就是没毛病，他们都要找毛病。您现在这样把秦王的仇人奉为上宾，那他肯定要把咱们燕国当成靶子，您这样做，如批龙之逆鳞，肯定会引爆他的怒火。希望太子立刻把樊将军送到匈奴以消除秦王的借口，然后，联合三晋、齐、楚甚至还可以联络匈奴，然后慢慢想办法报仇。”

太子丹知道老先生说得有道理，可惜形势危急，时不我待。他直截了当地请求师父：“老师，这个方案旷日弥久，您还是再替我想想别的方案吧！”

鞠武摇摇头说：“臣实在是智浅识寡，无计可施啊。”不过鞠武一看，太子丹决心已下，决不回头，就向他推荐了一位颇有名气的田光先生。田光随即向姬丹推荐了勇士荆轲。之后，田光为保守秘密，竟然拔剑自刎。

荆轲开始建议太子丹慢慢积蓄力量，被他否决。于是，荆轲就问太子丹到底是怎么想的。太子丹回答说：“我们即便举国之众，也抵挡不了秦国一将。联合代王，也看不到任何胜算。各国诸侯已经被吓破了胆，也没有人再会响应合纵的号召。我想找一个勇士假扮使者，接近秦王嬴政，乘机将他劫持，逼迫秦国返还侵占诸侯的领土，就像当年曹沫劫持齐桓公那样。如能这样，最为理想。如果他不同意，就杀掉他。”

太子丹尊荆轲为上卿，要什么给什么。荆轲深受感动，决心以死报答。然而，秦军已经逼近燕国，仓促间荆轲只得向樊於期透露刺杀秦王的计划，提出借樊於期的人头以接近秦王。樊於期二话不说，立刻拔出佩剑自刎。

· 荆轲刺秦王。公元前227年，荆轲受燕太子丹派遣，携燕督亢地图和樊於期首级，前往秦国刺杀秦王嬴政。献燕督亢地图时，图穷匕见，荆轲刺秦王不中，事败被杀。

太子丹草就国书，号称是派使者去秦国进献燕国地图以及樊於期的首级。荆轲准备刺杀嬴政的匕首就藏在地图之中。为了确保荆轲能见到嬴政，太子丹为荆轲筹备了千金，并在易水之畔为他送行，荆轲留下了“风萧萧兮易水寒，壮士一去兮不复还”的慷慨悲歌。

荆轲到了咸阳，拿出大把的金钱贿赂秦王亲信中庶子蒙嘉，让嬴政同意接见燕国使者。荆轲捧着樊於期的首级，武士秦舞阳捧着地图匣子，按照正、副使的次序前进，走到殿前台阶下秦舞阳脸色突变，害怕得发抖，大臣们都感到奇怪。荆轲回头朝秦舞阳笑笑，上前谢罪说：“北方藩属蛮夷之地的粗野人，没有见过天子，所以心惊胆战。希望大王稍微宽容他，让他能够在大王面前完成使命。”

嬴政对荆轲说：“递上舞阳拿的地图。”荆轲取过地图献上，秦王展开地图，图卷展到尽头，匕首露出来——“图穷匕见”这个成语即来源于此。荆轲趁机左手抓住嬴政的衣袖，右手拿匕首直刺过去。

嬴政大惊失色，抽身跳起，衣袖挣断，慌忙之中欲拔宝剑，无奈剑长拔不出来，只能抓住剑鞘。荆轲紧紧追赶，嬴政绕柱奔跑。殿下大臣都吓得目瞪口呆，失去常态，只能赤手空拳和荆轲搏击以保护嬴政。经过大臣提醒，嬴政冷静下来，拔出宝剑攻击荆轲，砍断他的左腿，荆轲倒下。就在这时，殿外侍卫得到命令，一起冲进来杀死了荆轲。

嬴政惊恐之后无比暴怒，先是族灭蒙嘉，然后派王贲带兵增援其父王翦攻燕。燕军大败，燕王姬喜埋怨姬丹说："如今我们国破家亡，全都是因为你瞎折腾！"姬丹惨笑一声，回答说："韩、赵被灭了，难道也是我的过错吗？如今我们还有两万精兵，那辽东负山阻河，应该还能守住。父王宜速往！"

王翦率领秦国大军攻下燕国都城蓟城，向咸阳告捷，同时申请退休。嬴政立即改派李信替代王翦，继续追赶燕王父子。面对秦军的压迫，燕王姬喜被迫逼死太子姬丹，以求苟延残喘。姬丹自杀后，燕王姬喜哭得惊天动地。

由于天气寒冷，李信向秦王报告，建议暂时撤军。嬴政征求尉缭的意见，尉缭分析道："燕、赵已形同孤魂野鬼，存活不了多久。今日之计，先灭魏国，次及荆楚。等把这两个搞定了，燕、代将会轻松搞定。"嬴政同意尉缭的意见，乃召李信收兵回国。然后又派王贲为大将，引军十万，杀向魏国。

魏王在秦国攻打燕国的时候，就知道下一个该轮到自己了，在备战的同时向齐国求救，并告诉齐王说："唇亡则齿寒！魏国灭亡了，齐国焉能保全？希望齐王不要坐视不救。"可惜的是魏王觉悟得太晚了，韩、赵、魏才是唇齿相依的关系。但是，在韩、赵需要救援的时候，魏国从来都是犹犹豫豫的。而齐国根本不可能有这样的觉悟。君王后死后，她的弟弟后胜成为相国执政。秦国知道后胜贪财，便经常派人送重金贿赂他。后胜告诉齐废王田建，秦国肯定不会攻打齐国，如果现在和魏国联合，秦国肯定会非常愤怒的。可怜的齐废王听信自己相国的意见，拒绝了魏国的求援，最后也让自己成为强大的齐国最后一位国君。

公元前225年，秦国战将王贲连战皆胜，包围了魏国都城大梁。正好赶上雨季，王贲让秦军掘开黄河堤口，引水灌城。三个月后，大梁城墙坍塌，秦军蜂拥而入大梁，擒获魏国最后一任国君魏王姬假，魏国灭亡。

六、王翦灭楚

时间：东周547年

人物：秦王政、李信、王翦、项燕

按照尉缭定下的兼并次序，接下来该轮到楚国了。目标就在前头，秦王嬴政信心百倍。于是，嬴政问李信："将军估计一下，讨伐楚国这一仗，需要多少兵力能够取胜？"李信十分骄傲地回答说，只要二十万，就能灭掉楚国。

嬴政又召见老将王翦，问他同样的问题。王翦说："李信凭借二十万兵力去攻打楚国，必败。以臣的愚见，非六十万人不可。"嬴政思忖："人年龄大了果然容易怯懦，还是李将军气盛勇敢。"

嬴政血气方刚、冲劲十足，最后决定不用王翦，而是任命李信为大将，令蒙武协助，率兵二十万伐楚。

此时的楚王熊负刍听说秦军已至，拜项燕为大将，以举国之力抵抗秦兵。项燕的办法也不复杂，在山里埋伏了七路大军。而李信却恃勇前进，结果中了埋伏，只能大败而逃。嬴政大怒，把李信的官职一撸到底。这就是秦国的军功制度，胜者奖，败者罚。

李信战败，嬴政转身就亲自造访老将王翦，咨询他的意见："将军以前预言说，李信要是以二十万人攻楚必败，果然如此。将军虽然身体欠佳，但这么大的阵仗，也只能靠老将军了，你能不能再担一次这个重担？"王翦回答说："大王你要是非得让臣去，那就必须给我六十万人马。"

嬴政说："寡人曾听说，古之大国只有三军，次等只有二军，小国只有一军，而且军队出征并不全数开拔，所以国内不会缺乏兵力。五霸凌驾于各诸侯国，他们的军队也只有千辆战车，按一辆战车配备七十五名士兵计算，也从未达到十万的数目。如今将军您却张嘴就要六十万兵力，这可是亘古未有的。"王翦回答说："古代打仗，约期布阵，列阵而战，动干戈但不致人重伤，讨罪而不吞并土地，虽然动武，只是角力而已。所以帝王用兵，并不出全力。但今天的战争，乃恃强凌弱，以众欺寡，逢人便杀，遇地则攻。斩首报功动辄数万，大军围城经常数年，连农夫都拿起了武器，少年也登记注册，生死存亡之际，已是举国之战。那楚国拥有东南所有土地，号令一出，可聚百万之众，我要六十万，都还怕不够用，哪能比这再少呢？"嬴政一听，终于明白，感叹地说："要不是老将军熟悉战史，也没人能讲得这么透彻，寡人听从将军的意见！”

王翦知道自己手中的大军几乎是举国军力，所以为了让秦王安心，出征途中不断要求赏赐。嬴政觉得这个老将军有意思，自然乐意不断满足王翦的欲望。这一来二去，君臣都安心。可见王翦老将军不光会打仗，在洞穿人性方面也是智慧超群的。

王翦率军六十万声言伐楚。眼见灭国之战即将开始，楚王熊负刍自然不敢掉以轻心，再次集结二十万兵力以助项燕。这样加上之前的三十万人马，也有五六十万。所以，从兵力上看，秦、楚两国的差距不算大。

然而，诡异的是，优势一方的王翦采取守势、坚壁固守。而项燕却积极进攻，每日派人挑战。秦军拒不出战，项燕于是认为王翦年老怯战。一年多的时间里，项燕终不得一战，以至于出现了严重误判，他居然以为，王翦虽然打着伐楚的旗号，实际上是为了自保，所以就放松了警惕。反观楚军，由于一直在进攻、挑战，军队已经被搞得疲惫不堪。

而在暗中，王翦根本没有闲着。在这一年多的时间里，王翦从六十万大军中选拔出精兵壮士两万人，编成了一个冲锋军团。以前那次对阵五国联军时，王翦建议吕不韦集结所有精兵集中力量打击楚军，后来因为楚军撤退得快，才没有遭受王翦的雷霆一击。今天，王翦大权在握，自然要实施这个可以叫作“牛刀子掏心”的战略部署。

有一天，王翦手下这两万人的冲锋队突然发兵，嗷嗷叫着冲向楚军，犹如虎入羊群。楚兵哪里能抵挡这如狼似虎的生力军，瞬间就被击垮，从此秦军势如破竹，一发不可收。

楚军则兵败如山倒。几个月之后，楚王熊负刍被俘。项燕另立昌平君熊启为楚王，退至淮南继续反秦。半年之后，熊启在战斗中死亡，精疲力竭的项燕在绝望中自杀。“楚国灭，祝融之祀遂绝”，这句话让人黯然神伤。

楚国灭亡之后，长期偏安一隅的越王后代集体投降，整个南方也被秦国征服。

七、四海一统

时间：东周 549 年

人物：王贲、秦王政、李信

秦军灭楚、班师回国后，王翦急流勇退，得以善终。秦王嬴政拜其子王贲为大将，再一次向辽东的燕王进攻。嬴政嘱咐：“如果将军在辽东得胜，就可以乘着破竹之势灭了代国，寡人就不用再劳师兴兵了。”

公元前 222 年，嬴政派王贲率军进攻辽东，俘虏了燕王姬喜，将其废为庶人，燕国灭亡。按照秦王指示，灭掉燕国之后，王贲接着挥兵攻代，赵国残余势力的领导者赵代王赵嘉兵败自杀，赵国彻底灭亡。至此，六国已经被灭掉五国，只剩下齐国。

王贲连战连捷，报捷的文书送到咸阳。嬴政大喜，亲自给王贲写了一封信，大意是：将军一出马，平掉燕和代，奔驰两千里，劳苦又功高。这功劳与您的父亲相比，都不相上下。现在，对我们秦国来说，齐国的存在就好比人身上尚缺一臂。我希望以将军的余威，以雷霆闪电之势一扫六合。

在秦国蚕食三晋，削弱楚、燕长达几十年的时间里，齐废王田建都按照相国后胜的意见，在一旁袖手旁观，谁也不救。秦军每灭一国，齐王都要派大使前去称贺。秦国每次都拿出大把的黄金贿赂使者，使者回到齐国报告的都是秦王的友好热情，让人感觉齐、秦真的是一家人。齐王认为自己和秦国的关系特殊，不用搞战备，也就真的没有备战。等到其他五国全部消失了，齐废王才意识到齐国可能也危险了。这个齐废王当了四十四年的齐王，却从来没有打过一仗。齐国的军民和平日久，谁也不曾演习武艺。

公元前221年，中国历史上最重要的时间节点来到。为防备秦国进攻，齐废王田建一直派兵守卫齐国西部边界，不与秦国通使往来。于是，嬴政派王贲与李信率军从燕国的南面攻打齐国，长驱直入，所向披靡。后胜束手无策，只能建议齐废王投降。齐军放弃抵抗，向秦军投降，齐废王被俘，齐国灭亡。至此，秦统一六国。

八、虽死犹存，秦始皇

时间：东周549年

人物：秦始皇、李斯

在秦王嬴政执政第二十六年的这个高光时刻，强大的秦军把六国的土地全部并入秦国版图，完成了天下一统的伟业。

这是中国大一统的开端。之前的夏、商、周是比较标准的封建国家，王作为最高统治者，更多的时候只是一个象征，因为王并不直接管理各诸侯国的内政。政治、军事、司法、经济、文化等方方面面，各诸侯国都是独立的。所以，秦国的统一大业，是前无古人的伟大事业。

· 秦始皇（前259—前210），嬴姓，赵氏，名政。秦庄襄王之子。出生于赵国都城邯郸，13岁继承王位，39岁称皇帝，在位三十七年。首位完成华夏大一统的铁腕政治人物。建立首个多民族的中央集权国家，采用三皇之“皇”、五帝之“帝”构成“皇帝”的称号，是古今中外第一个称皇帝的封建王朝君主。

巨大的胜利让嬴政认为，称王称帝都不足以彰显自己的伟大。他认为自己德兼三皇、功过五帝，所以自称皇帝。这种自我激励和期许，使得他在大一统之后花费了很大力气去改变一些传统的东西。

秦皇认为，周公制定的谥法是子孙评判前人，他认为不合适，应予废除。他规定：“我为始皇帝，后世以数排序，称二世、三世，以至于百千万世，传至无穷。”

另外还有很多改变，例如，天子自称“朕”，臣下奏事称“陛下”。当然更重要的是，有一系列规则和措施需要全面推行。例如，书同文、车同轨、统一度量衡等，这些深刻影响后世几千年的标准，都是秦皇设计和推行的。

更重要的，是“大一统”制度的确定。统一之后，秦国的大部分官员都希望像周朝那样裂土分封，让大家再一次成为大大小小的诸侯，分享胜利的成果。诸臣以为只有那样众星拱月的架构，才会让秦帝国长治久安。然而丞相李斯却力排众议，非常严密地论证了封建制度的缺陷，提出了划时代的大框架。

李斯评议说：“周朝曾经分封过数百个诸侯国，他们多数本是一家人，但他们的后代为了争夺权力却无休无止地自相残杀了几百年。如今陛下好不容易统一四海，如果我们把各地方都设置成郡县，对所有的有功之臣，都给他极其丰厚的俸禄，但不再让其拥有土地和人民，这样就可以杜绝战争的根源。如此一来，岂不就可以长治久安了吗？”

长治久安，为万代计，这些话语最能打动帝王之心。秦始皇听从了李斯的建议，将天下分成三十六郡。这就是大中国的雏形，这就是大中国的架构。

准确地说，秦朝制度是始皇帝和李斯共同精心制定的。虽然说，他们这样设置的最初目的，只是让秦王朝传至万世而不替。不过，这个制度也不是他们一时兴起，而是早在秦军征战过程中就已经开始实施了，这些实践为统一后全面推行郡县制奠定了坚实的基础。

本章小结

秦朝虽然二世而亡，但秦朝形成的制度却是两千多年来的中国一直遵循着的。即便后世不时有复古的逆流，或是天灾人祸导致天下大乱，甚至四分五裂，但总有一种内在的力量驱动国家回归统一。原因就是，这个制度是春秋战国五百年里百家争鸣、百花齐放的结晶和成果，“大一统”已经成为中国人的共识，印刻在了每个人的骨子里，成为中国文化的基石。所以，始皇帝嬴政被后人尊为“祖龙”。从这个意义上讲，始皇帝和李斯是不朽的。

构成和搭建秦制的，就是生活在东周时代那几百年的先人们。他们的代表人物就是诸子百家，不管是正向推进国家大一统的，还是阻碍保守的，都化作了其结构中的因子。因此，诸子百家也是不朽的。

后 记

智慧之泉

当年，鬼谷先生与苏秦、张仪两位高足分别时，均以姜太公所著《阴符经》相赠，并叮嘱他们“反复揣摩，必有助益”。师徒一场，鬼谷先生最后传授的竟然是读书方法。两千多年后，今天的老师们也会教育学生，读书要“先博后约”。由是观之，“书读百遍，其义自现”是古今通用的不二法则。

笔者愚钝不才，一本冯梦龙的《东周列国志》居然读了几十年，才稍稍明白它在说什么。比如，最初看到“伊洛竭而夏亡，河竭而商亡”这句话时觉得无趣，就直接转去关注“烽火戏诸侯”了。看到卫武公讲西安地理优势时，也没有产生共振。原因十分简单，这些东西并不在笔者当时所能认知的层面。

不知道翻看了多少遍，特别是学习近代史后，某一天忽然发现，管仲似乎就是“寓兵于民”的首创者。鉴古知今，这不就是熟悉的“全民皆兵”吗？原来这一改天换地的伟大思想就源自这里。这时候再看管仲的施政措施，就会惊讶地发现管仲的很多思想至今并未过时。语文课本中收录的《曹刿论战》许多人耳熟能详，但其中蕴含的“后发制人”思想，估计很多人到成年后才能感悟一二。

东周的很多典故都能在近代史中找到映射。例如，西门豹以强力“移风易俗”如同昨日，吴起“同甘共苦”的练兵思想让我们想起“官兵一致”，孙膑的“减灶计”不就是游击战中的以退为进吗？而“田忌赛马”说明要以弱胜强是有策略的。

许多人小时候都听说过“商鞅变法”的故事，但要真正弄懂所有制等相关问题，怕是需要成年以后并有一定悟性才行。当我们把这五百年的风云装在心里后，就会发现茅焦劝说祖龙所表达的政治精髓、王翦答秦王所揭示的军事奥秘，这些都是永不过时的天下大道。

对照春秋战国那些英雄豪杰的丰功伟业，似乎就能理解为什么孔孟之道能在两千年里大行天下；想通了墨家为什么会消亡，也就能明白为什么伍子胥不如关二爷名播华夏；认真揣摩吴越春秋那些连环计的残酷无情，就更容易懂得“韬光养晦”多么不易；穿越过苏秦、张仪的纵横捭阖，再看如今某些国家和地区纷乱的世事不就是战国的重现吗？当我们重温两千年前祖先的荣光时，还会对中华文化没有自信吗？

故此，我们必须明确，中华传统文化不仅有儒释道，更有诸子百家。中国古代著名的史学家、文学家、思想家司马迁不光说过“巨万者乃与王者同乐”，也盛赞过纵横家“一言之辩重于九鼎之宝，三寸之舌强于百万之师”。

通过感受历史就会发现，人类历史上重大的思想进步，很多是少数人先说出来，逐渐为大众所接受，然后广泛应用于实践，人类社会才整体上升到某种新境地的。人类社会发生的重大事件，也主要是依赖先知先觉者不断说服同侪，不断指引和组织大众，终于形成合力才得以实施的。他们贡献的是智慧，是把道理讲清楚，是把道路指出来。

纵览古今我们发现，当下中国正是建功立业的好时候，在埋头追赶外部世界的工作已经基本完成之后，我们需要的是抬头走自己的路。此时此刻，我们更加需要解释过去以引领未来，更加需要有人把过去、现在、未来讲清楚。这种能耐就需要有史学眼界和思想积淀。而中国人常说的“道”和“理”，基本上源于诸子百家，他们的故事构成了我们今天中国人的文化背景和底蕴。其后两千年中国社会发生的人和事，只是在此基础上的延展、变形和演绎而已。

所以，除了孜孜不倦地学习近代史，我们最需要学习的就是先秦时期诸子百家的思想与智慧。当我们的心神与这些古圣先贤交融时，就可以跨越几千年的时空，从他们那里获得接引，有如啜饮智慧之泉。有了这等智慧加持，或效力于国家民族，或服务于社会大众，或满足于读书治家，都能让我们的生命更有意义，绽放出更为璀璨的光华。

任志刚

2022年4月23日（世界读书日）于北京